TUSSEN DE HIMALAYA EN DE HEMEL

Maggie Doyne

met Shannon Lee Miller

TUSSEN DE HIMALAYA EN DE HEMEL

Van jonge backpacker
naar moeder van vijftig Nepalese kinderen

Met een voorwoord van
Floortje Dessing

Spectrum

Oorspronkelijke titel: *Between the Mountain and the Sky*
Oorspronkelijke uitgave: Published by Harper Horizon, an imprint of HarperCollins Focus LLC
Vertaling: De vertaalzusjes
Omslagontwerp: Pinta Grafische Producties
Opmaak: Elgraphic

ISBN 978 90 00 38373 3
ISBN 978 90 00 38454 9 (e-book)
NUR 320, 450

Eerste druk, 2022

Spectrum maakt deel uit van Uitgeverij Unieboek | Het Spectrum bv,
Postbus 23202
1100 DS Amsterdam

www.spectrumboeken.nl
Spectrum Lifestyle Boeken
spectrumboeken

Inhoudsopgave

Beste lezer,

Bedankt dat je jouw verhaal even aan de kant wilt zetten om in dat van mij te duiken. Het lijkt misschien een klein gebaar, maar jouw steun, nieuwsgierigheid en liefde betekenen meer dan je je kunt voorstellen.

In het begin in Kopila Valley, nog voor betrouwbare wifi en zelfs elektriciteit, waren boeken mijn grootste troost, mijn beste vrienden en diepste connectie met de rest van de wereld. Als je troost of hoop vindt in deze pagina's, als je ook maar een glimp opvangt van jezelf of je gezin, dan beschouw ik dit allereerste boek van me als een overweldigend succes.

De afgelopen twaalf jaar heb ik deel uitgemaakt van een team dat een groep fantastische kinderen opvoedt in het Kopila Valley Children's Home in Surkhet, Nepal. Er zijn zoveel verhalen te vertellen over deze mooie plek en de nog mooiere mensen daar, maar mijn verhaal is het enige verhaal dat van mij is en het enige verhaal waarvoor ik bevoegd ben om het te vertellen. Het is mijn allergrootste hoop dat onze kinderen en de rest van ons team er op een dag voor zullen kiezen om hun levensverhalen met je te delen, maar als ze dat doen, doen ze dat op hun eigen moment en op hun eigen manier. Je zult ze alsnog leren kennen in dit boek en stapelgek op ze worden.

Een ander verhaal waarvoor ik mezelf niet bevoegd vind om het te vertellen is dat van internationale ontwikkelingshulp: een complex, ethisch uitdagend en snel veranderend veld. Ik zie het als een eer dat ik daar op de een of andere manier in ben beland. Ik wil deze wereld dolgraag verbeteren en ik vind het heel fijn om mijn ervaring te delen, maar het is maar één enkele ervaring. Dit is geen handboek met praktische stappen. Ik heb veel fouten gemaakt en heb nog veel te leren.

Tussen de Himalaya en de hemel beslaat de meer dan tien jaar waarin ik naar Nepal ben verhuisd, een huis heb gebouwd, vierenvijftig kinderen heb opgevoed en de wildste liefde heb meegemaakt die ik me ooit kon voorstellen. Het moederschap heeft mijn geheugen flink aangetast en ik onthoud lang niet alles. Ik moest het echt hebben van blogposts, dagboeken en de (veel betrouwbaardere) herinneringen van de mensen die naast mij hebben gestaan. Ik heb de gesprekken zo goed mogelijk gereconstrueerd en mijn uiterste best gedaan om het waarheidsgehalte en de betekenis ervan in stand te houden. Sommige namen en details waarmee mensen kunnen worden geïdentificeerd zijn aangepast om mensen te beschermen die mijns inziens niet zitten te wachten op een gastrol in een autobiografie.

Dank je, dank je, dank je dat je hier bent.

Alle liefs,
Maggie

voorwoord

Floortje Dessing

Het is een zonnige zomerochtend in juli 2015 als mijn telefoon gaat, en ik half slapend opneem. Het is mijn redacteur Daan Moonen die meteen enthousiast van wal steekt:

'Goeiemorgen, ik denk dat ik een ijzersterk verhaal voor *Floortje naar het einde van de wereld* gevonden heb! Wat dacht je van een Amerikaans meisje van 29, dat zelf een familiehuis is begonnen waar vijftig Nepalese weeskinderen wonen. En die kinderen heeft ze allemaal geadopteerd!'

Ik ben even stil.

'Dat lijkt me bijna onmogelijk' antwoord ik. 'Op die leeftijd heb je toch nog helemaal geen zin in zo veel verantwoordelijkheid?'

'Dus wel', antwoordt Daan. 'Wacht maar, dan stuur ik je het CNN-artikel door waarin haar verhaal staat.'

Niet veel later lees ik vol ongeloof over het bijzondere leven van Maggie: van de reis die ze op achttienjarige leeftijd naar India maakte, en het eerste meisje dat ze in een beek stenen zag hakken waarna ze een belofte aan zichzelf deed om dit kind te helpen, tot het vijftigste kind dat ze adopteerde: de baby Ravi die van ondervoeding bijna overleed maar die ze op wonderlijke wijze weer gezond wist te krijgen. Ik ben er stil van. Dit verhaal moeten we vertellen!

In de weken die volgen gaat Daan aan de slag om Maggie ervan te overtuigen dat wij dit verhaal op een goede manier kunnen vertellen. De medewerkers van BlinkNow, de organisatie die Maggie heeft opgezet en die ook de contacten met pers verzorgt, zijn nogal huiverig voor camera's bij de kinderen. En terecht, want de kids zijn kwetsbaar, en moeten niet zomaar voor dit soort doeleinden ingezet worden. Maar dankzij de overtuigingskracht van Daan is het begin oktober toch zo ver: we mogen langskomen!

We vliegen via de hoofdstad Kathmandu naar Surkhet, een stad in het zuiden van Nepal, waar Kopila Valley staat, de school met daar vlakbij het familiehuis waar Maggie, haar kinderen en medewerkers wonen. Ik ben onbewust toch zenuwachtig voor de ontmoeting, omdat ik niet weet of Maggie zelf wel zin heeft in een cameraploeg die haar vijf dagen zal volgen, terwijl ik haar de hele tijd het hemd van het lijf vraag. Maar als ze de poort voor ons opendoet en ze me met een brede glimlach begroet, weet ik dat het goedkomt.

Maggie blijkt een van de meest warme, grappige en vooral inspirerende vrouwen te zijn die ik in al die jaren dat ik televisie maak, heb ontmoet. Al die dagen neemt ze ons mee op sleeptouw, en vol verwondering kijk ik naar hoe onvoorstelbaar bijzonder zij haar leven vorm heeft gegeven.

Hoe is het mogelijk dat je op 29-jarige leeftijd al zo veel voor elkaar hebt gekregen: niet alleen meer dan vijftig kinderen van een sombere toekomst als schoonmaakster, schoenpoetser of nog erger hebt weten te redden, maar daarnaast ook nog eens een middelbare school, een gezondheidskliniek en een vrouwenwerkplaats op hebt weten te zetten? Ik betrap me er zelfs op, als ik 's avonds in mijn bed lig, dat ik bijna afgunstig ben op de mate van zingeving die zij aan het leven heeft gegeven. Wat moet dat heerlijk zijn. Weten dat je in je leven zo veel goeds hebt kunnen doen voor anderen.

Het mooiste moment van die week is voor mij het interview met Maggie in haar kamer, terwijl haar jongste zoon Ravi op het bed speelt waar wij ook samen op liggen. Lyrisch is ze over hem, en onvoorstelbaar trots dat ze hem met vereende krachten, in leven hebben weten te houden. Ze is net zo goed trots op al die andere kinderen die bij haar leven, maar voor Ravi heeft ze echt een zwak. En het is ook zo'n zoet ventje. Geen kik geeft hij tijdens het interview, hij is eigenlijk alleen maar intens tevreden met een rammelaar aan het spelen. Tegelijkertijd praat Maggie heel nuchter over haar kansen op een leuke relatie. 'Zie je mijn Tinder-profiel al voor je? Vrouw van 29, woonachtig op het platteland van Nepal met vijftig kinderen. Wie heeft er zin in een gezellige date?'

Het is al donker als we klaar zijn met het interview, en Ravi ligt allang te slapen. Ik dank Maggie voor de zoveelste keer voor het feit dat we hier mogen zijn, en ze zo openhartig met me praat over haar leven. Wat een prachtig feelgoodverhaal is dit.

Drie maanden later staan we op het punt de aflevering uit te zenden als we een diepbedroefde e-mail uit Nepal krijgen. Ravi is na een noodlottig ongeval overleden.

We zijn allemaal volkomen van slag, niet alleen ikzelf maar ook Daan, redacteur Hanneke en cameraman Joost. We besluiten meteen de uitzending aan te passen en nu af te sluiten met een in memoriam voor Ravi.

Als twee weken later de uitzending is afgelopen, ontploft onze inbox bijna. Honderden mensen mailen ons diep geraakt te zijn door Maggie: door haar kracht, haar doorzettingsvermogen en haar optimisme. Maar ook door het verdriet waar ze doorheen moet. In de weken die volgen wordt BlinkNow overspoeld door donaties vanuit Nederland. We zijn er allemaal stil van: hoe bijzonder dat de kijkers zo massaal geld overmaken, maar ook de meest prachtige berichten naar Maggie sturen.

En nu zijn we zeven jaar verder en mag ik dit voorwoord voor Maggie's eigen, ontroerende memoir schrijven. Het verhaal van een bijzonder leven, dat zo veel andere levens heeft weten te raken en op te tillen. En ook een leven dat na dat noodlottige jaar, zo'n bijzondere en wederom positieve wending heeft weten te nemen.

Het blijft bijzonder om na al die jaren nog steeds contact met Maggie te hebben, en dat ik zelfs al terug naar Nepal geweest ben voor de opening van de nieuwe, duurzame, middelbare school. En binnenkort ga ik naar de diploma-uitreiking van Dipak, een van haar kinderen die dankzij een beurs twee jaar lang heeft kunnen studeren aan het United World College in Maastricht.

Zo'n bijzondere band, en alleen al het voorwoord in dit boek: dat had ik al die jaren terug, na dat telefoontje van redacteur Daan, nooit durven dromen...

Proloog
ZONSOPKOMST

'S Ochtends vroeg, als de zon nog achter de bergen schuilt, steken de kinderen en ik de straat voor ons huis over en lopen we over de zandweg naar onze kleine school van bamboe. We lopen langs gele mosterdvelden en huizen met tinnen daken die zijn opgeleukt met koraalkleurige verf. Straathonden trippelen op ons af om aan onze enkels te ruiken, kippen kakelen en de buren zwaaien naar ons. We zijn met veel: een familie van in totaal meer dan vijftig mensen en meestal huppelt, schuifelt of marcheert de helft van ons over de weg door de ochtendmist heen. Ik ben de moederfiguur voor vierenvijftig kinderen, 'zus' van zes 'tantes' en 'ooms' die samen met mij wonen en werken en het ouderschap delen, echtgenote van Jeremy en moeder van onze biologische dochter Ruby. Surkhet, een klein dorpje in het middenwesten van Nepal, is ons thuis.

Onze ochtenden zijn kostbaar en chaotisch, net zoals bij ouders en verzorgers in de rest van de wereld. We zijn hier alleen met meer. Oom Shangkar en tante Basanti worden vroeg wakker en maken een grote, stomende pot *chai* voordat ze beginnen aan het ontbijt. De eerste geluiden die ik 's ochtends hoor zijn het pletten van gember en het malen van verse zwarte peper en kardemom. De geur, melkachtig en zoet en troostend, lokt alle volwassenen uit bed en naar de keuken. Tope, mijn medeoprichter, en zijn vrouw Kusum zullen binnenkort beginnen aan hun ochtendwandeling met onze honden Nova en Nacho. Tope heeft zijn koptelefoon op en luistert naar het nieuws van BBC radio. Hij zet hem af en vertelt ons uitgebreid wat er de afgelopen nacht is gebeurd in Nepal en de rest van de wereld. Aakriti en Sachyam, onze hoofdverzorgers, luiden de bel voor het ontbijt.

Door het keukenraam zie ik Namraj op zijn skateboard voorbijsnellen en tante Sukma twee staartjes maken in het haar van Pabitra. Santosh loopt naar haar toe en klaagt dat hij zijn riem kwijt is. Sundar heeft twee rechterschoenen en het uniform van Asmita is nog nat omdat het vannacht buiten in de regen heeft gelegen. In de zijtuin wordt een spelletje walnootknikkeren gestart en kinderen spelen op de schommel in de tuin. De bel luidt weer en ze komen allemaal aanrennen, walnoten nog in de hand, ruziënd over wie het spel heeft gewonnen. Basanti verschijnt met een grote pot *sujji*, zoete room gemaakt van tarwe, en een mandje bananen.

'Telling!' schreeuwt Sachyam.

De kinderen komen aan, gaan in een rij staan en roepen hun getallen op: van één tot vierenvijftig. Eerst zijn de kleinsten: Khushbu, Himal en Jamuna. Dan de kinderen tussen de zes en de acht: Jhagat, Pabitra, Asmita en Manisha met groene accenten in hun uniformen. Dan de middelste kinderen: Kalpana, Ganga, Hari, Khajuri, Man Kumari, Shanti, Yagay, Maya, Bindu en Santosh. De tieners zijn als laatste: Krishna Bogati, Naveen, Padam, Hansaraj, Anjali, Sagar, Alina, Sanju, Bhakta, Rupa en kleine Nisha. De tieners noemen zichzelf de 'originelen' en zijn al vanaf het begin in het Kopila Valley Children's Home. Ze weten nog dat ze de bakstenen naar boven hebben gedragen om de tweede verdieping te bouwen, en dat we onszelf en onze kleren wasten in het water van de Bulbule. Ze weten nog dat we onze eerste tv kregen, onze eerste put groeven en die keer dat Sudip en Nirmal gearresteerd werden omdat ze iets uit een winkel hadden gestolen.

De oudsten zijn nu allemaal volwassen en wonen over de hele wereld. Shova gaat naar Lafayette College in Pennsylvania en Janak gaat naar Drew University in New Jersey, waar ik vandaan kom. Nisha is in Senegal, Goma gaat naar King's College, Keshav naar Midwestern University en Karma doet de opleiding verpleegkunde. Vooral 's ochtends mis ik ze, maar wanneer zij de wereld intrekken, worden hun getallen doorgegeven aan de nieuwe kinderen. De recentste aanwinsten zijn Kiran en Sunita, die naast elkaar zitten en ieder drie bananen eten. Als de maaltijd voorbij is, of ze nu klaar zijn of niet, lopen we door de poort heen.

Onze basisschool aan de andere kant van de straat is niet heel indrukwekkend, maar het is het kloppende hart van onze gemeenschap. We hebben hem gebouwd toen ik tweeëntwintig jaar oud was. Het is niet meer dan wat bamboe, tin en spaanplaat op stenen en cement. Potjes pingpong en tikkertje beginnen met de zonsopgang, net als een Nepalees spelletje genaamd 'Vuur in de berg', dat mij erg doet denken aan 'zakdoekje leggen'. Er is een kleine oprit en een groot blauw bord met daarop: KOPILA VALLEY SCHOOL. Oma's, grote zussen, tantes, ooms en buren komen samen om hun kinderen af te zetten en zeggen: 'Namasté.' De zojuist aangeklede kinderen uit ons huis rennen langs me naar hun vriendjes en leraren. Slechts een paar van hen nemen de moeite om me gedag te kussen. De grote gele Kopilabus komt aanzetten en de dauw begint los te komen van de speelplaats. De schoolbel gaat. Alles wordt stil. Ik maak een lange wandeling door de stad.

De schoonheid en grootsheid van dit landschap is nog net zo intens als toen ik het twaalf jaar geleden, op negentienjarige leeftijd, voor het eerst zag. De met mist bedekte groene heuvels en rustig kabbelende rivier zijn tijdloos, maar alles eromheen is veranderd. In de afgelopen tien jaar is Surkhet, dat ooit niet meer was dan een tussenstop voor mensen die van de verafgelegen dorpen naar de Indiase grens trokken als gastarbeiders, van een handelspost in een levendige stad veranderd. De kledingwinkels, die alleen sari's en *kurta's* verkochten toen ik hier aankwam als reiziger tijdens mijn tussenjaar, hebben nu spijkerbroeken en overhemden in hun etalages hangen. Er rijden meer auto's op de wegen en die wegen zijn nu bedekt met dik, glanzend asfalt. Ik weet nog hoe het was toen de eerste pinautomaat in 2010 werd geplaatst. Honderden mensen kwamen langs om naar 'de geldmachine' te kijken.

Maar alles wat van deze plek een thuis maakte, is nog net zoals vroeger: de verkopers van groente en fruit die op de grond zitten met hun aubergines, bittere kalebassen en *kafal*-bessen uit de bergen. De gele gloed van de juwelier. De plaatselijke apotheker die inmiddels weet hoe ik heet nadat ik jarenlang zieke kinderen heb verzorgd. Het geluid van slagers die kippen en geiten slachten hangt in de lucht: een leven eindigt om een ander te kunnen voeden.

Altijd, ook als het niet op mijn route ligt, wandel ik naar de rivier. Er reikt nu een nieuwe brug van de ene oever naar de andere zodat je tijdens het regenseizoen niet door het slijk hoeft te waden. Aan de randen van de oever staan hutjes van modder en stro. Rookpluimen stijgen op uit hun open daken. Ik zoek naar het dissonante geluid van mokers op steen, dat lijkt op gebroken kerkbellen die door de lucht galmen, maar ik hoor het niet. Door de jaren heen heb ik de families hier leren kennen. Ze zijn arbeiders, kruiers, migranten, werken in de huishouding of op de boerderij.

'Goedemorgen mevrouw Maggie!'

Ik zwaai terug naar een jonge moeder vanaf de nieuwe brug en zie de baby op haar rug. Ze heeft heldere ogen net als Ruby en wangen die net zo onmogelijk mollig zijn als die van Khushi. De moeder loopt wiegend met de baby op haar rug: een beweging die mijn eigen heupen nooit zullen vergeten. Mensen op fietsen en in kleine auto's haasten zich over het kleine viaduct achter me, starend naar de eindeloze vlaktes van rijstvelden in het zuiden of de bergen in het noorden. Aan de voet van het Himalayagebergte, onder de zachte wolken en withete zon, is het mooiste wat ik zie een moeder die van haar kind houdt.

1

HET MEISJE DAT STENEN BRAK

Lieve B,
Je gaat bijna onopgemerkt voorbij, maar ik zie je.

– M

De rivier in Surkhet houdt de Nepalese tijd aan. Hij stroomt langzaam uit de bergen in de Karnali-zone van het middenwesten van Nepal en komt dan stilletjes en uitgeput, als een heel klein stroompje, aan in het midden van de stad. Kruipend voorbij de karretjes en groentekraampjes, de schoenmaker en de heilige koeien, droogt het water volledig op en laat het alleen nog zijn bagage van slijk en afval achter in een grauwe bedding. Rivieren zijn heilig in dit deel van de wereld. Je baadt erin en vereert ze, of je nu in een fris en helder bergbeekje staat of door de modder moet ploegen. Veel van de mensen die ik hier heb ontmoet zeggen dat je naar de rivier gaat als je sterft. Maar in de rivier komt Hima tot leven.

Als ik haar voor het eerst zie, is ze een oranje waas: een sinaasappelkleurig dotje dat in de modder zit. Ze komt uit de rivier lopen, veegt de felgekleurde pofmouwen van wat ooit een feestjurk moet zijn geweest schoon en gaat aan het werk.

Ze kan niet ouder zijn dan vijf, schat ik, terwijl ik aan de rivieroever sta.

Ik kijk hoe ze tussen stukken plastic en blokken beton loopt en een steen zo groot als een voetbal pakt. Met moeite waggelt ze terug naar haar stapel grind, kreunend als een groevewerker. Ze gaat met gekruiste benen zitten en slaat keer op keer op de steen. De frons op haar gezicht is zo intens, dat haar wenkbrauwen elkaar bijna aanraken.

Waar ik ook naartoe ga, ik eindig altijd op plekken zoals deze: steegjes, buitengebieden, vuilnisbelten. De achterbuurten waar dingen en mensen die niemand wil hebben worden weggemoffeld. Tijdens mijn tussenjaar heb ik door de South Pacific gereisd en in India gewoond, maar toch voel ik een mengeling van verdriet, angst en schaamte als ik deze verborgen, weggestopte plekken zie. Op sommige van die plekken worden kleine kinderen aan het werk gezet. Ze zijn kruiers, arbeiders op bouwplaatsen of in de landbouw, bedienden. Het is onthutsend om ze aan het werk te zien, zeker als ze dat met een glimlach op hun gezicht doen. Het meisje gaat staan, schudt het grind van haar rok en zoekt een nieuw stuk schalie.

Voorbij het gebied dat ze voor zichzelf heeft veroverd in het ravijn, zie ik anderen. Voor zover ik kan zien zijn het allemaal vrouwen en kinderen. Sommigen zien er mager uit. Anderen glimlachen, glanzend van het zweet met hun rode tilak en prachtig gekleurde, met patronen versierde *deutis*. Ze zien er bijna allemaal moe uit: uitgeput en bedolven onder het stof van het rivierbed. Ze lopen heen en weer, op zoek naar stenen waar ze grind van maken dat ze kunnen verkopen aan projectontwikkelaars en aannemers van wegenbouwprojecten. Na een burgeroorlog van grofweg tien jaar begint het geld in Nepal weer een beetje te stromen en mensen starten met het bouwen van huizen, zeker in deze kleine handelspost. In 2006 begint een nietsvermoedend Surkhet, met zijn wankele mangokraampjes en loslopende vee, te groeien. Velden waar ooit rijst op groeide worden verkocht per *katta*, kavels van ruim 300 vierkante meter, en getransformeerd in vierkante huizen van modder, tin en bakstenen.

Hoewel Surkhet nooit volledig is geïnfiltreerd door de Maoisten of de regering, zie je toch geruisloze, bijna beleefde overblijfselen van strijd. De vallei wordt omringd door controlepunten met gewapende soldaten. Ze joggen 's ochtends met lange, symmetrische stappen tijdens hun patrouilles door de straten. Ondanks deze herinneringen aan oorlog is het haast idyllisch: een paradijs in een van de armste regio's in een van de armste landen ter wereld. In het centrum hangen kinderen aan het standbeeld van de geliefde koning Birendra alsof hij Mickey Mouse is, ook al vind ik hem er meer uitzien als Jack Nicholson. En een bakkerij die recht uit *Belle en het beest* lijkt te komen etaleert perfecte maanvormige samosa's en *pao roti*. Er zijn meer gebakjes dan kogelgaten. De resten van graffiti met een hamer en een zeis erop zijn versleten en bijna weggewassen door de moessonregen. De Himalaya-districten net ten noorden van hier liggen nog in puin.

De kortste route terug naar mijn hostel loopt recht door de rivier dus wandel ik voorzichtig naar beneden. Stukken droge, door de zon gebleekte aarde verschuiven onder mijn voeten en veranderen plotseling in modder in het bassin. De peperachtige geur van chai die me hierheen is gevolgd vanuit de theewinkel weigert nog verder te reizen. Kardemom en kruidnagel zetten de hakken in het zand en de geuren van menselijke uitwerpselen en zweterige geiten nemen het over. Ik adem door mijn mond en negeer het onheilspellende slurpende geluid dat vanonder mijn laarzen vandaan komt, net als het natte gevoel dat mijn tenen kietelt. Ik probeer niet op te vallen en schaam me een beetje, zoals altijd, omdat ik gelukkig en doorvoed ben. Ondertussen snelt het leven in de rivier verder, uitgehongerd.

Een baby op de rug van een ouder kind begint te krijsen. In Nepal zou het meisje, dat zo te zien ongeveer veertien jaar oud is, zowel zijn zus als zijn moeder kunnen zijn. Een andere baby doet mee en steekt zijn vuist, niet groter dan een abrikoos, in de lucht. En dan nog eentje. Er ontstaat direct een baby-vakbond die spontaan besloten heeft om te gaan staken. Verzorgers beginnen de wandeling naar het blok met vervallen huisjes die gemaakt zijn van oude rijstzakken en golfplaten.

Mijn vriendinnetje in haar oranje jurk kijkt op van haar gehamer. Haar ogen, vol goud en slaapgebrek, kijken recht in de mijne. Na al dat gereis kan ik geen stap meer zetten.

Wat moet ik nou doen? Op dit moment, in dit leven? Wat moeten wij, als grote familie van mensen, eigenlijk doen en wie moeten we zijn?

Ze laat haar hamer vallen en ik kijk haar aan alsof zij alle antwoorden weet. Ze kijkt me aan alsof zij het antwoord ís.

'Namasté, *didi,*' schreeuwt ze, terwijl ze enthousiast met haar leerachtige poppenhandje naar me zwaait. Een enorme zonnige glimlach ontploft haast tussen haar wangetjes.

Hallo, grote zus. Mijn Nepalees is niet geweldig, maar deze uitdrukking ken ik. Iedereen is hier iedereens didi.

Ik staar naar haar. Ze staart terug.

'Namasté,' zeg ik terug.

Het aantal inwoners van het universum loopt terug tot er nog maar twee mensen over zijn: een tiener uit Jersey die haar jeugd stuiterend doorbracht op een enorme trampoline in de achtertuin en die haar best deed om goede cijfers te halen en een dalit, een 'onaanraakbare', die nog nooit een school of een toilet heeft gezien. Daar is ze dan, terwijl ze zonder schoenen door het afval zoekt en grijnst alsof ze een grappig tekenfilmfiguurtje is. Ze is 's werelds verschrikkelijkste mislukking en tegelijkertijd zijn oneindige belofte: vastgemaakt met een dun, oranje lintje. Ik voel hoe vanbinnen alles begint te verschuiven.

Ik loop door. Ik weet zeker dat ik haar weer zal zien. Ik steek de rivier over en laat haar perfecte, vogelachtige stemmetje nagalmen in mijn hoofd. *Namasté, didi.*

In een ander leven had ze mijn zusje kunnen zijn.

In een ander leven had ik haar kunnen zijn.

Ik heb niet altijd de grote vragen gesteld over de mensheid of geprobeerd te begrijpen waarom sommige mensen zo veel hadden en anderen zo weinig. Of waarom het merendeel van de mensen die ik ontmoette die zoveel hadden allemaal wit en knap waren. Als je zo opgroeit, weet je niet dat je daar vraagtekens bij kunt zetten. Ik heb altijd gehouden van mijn thuis: een blauwe splitlevelwoning in New Jersey met twee zussen, progressieve, nuchtere ouders en een trampoline die groter is dan de modderhutjes waar mensen in Nepal in slapen. Ik was dankbaar voor alles wat ik had, maar je kunt het ook alleen maar vergelijken met wat je om je heen ziet.

Toen ik groter werd, werden de vragen ook groter. School was een fijne afleiding met wiskunde en jongens en voetbal, maar ik vond er nooit de antwoorden die ik zocht. In 2005 ging ik aan de ontbijttafel zitten en vertelde ik mijn ouders dat ik niet meteen zou gaan studeren. Ik wilde eerst het een en ander uitzoeken. Ik zou een tussenjaar nemen. Ik wilde me nuttig maken en proberen te begrijpen wat het betekent om een goed mens te zijn. Mijn ouders zijn in hart en nieren vrije avonturiers, dus ze leken het absoluut niet erg te vinden.

Mijn eerste semester was met een groep andere jongeren tussen de zeventien en de eenentwintig en draaide om reizen, je onderdompelen in andere culturen, op experimentele wijze leren en levensvaardigheden opdoen buiten de vier muren van een klaslokaal. Hoewel het nog steeds een groep jonge volwassenen was met veel privileges die eruitzagen zoals ik, gaf het me wel een idee van hoe de wereld verder nog kon zijn. We brachten een maand door onder palmbladeren zo groot als kano's om een zeedijk te bouwen in de Zuidelijke Stille Oceaan. Toen gingen we naar een stilteretraite in een boeddhistisch klooster waar we de kracht van meditatie leerden van nonnen en monniken. Tijdens de introductie vroegen ze ons om het toiletdeksel elke keer weer omlaag te doen zodat insecten er niet in zouden vallen en zouden verdrinken. We gingen naar een boerderij waar we biologisch voedsel leerden verbouwen, wat voor mij vooral betekende dat ik kippenpoep op moest ruimen en naar de honderden meters lange velden werd gestuurd om *manuka* te snoeien: een invasieve, duivelse plant. We volgden een cursus survivallen in Nieuw-Zeeland. In Australië verkenden we de outback en werden we levend opgegeten door de bosvliegen. Ik nam een navelpiercing en leerde surfen.

Mijn vriendin Hannah, die ik tijdens het eerste semester had leren kennen, overtuigde me ervan dat we onze laatste paar maanden samen naar India 'moesten' gaan, voordat we aan de universiteit zouden beginnen en weer terug zouden keren naar de levens die onze knusse, kleinburgerlijke steden voor ons in petto hadden. En omdat het gewoon 'moest', deden we het. We werkten op scholen en kindertehuizen en -centra aan de oevers van de Ganges.

Er waren veel kinderen in Ramana's Garden: vluchtelingen uit Nepal, jonge meisjes en jongens die waren verhandeld, mishandeld en waren achtergelaten. Kinderen van de oorlog. Het was daar anders dan in het klooster, de boerderij of de rimboe. Ik leerde er zoveel elke dag en was onder de indruk van de kinderen, de tegels in het huis, de bodhiboom. Het leven binnen de poorten van Ramana's was gevuld met gelach: er werd gezongen en er heerste een vrolijkheid die wars was van elke zorg waaruit ze was ontstaan. Ik knikkerde in de binnentuin met de jongens en liet de meisjes keer op keer hun gezichten zien met de Canon

PowerShot die mijn ouders voor mijn slagen hadden gekocht. Met elk giecheltje en elke gekke bek en elke met plas doordrenkte broek kwamen de antwoorden op de grote vragen langzaam dichterbij.

Moet ik misschien lerares worden?

Moet ik terug naar New Jersey en gaan studeren?

We zouden eigenlijk een paar maanden blijven. Maar Hannah ging terug naar de Verenigde Staten om te gaan studeren aan de Cornell-universiteit en ik besloot nog een jaar te blijven. Ik had het gevoel dat ik nog meer moest leren. Prabha, de directrice van Ramana's, zag iets in mij. Ze nam me onder haar hoede en leerde me alles wat ze wist. Ze gaf me de ene na de andere verantwoordelijkheid. Ik leerde het meeste van de mensen die daar werkten. Zo was er een aardige man genaamd Tope die de dagelijkse logistiek van het leven op het terrein en de verschillende liefdadigheidsprogramma's regelde. Hij was altijd behulpzaam, leek altijd de antwoorden te hebben op de vragen en problemen van anderen en werkte hard terwijl hij floot en glimlachte en keihard Nepalese muziek draaide in zijn oude blauwe jeep, die hij 'de zigeuner' noemde. Tope en zijn vrouw Kusum waren zelf Nepalese vluchtelingen. Ze zorgden voor de kinderen, kookten maaltijden, reden met ze naar de dokter voor controleafspraken en legden ze in bed alsof dat het belangrijkste, heiligste werk ter wereld was.

Hoe langer ik daar bleef, hoe zekerder ik wist dat ze gelijk hadden.

Ik heb Sunita ontmoet bij Ramana's. In tegenstelling tot mij wist Sunita precies wat ze wilde met haar leven: ze wilde een opleiding doen om arts te worden. Haar grote levensvraag was waar ze vandaan kwam. Het was al acht jaar geleden dat Sunita was teruggekeerd naar haar land en haar dorp en naarmate haar herinneringen begonnen te vervagen, kreeg ze steeds meer vragen. Ze is het nichtje van Tope. We werden goede vriendinnen en besloten om naar Nepal te gaan om haar dorp te vinden.

Weken later verblijven we samen in het Namaste Nepal, het meest luxueuze, toeristische hotel dat we konden vinden in Surkhet. Het haalt het niet bij het comfort van een Four Seasons-hotel, maar het heeft heet water, dekens en een restaurant dat wolkvormige dumplings genaamd *momos* serveert, gevuld met vlees dat volgens Sunita geitenvlees is.

'Maggie!' Ze schreeuwt mijn naam haast. Ik ram de deur open en gooi haar bijna omver. Ze mompelt iets wat ongetwijfeld vunzige, Nepalese scheldwoorden zijn.

'Ik heb iemand ontmoet!' schreeuw ik terug.

Sunita is zestien, slechts twee jaar jonger dan ik, maar ze is sterker en wijzer. Als je op je zesde gedwongen je dorp en je familie moet achterlaten, word je snel volwassen. Voordat we in Surkhet aankwamen hebben we weken door de Himalaya getrokken om naar Oda te gaan: het dorpje dat ze op haar achtste is ontvlucht om aan de oorlog te ontsnappen. Ze is bij Tope en Kusum gaan wonen in India zodat ze naar school zou kunnen, de ultieme luxe voor een Nepalees dorpsmeisje. Toen ik haar leerde kennen, vertelde ze me dat de herinneringen aan het dorpje waar ze vandaan kwam begonnen te vervagen. Ik beloofde haar dat zodra de regering een wapenstilstand had gesloten met de Maoisten en alles veilig was, ik met haar mee zou gaan: iets wat ik best heldhaftig vond van mezelf. Een paar maanden later had Sunita schoolvakantie en begonnen we onze reis naar haar dorp te plannen. Toen ik ermee akkoord ging om samen naar Nepal te gaan, had ik geen idee wat me allemaal te wachten stond.

We beklommen dagenlang de Himalaya, over de snikhete top van Maha Bua en weer naar beneden waar we, bijna per ongeluk, in haar dorpje Oda belandden. Het verscheen achter felle, glazige zonnestralen, net toen ik zwoor dat ik geen stap meer zou kunnen verzetten. Het kwam uit de berg zetten als een enorme, groene trap met akkers vol boekweit, sjofele hutjes met gras en bergschapen. Zo ontzettend veel schapen.

We verbleven er wekenlang. We werkten in de velden, haalden water bij de bron en bedekten de zijkanten van de gebouwen met klei en bizonpoep. Sunita's familieleden waren bijna allemaal vertrokken en de hut van haar familie was vernietigd: omgebouwd tot een of ander maoïstisch clubhuis en later weer vernietigd. Het leek haar niet uit te maken. Oda was nog steeds haar thuis en deze mensen waren nog steeds haar familie: sommigen vanwege bloedbanden, anderen gewoon omdat ze bestonden. Het was logisch. Alles was logisch. Een vrouw verzorgde de koeien, een andere molk ze. Iemand maakte chapati van koren of boekweit: balletjes deeg die plat worden geslagen met een houten deegroller en vervolgens boven het vuur worden verwarmd. We aten ze allemaal samen met de rijst en koren die nog waren bewaard van het droge seizoen. De banden tussen ons waren zo zichtbaar en onwrikbaar als de bergen achter ons.

Toen het tijd was om te vertrekken waren onze lichamen vermagerd en was onze huid zo donker en ruw als die van een dier. De tantes van het dorp huilden en lieten ons beloven dat we weer terug zouden komen. Sunita had veel van de antwoorden gevonden waar ze naar op zoek was geweest. Nu ik nog.

Vandaag, in een droge rivier in een stadje dat alleen als tussenstop diende, had ik een klein meisje gevonden dat me aan mezelf deed denken.

Sunita schraapt haar keel. 'Maggie?'

Ze wordt ongeduldig en is bijna te laat voor een afspraak met familie.

'Sunita, ik heb een meisje ontmoet in de rivier. Misschien kunnen we haar helpen. Ik heb het gevoel dat we dat moeten doen.'

Ik ben niet het eerste witte meisje dat de oceaan oversteekt met een rugzak in een poging om zichzelf te vinden op, of eigenlijk bij, een berg. Ik heb *Eten, bidden, beminnen* gelezen, en niet zo'n beetje ook. Ik was niet van huis vertrokken om de wereld te redden. Ik wilde de wereld alleen zien, leren kennen. En misschien wilde ik ook wel mezelf leren kennen en zien. Misschien beginnen dit soort dingen pas als je jezelf gaat zien.

Het afgelopen jaar heb ik veel fouten gesignaleerd en er waarschijnlijk ook regelmatig deel van uitgemaakt: langharige, Bijbelgetrouwe missionarissen die dolgraag kerken willen bouwen, maar geen scholen. Milieuactivisten die het plaatselijke 'hoe-heet-dat-beest' willen redden hoewel het de oogst vernietigt. Dat soort dingen. Ik ben het overenthousiaste witte kind geweest dat de muur bouwt die de plaatselijke inwoners ook prima hadden kunnen bouwen. Kolonialisme met een goed hart blijft kolonialisme.

Ik wil het meisje helpen om uit de rivier te komen, maar alleen als dat is wat zij wil en als ik haar daar echt mee help. Het is niet aan mij om te zeggen wat zij of iemand anders hier nodig heeft.

Eerst besluit ik aan Google te vragen wat ze nodig heeft. Ik nestel me in Surkhets mooiste en enige internetcafé en begin aan mijn frustrerende zoektocht, omringd door de illegale dvd's die aan de muur hangen. Ik zoek op 'leven in het naoorlogse Nepal' en raak meteen overweldigd.

Een op de twintig kinderen is wees.

Slechts de helft van de vrouwen in het land ouder dan zes is ooit naar school geweest.

Bijna 60 procent van de bevolking in de regio Karnali in het middenwesten leeft in armoede.

Het antwoord op de vraag die onvoorstelbaar leek – namelijk hoe het kan dat een klein meisje stenen vermorzelt in een sloppenwijk – wordt ineens hartverscheurend duidelijk. Maar hoe ik moet helpen, waar ik moet beginnen, is me nog steeds niet duidelijk.

Een trage ventilator in de hoek van de winkel puft in de hitte en ik kijk om me heen. Op de medewerker na ben ik de enige in de ruimte. Mijn Coca-Cola sist en pruttelt. Ik zie felgekleurde sari-stoffen langs de randen van de open deur en af en toe hoor ik een of twee ademtochten muziek. Ik vraag het internet dingen over Surkhet terwijl de stad buiten die deur op mij wacht. Ik pak mijn spullen, betaal de rekening en begin vragen te stellen aan de mensen die ik heb ontmoet.

Ik spreek af met Sunita. Ik stel haar zesduizend vragen over haar leven. Een leven dat zo anders had kunnen lopen als ze al die jaren geleden tijdens de oorlog Nepal niet achter zich had gelaten om naar school te kunnen gaan. Dan spreken we af met Mimkosha: een briljante, ondernemende vrouw met een textielwinkel in het centrum. Ze heeft zichzelf omhooggewerkt, een echt succesverhaal, maar ze weet niet hoe ze haar eigen naam moet schrijven. We praten met leiders van de gemeenschap en ouderen, vrouwen die stenen vermalen en komkommers verkopen. Ik bel Tope, die we niet meer hebben gesproken sinds we laat in Surkhet aankwamen, en hij is woest. Hij was ervan overtuigd dat we ondergesneeuwd waren in Kalikot of waren verkocht als bruidjes voor communisten.

'Maggie,' zegt hij, 'school is hier niet gratis. Veel families kunnen het niet betalen. Kinderen moeten werken zodat hun familie kan eten.'

Ik luister en neem het allemaal in me op. Arme kleine meisjes moeten werken. Dan gaan ze trouwen. Dan werken ze opnieuw, met piepjonge baby's in plaats van boeken op hun ruggen. Naar school gaan is een luxe, het kost geld. Veel families lopen een behoorlijk deel van hun inkomen mis als ze een werkend kind elke dag naar de les sturen. Dat betekent meer armoede, minder eten en geen manier om te overleven. En dan is er nog het schoolgeld.

'Onthoud, Maggie,' zegt Tope voor we ophangen, 'je kunt niet iedereen helpen.'

Een paar dagen later, op zoek naar meer feiten, nodig ik een schooldirecteur die Mimkosha kent uit om citroenthee met me te drinken. Schoolgeld is een eng woord in Amerika, maar ik wil weten wat er precies voor nodig is om het kleine meisje naar school te sturen.

'Twaalfhonderd roepies, Maggie, *bahini* (kleine zus),' zegt hij beleefd.

Haar schoolgeld komt neer op tien Amerikaanse dollars, een kleine negen euro. Als ik haar inkomen voor mijn rekening neem, kost me dat minder dan een dollar per dag. Ik doe mijn best om mijn mond niet open te laten vallen boven mijn theekopje.

De volgende dag gaat Sunita met me mee naar de rivierbedding. Het is bijna 38 °C en alles, niet alleen de rivier, volgt het langzame ritme van Nepal. Ik wijs naar een oranje rok die rondzwiert als de staart van een komeet en het kleine grietje herkent me meteen.

'Namasté, didi,' zingt ze, terwijl ze haar handen samengevouwen naar haar borst beweegt.

Sunita zakt door haar hurken, glimlacht en vraagt haar hoe ze heet. Ik ben zo dankbaar dat ze voor me wil tolken.

'Hima,' zegt ze trots. Ze zoekt door een stapel afval en pakt een aluminiumblikje op dat onder de groene derrie zit.

We ontdekken waar ze vandaan komt (Surkhet), hoe oud ze is (zeven, niet vijf zoals ik had gedacht) en of ze familie heeft (geen vader, maar haar moeder werkt ook in de rivier). Dan vraagt Sunita haar of ze naar school zou willen gaan.

Hima stopt.

Haar ogen worden groot en ze slaakt een aantal belachelijke kreetjes. Snelle en hysterische woorden die zelfs Sunita niet kan volgen rollen over haar lippen terwijl ze om ons heen stuitert, van de ene oever van de rivier naar de andere.

Sunita lacht. 'Hima zegt dat ze niets liever wil dan naar school gaan.'

Voordat we de volgende stap kunnen bedenken, pakt Hima onze handen vast en trekt ze ons met een verbazingwekkende kracht naar haar moeder. Hima's moeder ziet er sterk uit, bijna als een Amazone: met een doek om haar onderrug gewikkeld om haar te ondersteunen terwijl ze puin uit de rivieroever trekt. Ze blijkt nog enthousiaster te zijn dan haar dochter.

Twee weken later, gekleed in een rood geruit shirt, een blauwe broek en een stropdas die bijna half zo lang is als zijzelf, loopt Hima – terwijl de koekoeken haar aankondigen en zwarte, snuffelende varkens haar publiek zijn – de rivier uit en voorwaarts. Ik ga terug naar het hotel.

Sunita en ik zullen Surkhet binnenkort verlaten. Over een paar dagen zijn we in Pokhara, genietend van de ongelooflijk blauwe meren. Een paar dagen later zullen we naar Kathmandu gaan, of de 'Du'. Sunita zweert dat alleen ik het zo noem. Uiteindelijk zal ik weer naar huis gaan en me aanmelden voor een universiteit. Dat was altijd het plan geweest: een jaartje buiten de gebaande paden treden om er dan weer op te springen.

Ik rouw om elke naar chai geurende ademtocht terwijl we teruglopen naar Namaste Nepal. De droge tijd komt aan zijn einde en de lucht is zwaar. Binnenkort zal de grond weer groen kleuren, zal de rivier zich weer vullen en gaan de stenenzoekers weer terug. God mag weten waarheen of wat ze daar gaan doen. Mimkosha en Sunita praten over een van de grote festivals, Dashain of Tihar, maar ik hoor ze amper. Het enige wat ik hoor zijn de geluiden van de rivier en het gehamer op steen.

Terwijl we plannen maken om te vertrekken vraag ik me af hoe we, als de grote menselijke familie die we zijn, een rivier ooit hebben laten vullen met meer werkende kinderen dan met water. Hima gaat naar school en maakt een kans. Maar de anderen dan? Voor de prijs van een spijkerbroek kunnen levens voor altijd worden veranderd. Kan Nepal voor altijd worden veranderd.

'Namasté.' Een vrouwelijke verkoopster glimlacht naar me.

'Namasté, didi.' Ik beantwoord haar glimlach met een buiging.

Nepalese muziek galmt uit de winkels: het internetcafé en de winkel met de potten en de pannen, en de bank die ongeveer zo groot is als de kast van mijn ouders. Ik hoor het holle geluid van een *dholak*-drum in de muziek en een *sarangi* die eruitziet als een dikke viool en altijd wat bezorgd klinkt. Ik begin mee te neurien.

We bereiken het einde van de hoofdstraat en de muziek gaat verloren tussen de loeiende koeien en het gorgelende geluid van een oude bus. Het kletterende geluid van de rotsbrekers neemt het weer over en is nog hoorbaar in Oda, in de verre, groene bergen. Ik herinner me hoe simpel en goed een leven samen kan zijn.

De volgende dagen schrijven we nog vijf kinderen in op school.

2

BAKSTEEN VOOR BAKSTEEN

Lieve N,
Als ik aan jou denk, denk ik aan blokken, blokken en nog meer blokken. Je bouwt graag met je handen en bent vanaf je tweede al goed met aarde en een schep.

– M

Hima begraaft haar hoofd in mijn buik en zegt me gedag. Ze slaat haar armen om mijn middel en houdt me stevig vast alsof ze een hongerige boa is.

'*Pheri bhetaula*,' zeg ik tegen haar en haar moeder. Ik spreek elke lettergreep langzaam en zorgvuldig uit, want ik wil mijn afscheid absoluut niet verkeerd uitspreken.

Sunita en ik gaan vandaag naar het merengebied. We zetten ons schrap voor zeventien uur in een Nepalese bus: een ervaring waar je je alleen iets bij kunt voorstellen als je flink wat tijd hebt doorgebracht op een mechanische stier.

'Gaat het?' vraagt Sunita terwijl we langzaam en met tegenzin weglopen van de rivierbedding.

'Ik denk het wel. Maar misschien moet ik in de bus huilen of overgeven.' Ik glimlach.

Ze lacht. Er moet altijd wel iemand overgeven in die bussen.

We beloven Tope, die er nog steeds van overtuigd is dat we elk moment ontvoerd worden of worden opgegeten door een sneeuwluipaard, dat we hem zullen bellen voor we vertrekken. Sunita stopt bij een telefooncel in de buurt van het standbeeld van koning Birendra en ik ben aan het ijsberen.

Ik luister naar hun geklets en doe mijn best om elk deeltje van Surkhet dat mijn kant op zweeft in me op te nemen: de geur van de bergen in de verte, diesel en chai. De liedjes die de kinderen zingen die ik niet begrijp, maar waar ik toch dol op ben. Schone was en gebedsvlaggetjes die worden opgehangen aan elk beschikbaar oppervlak. Koning Birendra: groot, gemaakt van beton, besmeurd met vogelpoep, maar toch nog charmant.

Een vermoeide, misleidende seconde lang zou ik zweren dat hij naar me knipoogt.

Vaarwel, kerel, denk ik en ik sleep mezelf naar Sunita, die wild loopt te knikken aan de telefoon.

'Tuurlijk!' roept ze. 'Het lijkt ons hartstikke leuk om even naar uw landgoed te gaan, oom Tope. Maggie kan foto's maken!'

Ze wijst naar de Canon die er al net zo verfrommeld uitziet als ik. We beginnen aan ons laatste avontuur in Surkhet en gaan nog even langs de stoffenwinkel om Mimkosha te rekruteren.

We volgen een smal weggetje voorbij de rivierbedding en lopen voor mijn gevoel de hele middag lang recht op de horizon af. De zon hangt fel, heet en hoog in de lucht en herinnert de bergen eraan dat ze niet zo groot zijn als ze denken. De hitte is bedwelmend en de wandeling is zwaarder dan ze zou moeten zijn.

Tijdens de oorlog wilde Tope land kopen voor zijn zus als investering. De economie lag op zijn gat en vastgoed leek een slimme aankoop. Hij wilde iets in Oda, in de buurt van thuis. Maar toen hij uit India aankwam om te gaan kijken, zaten de Maoïsten overal in de bergen. Tope, die absoluut geen sensatiezoeker is, besloot voor Surkhet te gaan. Hij vond buiten het dorp een vlakke kavel van een paar meter en heeft die nu al een jaar niet meer gezien.

Na ongeveer een halfuurtje horen we kinderstemmen en het rubberachtige geluid van voeten die tegen een bal trappen. Ineens verschijnen er simpele huisjes om ons heen als een soort buitenwijk. Echo's van mijn eigen jeugd brengen me terug in de tijd en ineens sta ik weer op Collins Avenue met Libby en Kate, mijn zussen. We vergelijken elkaars radslagen en kibbelen in de tuin. We hadden toen echt alles, zonder een idee te hebben van hoeveel alles eigenlijk was. Ik begin privileges nu pas te begrijpen. Ik was me er niet eens van bewust, totdat ik aankwam in Ramana's Garden. Totdat ik Hima en de andere kinderen ontmoette. Totdat ik besefte dat, terwijl ik yoghurtijs at met mijn zusjes, Sunita een koe molk in Oda en hielp met de opvoeding van haar broers en zusjes.

Ik kijk of ik de profvoetballers in de dop ergens zie, maar ze zijn niet meer dan vlekjes in de verte.

Een oudere man met een dikke buik staat naast een onopvallend modderig veldje en rochelt luidruchtig.

'Daar is het!' zegt Sunita, terwijl ze naar de pachtheer zwaait.

Het land is droog en verscheurd, bedekt met een web lege aderen. Niet bepaald het beloofde land. Het lijkt geruisloos te schreeuwen om regen, gras, schaduw, een schep, een geit of twee... Het maakt niet uit, als het maar een einde maakt aan deze totale eenzaamheid. Ik loop de weg af naar een spaarzaam grasveldje dat nog maar net grip weet te houden op de aarde en loop zo het land van Tope op. Zodra ik mijn gewicht erop zet, verwacht ik ergens dat het land begint te kreunen van ellende.

Ik pak mijn camera en begin foto's te maken en hoop dat de Canon de boel nog wat op kan leuken. Het is geen groot stuk land: enkele meters breed en nog wat extra meters lang. Het enige wat erop staat is een scheve boom die zo trots mogelijk naar de hemel rijkt. Ik probeer er niet naar te staren en vraag me af hoe hier ooit iets heeft kunnen groeien, geworteld in wat voelt als massief gesteente.

‘Het is een goede investering, hoor,’ zegt Mimkosha. Ze kan zien dat ik niet onder de indruk ben. Ik heb mijn verbijstering nooit goed kunnen verbergen en het is waarschijnlijk nog erger als ik mijn best ervoor doe.

‘Echt?’ vraag ik.

Mimkosha knikt enthousiast, wat de plek meteen weer wat kleurrijker maakt.

‘Sinds Tope slechts een jaar geleden de eerste aanbetaling heeft gedaan, is de prijs al verdriedubbeld en gezien hoe het nu gaat in het dorp zal die waarde alleen maar verder stijgen.’ Ze knikt goedkeurend naar Tope’s aankoop terwijl ze verder praat. ‘Er groeit hier zoveel, Maggie.’

Ik kijk nog een keer naar de boom die het stilletjes met haar eens is.

Ik kan de kinderen in de straten achter ons nog steeds horen. Een gillend en roepend groepje meisjes doet mee en ze spelen nu met zijn allen een nieuw spel. Ik heb geen idee wat het is. Ik voel een steek in mijn hart en ik denk aan de rivier, aan de kinderen die precies weten hoe ze een steen moeten breken, maar die niet weten hoe tikkertje werkt. Die zakken rijst op hun rug dragen en zonder schoon water leven. Hima heeft geluk, in het universum van die rivier. Ze mag naar school. Ze heeft een moeder. We hebben zoveel kinderen ontmoet die helemaal niets hadden.

Net als Tope, denk ik.

Ineens begint mijn bloed sneller te stromen en kan ik me weer concentreren. Mijn gedachten gaan direct naar Ramana’s Garden.

‘Hoeveel heeft Tope betaald voor die grond?’ vraag ik aan Mimkosha. Ze draait zich om en haar prachtige katachtige ogen worden groot van verbazing.

‘Nou,’ rekent ze, ‘hij heeft dit gekocht voor ongeveer tweehonderd dollar per vierkante meter en nu is het al rond de achthonderd dollar waard...’

'Verkopen ze meer?' vraag ik, haar berekeningen onderbrekend. Ze grijnst als ze ziet hoe de radertjes in mijn hoofd beginnen te draaien. Sunita kijkt ons nieuwsgierig aan tijdens haar gesprek met de pachtheer.

'Ik ga het niet vragen waar hij bij is,' fluistert Mimkosha. 'Ik wil niet dat hij denkt dat we interesse hebben, maar ik weet vrij zeker dat het land naast dat van Tope ook te koop is.'

De zon verzacht wat boven ons en excuseert zich even om achter een wolk te duiken. Ik loop naar de arme boom toe en aai hem alsof hij een oude hond is met een witte neus. Mijn hand rust op de zachte, bijna pluizige bast en ik leun er voor een moment tegenaan. Tot mijn grote verbazing houdt de boom me prima: de wortels zitten stevig vast. Als ik door de breekbare takken heen kijk, ziet het lege land er ineens vol uit. Ik zie een schommel en een klein voetbalveld, een felgeel huis met bogen en terracottakleurige tegels, een moestuin met sla en lelijk-mooie tomaten die zich amper vast weten te houden aan hun ranken. Ik zie een thuis.

Ik draai me om naar Mimkosha. 'Ik praat wel met Tope, maar ik denk dat ik het wil kopen.'

We gaan een thuis bouwen en een buurtgebouw voor Nepalese kinderen. Hier. Ik twijfel er geen seconde aan.

Het is ongetwijfeld de droom van iedere ouder om een kind op te voeden dat naar een afgelegen deel van de wereld wil reizen om daar met kinderen te werken. Ik weet alleen niet zo zeker of iedere ouder een kind wil opvoeden dat dat ook daadwerkelijk doet. Ik wacht drieënhalve dag voordat ik mijn ouders bel.

'Hallo? Hallo? Pap, kun je me horen?'

De verbinding is vreselijk. Ze kraakt, zoemt en hapert en lijkt nog zenuwachtiger dan ik.

'Maggie? Ben jij dat? Ik kan je amper verstaan... Ben je nog in Nepal?'

'Ja, pap. Ik ben in Surkhet. Luister, ik moet je iets belangrijks...'

Ik ben blij dat het mijn vader is die opneemt. Hij is een lieve man met lange haren en hij is een beetje apart. Toen ik jong was, werkte hij in een natuurvoedingswinkel en bleef hij thuis bij ons. Hij zorgde er altijd voor dat we vaker buiten waren dan binnen. Hij mediteerde en ging naar zweethutten en er stond een kleine boeddha boven onze open haard. Hij legde nooit uit waarom, maar we waren er toch dol op. Mijn vader viel absoluut uit de toon in het chique, bekakte Mendham, New Jersey.

Als iemand dit idee zal steunen, dan zal hij dat zijn.

Voordat ik mijn keel kan schrapen, onderbreekt hij me al.

'Wacht even, Maggie. Ik zal je moeder even halen.'

'Wacht, pap!'

Te laat. Ik hoor haar al klooien met de hoorn.

Mama is pittiger, een makelaar. Een goede makelaar die nog sneeuw kan verkopen aan de Kerstman. Toen ik jong was, was het overduidelijk dat ze van ons hield: maar die liefde uitte ze meer in volharding dan in tederheid. Het was haar levensdoel om ons alle mogelijke kansen te bieden en drie sterke jonge vrouwen op te voeden. Ze heeft hard voor ons gewerkt. Ze moest wel.

'Maggie, is er iets aan de hand?' vraagt ze onrustig.

Gelukkig zijn ze een paar minuten druk met ruziemaken over wiens achtergrondgeluid luider is. Ze weten niet dat ze straks van hun stoel zullen vallen. Van hun drie dochters ben ik de laatste van wie ze verwachten naar Nepal te verhuizen. Ik ben de voorspelbare dochter, het angstige kind dat bang is voor aardbevingen (die heb je in Nepal) en lawines (die ook) en slangen (in overvloed). Ik werd huilend opgehaald van elk slaapfeestje waar ik ooit naartoe ben geweest. Ik wilde altijd het liefst thuis zijn bij mijn ouders. Ze waren goede ouders. Geen enkele god of politicus werd op een voetstuk geplaatst, hoewel ze wel sterke meningen over een aantal van hen hadden. Op hun eigen manier hebben ook zij hun eigen weg gevolgd en zijn ze afgeweken van het 'normale' opvoedgedrag in de buitenwijken. Ze deden niet net alsof ze erbij hoorden. Vaak wilde ik dat ze daar iets meer hun best voor zouden doen. Maar of ik er nu met open armen op af ben gerend of niet: ik groeide op met vrijheid in mijn hart, geest en ziel. Het was meer dan een gelukkige jeugd: het was een jeugd vol liefde.

'Oké, ik zal even vertellen waarom ik bel.' Ik schraap mijn keel. 'Ik wil dat jullie vijfduizend dollar van mijn spaarrekening halen en die zo snel mogelijk naar me overmaken.'

Het is stil. Zelfs de geluiden op de achtergrond vallen weg.

Mijn moeder is de eerste die weer wat zegt. 'Maar dat geld spaar je al van jongs af aan! Dat is voor je universitaire opleiding!'

Voordat ik haar kan vertellen dat ik niet naar de universiteit ga, neemt mijn vader het over.

'Waar heb je al dat geld voor nodig?'

'Ik ga een stuk grond kopen in Surkhet om een kindertehuis te bouwen.'

Een aantal van de achtergrondgeluiden keren terug: voetstappen, getik, heel diep gezucht. Ik kan het gezicht van mijn moeder bijna door de telefoon heen zien: ze fronst en vraagt zich af of dit is wat er gebeurt met een liberaal kind dat ongelimiteerde toegang heeft tot de wildernis en dierentotems en granola. En mijn vader, mijn arme vader, die zich afvraagt of dit is hoe ik hem bedank voor het feit dat hij ons in dat blauwe barrel naar school bracht en het lef had om te toeteren waar de *football*-spelers hem konden horen. Ik had hem altijd beloofd dat ik hem dat betaald zou zetten.

'Ik hou van jullie,' zeg ik. Ik weet niet wat ik verder nog moet zeggen en eerlijk gezegd is dit het enige wat ik nu kan bieden.

'Wij houden ook van jou.'

Een paar dagen later staat het geld op mijn rekening en is de aankoop voltooid. De woorden waar ik aan de telefoon niet op kon komen, komen eindelijk weer bij me terug. Het is simpel en rechtdoorzee, maar het is wel waar.

Ik wil deze kinderen geven wat jullie mij hebben gegeven: een jeugd vol liefde en kansen om een kind te zijn zonder dat ze zich zorgen hoeven te maken over de basisbehoeften, zoals hoeveel stenen ze kapot moeten maken op een dag of wanneer ze weer iets te eten krijgen.

Zes maanden versmelten. Sunita gaat terug naar school in India. Ik mis haar ontzettend, maar ze maakt kans op een volledige studiebeurs en we grappen dat ik op een dag een arts nodig zal hebben om me weer tot leven te wekken, nadat ik sterf in een zee van ngo-papieren (niet-gouvernementele organisaties) die ik niet kan lezen.

Ik ga ook een tijdje terug naar huis, naar Jersey, maar ik ben zo druk dat het voelt alsof ik de hele tijd boven een oceaan hang, ergens tussen Mendham en Surkhet. Ik fungeer als babysitter voor iedereen die me wil inhuren en e-mail driftig met Tope, die enthousiast belooft om met me samen te werken. Ik lees elk boek dat ik te pakken kan krijgen: *De last van de blanke* van William Easterly, *Vrijheid is vooruitgang* van Amartya Sen, artikelen en studies gepubliceerd door allerlei ngo's en ontwikkelingsexperts. Er is geen stappenplan en ik weet dat dit moreel ambigu gebied is. Ik gebruik elk boek, elk onderzoek als een spiegel en wat ik zie, bevalt me lang niet altijd. Ontwikkelingswerk is gelaagd en er kleven gevolgen aan waar ik nooit over had nagedacht.

Er zijn bepaalde voordelen die ik geërfd heb door wie ik ben, waar ik ben opgevoed en hoe ik eruitzie. Toen ik eenmaal begon, moest ik ze wel blijven onderzoeken. Mijn hele leven lang heb ik zonder het te weten deelgenomen aan uitbuiting, racisme en seksisme. Al die tijd dat ik bezig was met het halen van doelen in deze wereld, was ik ook medeschuldig aan de systemen die deze wereld verraden. Hoe meer onderzoek ik doe, hoe meer ik begrijp dat de toekomst van deze kinderen niet alleen afhankelijk is van hoe goed ik iets kan opbouwen, maar ook van hoe goed ik iets kan afbreken.

In New Jersey, zo vlak bij de Mendham Racquetball Club en het schattige plaatselijke koffietentje, horen we niet veel over de Himalaya, maar mijn bezorgde ouders houden de situatie in Nepal toch nog steeds zo goed mogelijk in de gaten. We staan met zijn allen rondom de computer van ons gezin en kijken naar amateurbeelden van protesten in Kathmandu: mannen die schreeuwen, kapotte winkelruiten, vlammen die met grote oranje vingers naar de hemel grijpen. De oorlog is voorbij, maar het ziet er niet naar uit dat de vrede al is aangebroken. Ik kan me niet voorstellen hoe het voor hen is om mij naar het vliegveld te rijden, me een knuffel te geven, te zeggen: 'Ik hou van je, doe voorzichtig' en hun oude beeld van mij los te laten.

Als ik in Surkhet land, is het weer perfect: het waait niet en het is zo'n 24 °C. De heuvels zijn bedekt met poederig rode rododendrons. Tope, zijn vrouw Kusum en Sunita's ouders Daju en Bauju halen me op van het vliegveld. Als je mensen in Nepal vraagt om je te helpen, komen ze hoogstpersoonlijk opdraven.

'Welkom thuis.' Tope glimlacht. Hij kijkt naar me terwijl ik naar de bergen staar en pakt mijn versleten rugzak. 'Prachtig, hè?'

Dat is het zeker.

Vanaf daar rijden we naar het huis dat ik heb gehuurd en gaan we aan de slag. Vier maanden lang zijn we alleen maar aan het werk.

Mei slokt de laatste restjes van april op en het wordt heet, zo ontzettend heet. Je huid verbrandt, de lucht trilt en het werk gaat tergend langzaam: en dat is nog op een goede dag. De dagen druppelen voorbij als koude honing. In Nepal gaat alles langzaam: zaadjes worden met de hand gezaaid, thee blijft altijd maar trekken. Het verkrijgen van vergunningen en papierwerk lijkt het traagst te gaan. Niemand heeft haast, vooral de mensen niet die juist het meest zouden moeten opschieten.

De overblijfselen van de oorlog zorgen voor ongekend veel onderbrekingen. Bussen vol maoïstische buitenstaanders verschijnen in de stad en er wordt een avondklok ingesteld. De vervoersmedewerkers staken en de bussen rijden niet meer. De jonge, pezige mannen met gespannen kelen en gebalde vuisten, die in de bussen zouden moeten zitten, verbranden nu autobanden in de straten van steden in het middenwesten.

Eindelijk, na een aantal lange dagen vol besprekingen in Surkhet, is de hoogste officier van het district bereid om onze registratie goed te keuren zodat de droom van een door de community gerunde organisatie die kinderen kan helpen eindelijk werkelijkheid kan worden. We hoeven alleen nog maar een naam te verzinnen voor de droom waar we zo hard aan gewerkt hebben.

’s Avonds verlaten we het regeringsgebouw weer als een paar mieren op een stuk watermeloen, dronken van de suiker. Voor het eerst sinds tijden zijn we allemaal vrolijk en hyper: Tope, Kusum, Daju, Bauju, Mimkosha en ik.

‘We zijn er bijna,’ zeg ik, tegen niemand in het bijzonder.

De shirts van de mannen kleven aan hun rug en in onze knielange kurta-tops voelen we ons net gebakken aardappels. Waarschijnlijk zien we er ook zo uit. We lopen de heuvel af, in de richting van de stad. De zon gaat onder en het zal snel koeler worden. We stoppen even om daarop te wachten. Opluchting, op alle fronten, lijkt ineens binnen handbereik.

We trekken de klamme stof van onze huid en kijken neer op Surkhet. Samen glimlachen we naar de winkeltjes en het kleine wegennetwerk dat elke dag wat drukker lijkt te worden, de felgekleurde huizen en de beloftes die ze lijken te herbergen. Er staat een prachtige bodhiboom die we allemaal tegelijkertijd op lijken te merken, vlak bij de rivierbedding waar ik Hima heb ontmoet. Hima doet het overigens geweldig in de kleuterklas.

De boom is prachtig: een enorme, machtige wirwar aan wortels. De lange takken die met elkaar zijn vervlochten, reiken onmogelijk ver en wijd en hebben de glanzendste, groenste bladeren.

'Wat dacht je van "wortel"? Iets met "wortel"?' vraag ik, terwijl ik wacht op een vertaling naar het Nepalees.

'*Mūla,*' vertaalt Tope. Dan denkt hij er even over na. 'Nah.'

We blijven het proberen. We proberen de bergen, de rijstvelden die net geplant worden en de energie van je kindertijd te vangen in een enkel woord. Misschien twee. Ik probeer de ene botanische term na de andere, maar alles wat ik voorstel klinkt als een ranch van een of andere vent of een Indiaas buffet.

'Iets vrolijks, met kleur,' zegt Daju, terwijl hij in de zon staart en zijn hand als een klep boven zijn ogen houdt.

Bauju is het daarmee eens. 'En voor de kinderen,' voegt ze eraan toe. Haar neusring rinkelt als ze knikt.

'En *Kopila*?' stelt Tope voor, terwijl hij de glimlach die aan zijn mondhoeken trekt probeert terug te dringen. 'Dat is een knopje vlak voordat het een bloem wordt en dit wordt een plek waar kinderen kunnen bloeien.'

'Kopila Valley?' vraag ik, terwijl ik nog kijk naar de vallei onder ons.

We zeggen het allemaal omstebeurt en dan schreeuwen we het bijna uit. De bodhiboom schudt goedkeurend met zijn bladeren.

Kopila Valley. De perfecte naam. Als een bloemknopje alles krijgt wat het nodig heeft om te groeien, wordt het een bloem. Met genoeg liefde, steun, voeding en educatie zullen onze kinderen ook tot bloei komen.

Tijdens mijn laatste avond in Nepal gaat het hard. Tope, Daju, een plaatselijk juridisch adviseur en ik leggen de laatste hand aan de huisregels van Kopila Valley en we stellen ons plaatselijke bestuur op: opgebouwd uit praktisch iedereen in Surkhet die we kennen. Wij drietjes hebben niet veel geld meer, maar we huren het huis pal naast het land van onze nieuwe Kopila Valley, waar Daju en Bauju gaan wonen met hun kinderen om toezicht te houden op de bouw. Na jarenlang de oorlog te hebben afgewacht in India keren ze voorgoed terug naar Nepal. Tope en Kusum gaan terug naar Ramana's Garden om vanuit daar te werken. Ik ga terug naar Amerika om geld te verdienen, nog meer papierwerk in te vullen en hopelijk een manier te vinden om ons uit de rode cijfers te houden. Ik weet niet zeker hoe dat proces eruit gaat zien. Ik heb zelfs nog nooit een appartement gehuurd, maar als het moet, bouwen we dit huis baksteen voor baksteen op.

Als de laatste kleuren van de dag uit de hemel beginnen te zakken, is het tijd om de fundering op te meten. We bekijken de blauwdrukken. Het land is klein, dus moet het huis dat ook zijn. Slechts acht meter doorsnee, met ruimte voor een afdak tegen de regen. Zelfs dan zitten we vlak op het land van de buren. Het is verleidelijk om elke centimeter die we hebben te gebruiken, maar niemand van ons kan het over zijn hart verkrijgen om die ene eenzame maar vasthoudende boom te ontwortelen. Hij voelt een beetje als een monument. Buren komen aan met hun gereedschappen om ons te helpen en samen doorklieven onze scheppen de aarde. We maken ruimte voor cement en ijzer: de ruggengraat van Kopila Valley.

Net voordat het echt donker wordt, komt een plaatselijke priester opduiken in een enorm dik oranje gewaad. Hij komt een traditionele land-*pooja* uitvoeren: een ceremoniële zegening waarbij om de bescherming van Moeder Aarde wordt gevraagd. Gezien het feit dat we op het punt staan om haar een fikse facelift te geven, is dat wel het minste wat we kunnen doen. Er zijn hier veel rituelen en tot nu toe vind ik ze te gek. Festivals zijn wild en kleurrijk. Zelfs als je alleen maar aankomt of gedag zegt, vraagt dat om een bloemenkrans om je nek en een rode tilak op je voorhoofd voor geluk. Deze pooja, op zo'n perfecte blauwzwarte avond, voelt al helemaal heilig.

De lucht wordt zwaar en rokerig terwijl de priester zingend over het land loopt. Hij zwaait met stokjes wierook en de oranje lichtjes aan het uiteinde pulseren. Stukjes sandelhout maken zich los van de gloed en hangen boven ons voordat ze verloren gaan in de hemel. Onze buren kijken naast ons mee, schouder aan schouder. Ze buigen hun hoofden als het donkerder wordt: een simpel teken van gemeenschap dat ik voor altijd zou willen vastleggen. Stilletjes beloof ik hun dat we goed werk zullen leveren: we zullen dit land bebouwen en aanbidden. We zullen goede kinderen opvoeden en vriendelijke buren worden. Nu ik hier sta, in mijn Gap-jeans en met mijn erbarmelijke Nepalees, besef ik dat het feit dat ze mij in hun thuis verwelkomen voor hen een sprong in het diepe is.

Op een dienblad worden stevige gele knoppen van goudsbloemen en kruiden meegebracht en een voor een door de priester zorgvuldig neergelegd op de koele, vochtige bodem van het gat in de aarde. De kurkuma en het bloedrode *kumkum*-poeder hebben zo'n felle kleur dat ik me even zorgen maak dat de bloemen jaloers zullen worden. De priester prevelt een serieus, zwaar gebed en ik laat me erdoor verankeren terwijl ik, zoals de traditie voorschrijft, een meter afdaal in het gat dat op een dag de noordoostelijke hoek van ons huis zal worden. Nou ja, eerst val ik in het gat, maar ik help mezelf snel weer overeind. Uiteraard ziet iedereen dat gebeuren.

Weggezonken in de aarde, waar de grond glad is en de wormen boven mij krioelen, staar ik naar boven en zoek ik naar het licht. Wierook en klei dringen door in mijn neus, mijn poriën, mijn dikke haar. Ik zak door mijn knieën en plant een goudsbloem in het midden van het gat, in de hoop dat ook ik hier tot bloei kan komen.

3

IN EEN OOGWENK

Lieve Grote B,
Jij hebt de mooiste, vasthoudendste en veerkrachtigste ziel. Je bent ook de koppigste persoon die ik ooit heb ontmoet.

– M

New Jersey is heet en chagrijnig wanneer ik in juli 2007 arriveer door de schuifdeuren van de aankomsthal, met vuur in mijn ogen en luizen in mijn haren. Als een mes door de hete boter baan ik me een weg door de mopperende internationale reizigers. Ik weeg amper 50 kilo, maar als mens ben ik gegroeid ten opzichte van toen ik vertrok en op de een of andere manier lijk ik meer ruimte in te nemen. Maanden vol *dal bhat*, langzaam gekookte linzen en rijst, en hard werk hebben het vet van mijn heupen gesmolten en spieren gevormd die eerst niet zichtbaar waren. Mijn huid is strak over mijn wangen gespannen en mijn handen zijn ruw. Ik ben nu ouder, bijna twintig, maar ik weet dat ik er nog een paar jaar ouder uitzie dan ik ben dankzij de donkere wallen onder mijn ingevallen ogen.

Ik zie mijn vader tegen de bagagekarretjes leunen en over de hoofden van de anderen kijken, op zoek naar mij. Ik ben 1 meter 62. In Nepal maakt dat me lang, maar hier ben ik een opdondertje. Ik piep tevoorschijn van onder mijn rugtas en zwaai. Hij heet me meteen welkom.

'Je bent thuis!' Hij glimlacht.

Ik ruik naar dagen vol zweet en vliegtuigeten, maar hij geeft me een knuffel. Zijn schouders zakken centimeters naar beneden, ik denk van opluchting, en ik hang daar in zijn armen. Het is lang geleden dat iets of iemand zo bekend aanvoelde. Ik heb even nodig om me te herinneren dat ik een dochter ben.

Hij pakt mijn rugzak vast: die is versleten en heeft niet meer de felblauwe kleur die hij ooit had. Samen lopen we naar de auto.

'Het is fijn om thuis te zijn,' zeg ik. Maar ik weet niet zeker meer waar thuis is.

Het is bijna Onafhankelijkheidsdag en niemand in Mendham houdt dat geheim. Frisse, gloednieuwe vlaggen stuiptrekken in plaats van wapperen in de wind en de nette veranda's zijn allemaal versierd met de kleuren van de Amerikaanse vlag, verse lagen verf en bloembakken vol petunia's. Het is hier heel idyllisch, precies zoals ik het heb achtergelaten. De vijvers zijn nog steeds gevuld met koikarpers zo groot als stukken ossenhaas en de Mendham Creamery serveert nog steeds perfect ronde bollen ijs. Zelfs de vogels hebben hier besloten om te zingen in plaats van te krijsen.

Niemand verkoopt bittere kalebassen op de hoek van de straat, er zijn geen brandende vuilnisbelten en de kruising wordt geblokkeerd door een Range Rover in plaats van een koe. Veel van de mensen die in Mendham wonen, werken in New York City. Ik weet nog steeds niet echt hoe het beheren van een hedgefonds of het zijn van een advocaat eruit hoort te zien, maar ik zie ze met de trein naar de stad gaan: gladgeschoren, doelbewust en klaar voor een dag vol handel. Zodra ze van het perron aflopen, doen ze hun pakken uit en gaan ze naar voetbaltraining, huiswerkbegeleiding en familiediners. De laatste keer dat ik iets van onrust zag, was toen een ontwikkelaar van plan was om een Dunkin' Donuts neer te zetten op East Main Street. Het leven kabbelt comfortabel door in Mendham. En ik vrees dat het verandering in de weg zal staan. De wereld waar vijfjarigen aan het werk worden gezet als metselaars is heel ver weg en wordt op afstand gehouden.

Terwijl we de laatste paar meters de stad in rijden, razen de gedachten door mijn hoofd. Een deel van mij wil stoppen om een bagel te eten en het andere deel wil aan het werk en keihard schreeuwen: 'Weten jullie wel wat er in Nepal gebeurt?!'

Kopila Valley heeft geld nodig en snel ook. Daarom ben ik teruggegaan naar New Jersey. In Surkhet houden Daju, Bauju en hun kinderen, BBC en Shova, de bouw in de gaten en krijg ik een update over praktisch elke nieuwe steen. De muren worden gebouwd en je kunt al zien waar de ramen zullen komen. Daju vindt het nu al heel erg mooi, maar hij is iemand die overal de schoonheid van kan zien. Er moet nog heel veel gebeuren en elke dag dat we geen cement kunnen betalen is een dag dat een kind zonder thuis thuisloos blijft.

Ik begin met oppassen. Aangezien het zomer en schoolvakantie is, is mijn agenda al snel gevuld. Maandag ben ik bij de familie Wintz die net een dochtertje hebben gekregen. Mijn weekenden breng ik door bij de familie Leibold en de familie Bartzak. De familie Conelly boekt me meerdere dagen achter elkaar als ze de stad verlaten voor hun vakantiehuisje aan het meer. In augustus werk ik zes dagen per week, twaalf uur per dag, plus elke zaterdagavond. Het leven is een waas aan sproetjes, zonnebrand, bakjes yoghurt, sproeiers en Liams en Taylors en ik heb *The Giving Tree* zo vaak gelezen dat ik het als monoloog zou kunnen opvoeren in het theater. Als het goed zou betalen, zou ik dat absoluut doen.

De ouders van Mendham, mijn eigen ouders incluis, steunen me door en door maar ik denk niet dat ze begrijpen waarom ik niet naar Vassar of Boston College ga zoals de kinderen van al hun vrienden. Er zijn dagen waarop ik het zelf ook niet echt begrijp en het enige wat ik kan doen is mezelf, en iedereen die ernaar vraagt, vertellen over de dag dat ik Hima heb ontmoet. Ze geven me fooien en vragen altijd hoe het gaat met de bouw van het huis en hoewel ik de meeste weken achthonderd dollar verdien, is het altijd maar net genoeg voor wat we nodig hebben. Ik werk als hondenoppas wanneer we nieuw gereedschap nodig hebben. Bill en Linda betalen me extra als ik tot laat kan blijven en we kunnen het prachtige Nepalese *sal*-hout betalen dat we als raamkozijnen willen gebruiken. Als ik mijn zakenplan zat ben, komt een van de CEO's bij wie ik oppas thuis na een date: vol bordeaux en precies de adviezen die ik nodig heb. Aan het einde van elke week tel ik mijn geld bij elkaar op en stuur ik het naar Nepal. De financiering van de bouw verloopt een tijdje moeiteloos.

Tope belt me op een maandag, midden in september. De hangmat in de achtertuin van mijn ouders ligt vol met bladeren en de pompoenen en chrysanten van de markt hebben stilletjes hun plekjes ingenomen in de voortuinen van de mensen. Mendham heeft plots de patriottistische zomerse aankleding ingeruild voor maïsbladeren en stro. Ik ben een heel seizoen weg geweest van Surkhet.

'Slecht nieuws,' zegt Tope met een zucht. 'We moeten de septische put installeren en we hebben meer ijzer nodig voor het dak. We hebben deze week minstens 2.200 dollar nodig, naast de normale betalingen voor de arbeiders, de stenen en het cement.'

Mijn moeder staat bij me in de keuken. Ze luistert mijn gesprek af terwijl ze in alle kastjes op zoek is naar nou net die ene koffiemok. Ze heeft een hele rits keramische afdankertjes op de ontbijttafel staan. Hoe komt een gezin aan zoveel mokken?

'Shit,' zeg ik tegen Tope.

'Shit,' stemt hij in.

Hij heeft elke loonstrook van zijn baan opgestuurd. Ik kan

minder vaak oppassen: de kinderen gaan weer naar school en de volwassenen zijn te moe van het helpen met huiswerk om 's avonds nog op pad te gaan. Elke cent die ik heb, is al geïnvesteerd in hout en metselwerk en de deuren van Kopila Valley kunnen nog lang niet open. Deuren zijn duur, die hebben we dus ook nog niet.

'Wat moeten we doen, Maggie?'

We moeten de bouw pauzeren. Ik zeg hem dat ik er wel iets op verzin, maar mijn hoofd is moe en leeg. We hangen op en besluiten over een paar dagen weer te bellen.

Ik kijk naar de tafel vol trieste oude mokken vol barstjes en gele, tandkleurige vlekken.

'Is alles in orde?' vraagt mijn moeder. Zolang als ik me kan herinneren, kan ze mijn gedachten lezen.

Ik kijk weer naar de mokken. En ineens heb ik een idee.

'Mam, ik heb je hulp nodig. We gaan een vlooienmarkt organiseren. Dit weekend.'

De inwoners van New Jersey zijn dol op vlooienmarkten. Zelfs in een chique wijk als Mendham lijkt niemand, hoe indrukwekkend hun baan ook is of hoe glanzend de auto ook is waar ze in rijden, zich te goed te voelen om met een vreemde te onderhandelen over gebruikte ski's of een poster van Bruce Springsteen. Goed, het is niet zo flitsend als een benefietgala, maar de vlooienmarkt is onze eerste geldinzamelingsactie en ik heb er zin in. Dinsdag loop ik met een kartonnen doos de kelder door, op zoek naar dingen die mijn ouders niet zullen missen: zijden sjaaltjes, lampenkappen en oude gehaakte dekens die bedolven liggen onder een laag stof. Bordspelletjes en rommel kletteren luidruchtig van hoge planken en onze hond Sophie begint te blaffen en stampt met haar pootjes. Al snel dalen mijn ouders de krakende trap af om me te helpen, op zoek naar tafelkleedjes en lelijke truien.

'En deze dan?' zegt mijn vader, terwijl hij een stapel *National Geographic*-tijdschriften en een vreemd uitziende wijnkaraf in de lucht houdt.

'En deze!' zegt mijn moeder, terwijl ze een keukenmachine als een trofee boven haar hoofd balanceert.

Ze lachen als Sophie ervandoor gaat met een deel van de voorraad in haar wang en huilen als een paar babyschoentjes hen terugbrengt naar 22 jaar geleden.

Ik mis Surkhet, maar ik heb het hier wel naar mijn zin. Wij allemaal. Het huis is warm en de wc doet het. Ik hoor elke dag 'ik hou van je' en we spreken dezelfde taal. Ik kom 2.000 dollar tekort en ben 11.000 kilometer verwijderd van het gat in de grond waar ik mijn hart en wat bloemen op een dienblad heb geofferd aan een godin van de aarde wier naam ik amper kan uitspreken. Ik voel me verscheurd en vraag me af of het mogelijk is om op twee plekken tegelijk te horen.

Ons huis wordt snel verlost van skibroeken en slechte kunst en tenzij ik de waarde van de tae-bovideobanden ernstig onderschat, hebben we bij lange na niet genoeg spullen om aan het benodigde bedrag te komen. Ik doe een schietgebedje en wek de printer van het kantoor uit zijn lange, lange winterslaap en maak flyers waarin ik onze buren vraag om hebbedingetjes die ze willen doneren voor het goede doel. Ik stop de flyers in elke brievenbus die ik tegenkom en hoop er maar het beste van.

Eerst krijg ik een paar oude borden en schoteltjes. Dan de cd's van Bon Jovi. Niet lang daarna krijg ik een doos met verkreukelde hoeden en een lekkende blauwe zitzak en een pruik met ongeveer dezelfde kleur. Weet je wat het ook is met New Jersey? Iedereen heeft veel spullen. Moeders onderweg naar school sprinten snel even langs met slowcookers en teddyberen voor de verzameling en 's avonds komen ze opnieuw aan de deur met oude boeken en pantoffels. Op vrijdagochtend verzuipen we in prachtige, magische, aparte en goed verkoopbare troep.

Mijn oudere zus Kate komt thuis van de universiteit en bakt koekjes om te verkopen. terwijl mijn jongste zus Libby lepels vol beslag eet en de bijzettafeltjes neerzet die ook gedoneerd zijn en absoluut de verkoop ingaan. Mijn ouders houden zich bezig met het neerzetten van willekeurige voorwerpen en proberen een samenhangend verhaal te maken van lakens, zoutvaatjes en oude kampeerspullen. Als alles bij elkaar in de garage staat, de lucht ruikt naar vanille-extract en verbrande suiker en we luisteren naar de James Taylor-cd van mijn vader, voelt het alsof we een feestdag vieren die alleen van ons is.

Ik vraag me af hoe ik hier in godsnaam weer afscheid van moet nemen: van mijn familie, van deze doorleefde, liefdevolle en geruststellende plek waar niets ooit pijn heeft gedaan en niemand eenzaam kan zijn. Ik ga langzamer ademhalen en verlies mezelf in een paar coupletten van de muziek. Door het zingen en de geur van gemaalde nootmuskaat moet ik automatisch denken aan Hima. Ik hoor het gekraak van de gereedschappen op de rotsen terwijl James Taylor zingt over hoe heerlijk het is als er van je wordt gehouden.

De vroege vogels staan zaterdag al om zes uur 's ochtends op de stoep en blijven komen totdat de zon ondergaat. De volgende dag gaat het precies zo. We onderhandelen zo goed mogelijk, maar het is lastig om met een strak gezicht de hoofdprijs te vragen voor een gebruikte hondenriem. Aan het einde van het weekend tel ik al het geld, tot op de laatste cent. Ik voel me bizar opgewekt en ruik naar mottenballen. We hebben in totaal 2.227 dollar verdiend en dat geld gaat rechtstreeks naar Nepal.

De maandagochtend breekt aan en op de voorpagina van de plaatselijke krant staat een foto van ons huis in Surkhet. Nou ja, het is bijna een huis te noemen: vier bakstenen muren, cement, ijzeren staven en de boom waar alles mee is begonnen. Een vriendelijke verslaggever kwam dit weekend langs om me te interviewen over Kopila Valley – en om te kijken of we nog wat moois verkochten natuurlijk – maar ik had niet verwacht dat we op de voorpagina terecht zouden komen. De foto is enorm, groter dan mijn hoofd, felgekleurd en stinkt naar inkt. In de hoek staat een kleinere foto van mij. Ik sta op de oprit naast een schilderij van velours, terwijl ik glimlach en iets raars doe met mijn oog.

Ik lees de kop:

TIENER ORGANISEERT VLOOIENMARKT
OM WEESHUIS TE BOUWEN IN NEPAL

Ik voel me er ongemakkelijk bij. Kopila Valley is geen weeshuis, het is een thuis. Of nou ja, dat wordt het. We zijn geen tussenstop voordat je je familie vindt, wij zíjn de familie. Ik wil niet fungeren als een zoetsappig verhaal dat het echte verhaal lichter verteerbaar moet maken. Kinderen lijden in deze wereld en wij laten hen in de steek. Ik bel Tope, mopperend over de lichte toon van de journalist, en hij onderbreekt me.

'Luister,' zegt hij. 'Mensen moeten weet hebben van het probleem, maar ze moeten ook geloven dat ze deel kunnen uitmaken van de oplossing. Houd vertrouwen, Maggie. Dit artikel zou nog weleens heel belangrijk kunnen worden.'

En zoals altijd heeft hij gelijk.

Op dinsdag stromen de eerste e-mails binnen.

Donderdag krijg ik de eerste cheque: 500 dollar van de ouders van een meisje dat op de middelbare school bij mij in de klas zat.

Ouderen vullen enveloppen met briefjes van twintig dollar en stoppen die door de brievenbus. Kleuters legen hun spaarvarkens in plastic zakjes en laten die achter voor de deur van mijn ouders. Ineens weet iedereen in Mendham wat er gebeurt in Nepal. Zelfs als ze drie dagen geleden nog niet eens wisten waar Nepal lag. De envelopjes blijven maar komen: vijf dollar, tien dollar en vijftien dollar per keer voor de volgende maand. En dan komen de grotere cheques.

Een bijzonder charismatische vrouw, Kim Wentworth, neemt me mee uit lunchen naar de Black Horse Tavern; haar een Cobbsalade zien eten is het betoverendste wat ik ooit heb gezien. Ik sta versteld van hoe sierlijk en zelfverzekerd ze is. Aan het einde van de lunch zegt ze dat ze een sprankeling in mijn ogen ziet, dat ze in mij gelooft en dat ze de 5.000 dollar wil verdubbelen die ik heb verdiend met babysitten en geïnvesteerd heb in de opbouw van Kopila Valley. De volgende maand nodigt ze me uit voor een lunch met een aantal dames die ik het verhaal vertel van mijn eerste reis naar Nepal. Mike Seergy, die ooit de CEO van Nissan was, vertelt me dat mijn werkhouding hem wel bevalt. Hij leukt mijn zakenplan wat op, leidt me als een kreupel paard door de rest van mijn papierwerk en wil plaatsnemen in mijn bestuur. Marjorie Keith, een moeder uit Mendham met een groot hart, schrijft een cheque voor me uit en geeft me een peptalk en advies over het registreren van een non-profitorganisatie: iets wat ik moet doen om de donaties te kunnen accepteren waarmee ik Kopila Valley kan betalen. Op een vrijdag, uitgeput en met een wazige blik in mijn ogen, ga ik naar het postkantoor van Mendham waar een enkele envelop op me ligt te wachten. Ik maak hem open en lees een met de hand geschreven briefje van ene Amie Bloom. Ik herinner me haar nog van de lunch. In de envelop zit een cheque voor 20.000 dollar ter nagedachtenis aan Amies overleden zoon. Ik laat me op de vloer zakken met mijn rug tegen de muur vol postvakjes en land in een plasje tranen.

Weken later, vlak voor kerst, krijg ik een pakketje van de Amerikaanse belastingdienst met de laatste goedkeuring die we nog nodig hadden om uitgezonderd te worden van belasting. Ik besluit onze organisatie de BlinkNow Foundation te noemen, letterlijk de 'Knipper Nu-stichting'. Toen ik zag hoe de kinderen in Surkhet leefden, veranderde mijn visie op de wereld namelijk in een oogwenk. Het leven van een kind kan ook in een oogwenk veranderen. Alles gebeurt in een oogwenk en verandert van 'ik' naar 'wij'.

Het is begin december wanneer Priti Maheshwari, een lerares van de Red Oaks School in Morristown, me belt. Ze laat een bericht voor me achter op het hoofdkwartier van BlinkNow dat zich momenteel naast de potten in de keuken van mijn ouders bevindt. Ze vraagt me of ik in haar klas wil langskomen om te vertellen over mijn werk in Nepal. Ze vonden het artikel in de *Observer Tribune* toen ze artikelen uitknipten voor een collage over morele moed. Morele moed. Mijn ego is meteen gevleid.

Ik heb nog nooit met een groep jonge kinderen gepraat. Ik kan prima de hele dag praten over hoe leuk reizen is met een groep middelbare scholieren. En voor praten met zakenlui over de sociale verantwoordelijkheden van bedrijven draai ik ook mijn hand niet om. Maar met kinderen praten is lastig. In elk gesprek verandert onschuld in bewustzijn en dat kun je nooit meer echt ongedaan maken. Ieder kind ziet een versie van zichzelf op de foto's uit Nepal en leert direct dat de grote, prachtige wereld niet alleen magisch is, maar ook heel ellendig kan zijn. Het goede nieuws is dat we kunnen helpen: dat is het echte wonder.

Op de dag van mijn praatje op Red Oaks heb ik te veel cafeïne binnengekregen en me te weinig voorbereid. Mijn handen zijn klam en trillen door alle koffie waardoor ik niets meer aan ze heb en ik de deur van het lokaal met mijn schouder moet openduwen. Als ik over de drempel strompel, word ik begroet door veertig gezichtjes met paardenstaartjes en ronde kapsels. Ze krijgen het op de een of andere manier voor elkaar om me allemaal op net een ander moment gedag te zeggen. Meisjes in het roze beginnen te lachen onder een wervelwind van papieren sneeuwvlokjes. Mijn hart stopt even met kloppen. Ze zijn ongeveer net zo oud als de meisjes die bij de rivierbedding wonen en stenen breken in Nepal. Zij lopen het meeste risico op mensensmokkel en kinderhuwelijken.

Ik bereid mijn PowerPoint voor. De klas valt stil. Juf Priti knikt naar me. Het enige wat ik hoor is het getik van de klok en een cavia die zo beleefd mogelijk drinkt uit de enorme fles in zijn kooi. Hima's prachtige gezicht verschijnt op het scherm. De kinderen happen naar adem en maken bewonderende geluidjes.

'Weet iemand waar Nepal ligt?' vraag ik. Ik verwacht er niet zoveel van.

'Nepal ligt aan de noordoostelijke grens met India,' zegt een jongen, niet ouder dan negen, nadat hij zijn keel heeft geschraapt.

'En waar staat Nepal om bekend?' vraag ik dan. Vijftien handen schieten omhoog die allemaal wanhopig willen worden gekozen.

'Mount Ev-o-west!' schreeuwt een klein meisje.

'Verschrikkelijke sneeuwmannen!' roept een ander.

'Weet iemand anders nog interessante feitjes over Nepal?' probeer ik. Ik hoop dat ze niets meer weten.

'Ja!' zegt een klein jochie achter in de klas. 'Hun vlag heeft een heel andere vorm!'

'Wauw! Je hebt gelijk!' Ik ben enthousiast en luid. Juf Priti kijkt trots naar haar leerlingen.

'Oké, ik moet jullie om een gunst vragen.' Ik zet een serieus gezicht op en ga bij hen op het blauwe kleed zitten. 'Ik heb jullie hulp nodig. Ik zal jullie erover vertellen en dan mogen jullie besluiten of jullie me willen helpen. Deal?'

'Deal!' juichen ze.

'Heel veel kinderen in Nepal kunnen niet naar school en daar zijn ze heel verdrietig om. Veel van hen zouden er alles voor overhebben om naar een les als deze te kunnen gaan. Hoeveel denken jullie dat het kost om een kind in Nepal naar school te laten gaan?'

'Duizend dollar?' vraagt het eerste kind.

'Nee, maar goede gok,' zeg ik.

'Vijfhonderd dollar,' zegt een ander.

'Driehonderd dollar,' probeert weer een ander.

'Nee, hoor.' Ik glimlach. 'Minder.'

Ze vallen stil. Ze zijn duidelijk klaar met raden.

Ik spreid mijn vingers en vertel ze hoe het zit. 'Jongens, het toelatingsgeld is soms niet meer dan vijf dollar. Wat nou als ik jullie vertel dat ieder van jullie zijn of haar eigen speciale maatje in Nepal naar school kan sturen?'

Ze wiebelen heen en weer.

'Het enige wat jullie moeten doen is een kerstbal versieren, een naam uit deze papieren zak trekken en de naam en leeftijd van je maatje op de kerstbal schrijven. Dan gaan wij ze verkopen.'

Hun ogen worden groot.

'Is dat wat?'

Ze glimlachen en geven me een high five. De neus van de cavia in de kooi begint nerveus te trillen en juf Priti steekt haar hoofd naar binnen en zegt dat ze zachtjes moeten doen. We delen glitter, lijm en pailletten uit en ieder kind kiest een naam.

'Ik wil Jyoti!' roept eentje.

'Ik wil Hima,' zegt een ander met een pruillip.

'Al deze kinderen zijn speciaal,' stel ik ze gerust. 'En ze hebben allemaal onze hulp nodig.'

Buiten het klaslokaal begint het te sneeuwen terwijl wij knippen en plakken en keer op keer de eerste regels van 'Rudolph the Red-Nosed Reindeer' zingen. Ik zie de fronsen op hun kleine gezichtjes en hoe hun zachte, mollige handjes langzaam en voorzichtig vormen uit het papier knippen. Op de tafels liggen mierenhopen van groene glitter en iedereen plakt stickers op zijn shirt. Toen ik zo oud was als zij had ik geen idee dat kind-zijn een luxe is. Dat kinderen aan de andere kant van de wereld niet precies deden wat ik aan het doen was, of een exotische variant daarvan.

Ik laat de afgevallen vleugels van mijn kerstengel even voor wat ze zijn en kijk naar de foto van Hima. Al die tijd was haar foto nog achter ons zichtbaar: grijnzend, ingezoomd en een beetje cliché. Ze is zo echt als het kind dat naast me zit te schrijven en heeft net zoveel recht op liefde, veiligheid en kansen. Ik vraag me af wie ik was geweest als ik eerder had geweten dat zij bestond. Ik vraag me af wie deze kinderen zullen worden.

Er ligt bruine sneeuw op de straten, de lampjes hangen in de kunstboom en Clark Griswold balanceert op zijn dak. Kerst bij de familie Doyne komt en gaat. Het huis in Surkhet is bijna klaar. We hebben net genoeg geld om de grote dingen af te maken en mijn vliegticket, een enkele reis, naar Kathmandu te boeken. Terwijl ik mijn koffer in sta te pakken, en bijna weg ga, besef ik dat Mendham meer als thuis voelt dan ooit tevoren: het kleine stadje dat Dunkin' Donuts afwees, heeft zijn armen geopend voor Kopila Valley. Alles hier is prachtig met mooie wandelpaden, vriendelijke gezinnen, perfecte witte eenden die in de vijver zwemmen, luxe meergranenbroodjes met augurk, comfort en overvloed. Maar het is mijn leven niet meer.

Ik neem de tijd om afscheid te nemen van New Jersey en laat eindelijk mijn haren knippen. Ik haal een broodje met ei, ham en kaas bij de Wicker Basket en bezoek mijn vrienden op de universiteit. Ze vragen me wanneer ik terugkom en wat ik ga doen met mijn leven en ik geef hun een zo simpel mogelijk antwoord: 'Ik weet het niet'.

Terwijl mijn vrienden en ik over een glanzend, met ijs bedekt plein lopen, worden we omringd door prachtige bakstenen gebouwen en mensen die exact op ons lijken. Ik denk aan het leven dat ik had kunnen hebben, het leven dat iedereen van mij verwachtte: me aansluiten bij een studentenvereniging, lacrosse spelen, goede cijfers halen, shotjes drinken en kotsend in de gedeelde badkamer hangen, een baan zoeken, misschien wel iemand ontmoeten en verliefd worden. Ik rouw erom, maar ik vier de geboorte van een leven dat oprecht voelt.

Jongens spelen bierpong in een van de kamers en mijn vrienden fluisteren over wie met wie mee naar huis gaat. Er klinkt rockmuziek uit de speakers, maar ik ken de woorden van de liedjes niet. Ik hoor continu het geluid van de meisjes die stenen breken in de rivier.

4

THUISKOMST

Lieve J,
Ik dacht dat ik er klaar voor was om aan de slag te gaan
en je alles te leren wat je zou moeten leren.
Ik had het mis. Jij was de leraar, niet ik.

– M

Mijn ademhaling is het eerste geluid dat ik 's ochtends hoor. Het getij van mijn eigen lichaam: langzaam, moe en regelmatig, komt in wolkjes uit mijn neus en gaat verloren in het zonlicht. Voordat BBC wakker wordt, voor het geschraap van nat cement op de rand van een troffel, nadat het koor van de honden uit de buurt zijn twaalf uur lange nachtelijke optreden afrondt, is 'thuis' een stil gevoel dat al aanwezig is voordat ik me überhaupt kan herinneren waar ik ben. Ik sta langzaam op en loop door de gangen. Ik steek mijn hoofd in de kamers waar binnenkort kinderen zullen slapen en leg mijn handen op de koude, schilferige muren van cement. Ik zou zweren dat ik een hartslag kan voelen: een belofte van het leven dat hier zal komen.

Een haan in de verte kraait zichzelf wakker en BBC's drie jaar oude voetjes slaan tegen de vloer. Shova wordt wakker alsof ze midden in een gesprek zit en giechelt lief naar haar broer. Over niet al te lang zal Kopila Valley gevuld zijn met twee keer zoveel herrie en tranen en geklets. Ik glimlach, mijn eerste glimlach van de dag, in de wetenschap dat 'thuis' niet lang een stil gevoel zal blijven.

Het huis is nog een bouwkeet. We slapen met zijn tienen in twee kleine kamertjes waarvan er een ook dienstdoet als tijdelijke keuken: Daju, Bauju, hun kinderen Shova en BBC, hun neefje Birendra, onze metselaar Chiran en zijn lieve vrouw Guineau die ook helpt met de bouw. Hun twee dochters verblijven eveneens op locatie. Overdag zijn er continu andere metselaars, arbeiders, buren en ik. Ik hoef hun namen in het Nepalees niet te leren, iedereen is 'broer', 'zus', 'tante' of 'oom'. We hebben geen elektriciteit en geen water, zelfs geen glas in de ramen om januari buiten de deur te houden waar hij hoort. Ik draag een fleece jas, handschoenen en kousen in bed om warm te blijven, maar mijn gezicht is toch schraal. Ik zie er ontzettend roze uit en het is ongetwijfeld moeilijk voor mensen om me serieus te nemen. Al mijn spullen passen in een treurige, toegetakelde, roestige tinnen kist waar de verf vanaf bladdert en waar nu een paar tevreden kakkerlakken in wonen. Ik wissel een paar kurta's, lange Nepalese tops, met elkaar af en draag ze met een grote, ronde Punjabibroek, maar ik ga niet los met sari's en deuti's en neussieraden zoals de echte inwoners. Ik voel me verplicht om te doen wat ik kan om niet te veel op te vallen. Korte broeken en hemdjes horen bij het verleden en ik omarm de kuisheid waar de cultuur om vraagt. Een *kurta sural* is een mooie middenweg, maar de meeste die ik heb zitten onder de verf en lak: het bewijs dat ik continu op een bouwplaats te vinden ben.

Het enige wat verder nog in mijn kistje zit, zijn mijn Nepalese boeken. Langzaam maar zeker begin ik zinnetjes te leren. Ik houd een dagboek bij en heb mezelf beloofd om elke dag tien woorden te leren om mijn vocabulaire op te bouwen. De meerderheid van mijn woordenschat op dit moment heeft te maken met de bouw: '*eeta*' zijn bakstenen, '*falum*' is ijzer. Gelukkig lijken sommige woorden veel op het Engels. *Cement-i* is cement.

Alles hier volgt de Nepalese tijd, maar het heeft iets fijns wat ik niet zou kunnen versnellen. De kleine open haard die we op het laatste moment besloten te plaatsen wordt het centrum van ons universum. Overdag kraakt en vonkt het en verwarmt het onze thee terwijl wij de muren in de kleur van botermelk schilderen. BBC speelt in een enorme kartonnen doos en laat ons allemaal stoppen met waar we mee bezig zijn om te lachen, zelfs de drukke metselaars. 's Avonds kookt Bauju zonder moeite maïsroti en bittere groente boven de grote oranje vlammen en voel ik me zo zelfvoorzienend als een baby-kangoeroe. Soms maakt ze popcorn die ze zo van de pot op de met mortel bedekte vloer uitgiet zodat we hem op kunnen eten. We zingen liedjes en ik oefen mijn Nepalees. Ik tel keer op keer tot tien: *ek, dui, tin, char, panch, cha, saat, aath, nau, das*. Net zolang totdat BBC en Shova samen in slaap vallen met schaduw en licht flikkerend op hun ruggetjes. Ik snap niet veel van wat de bouwvakkers me vertellen, maar ik denk dat we ergens tussen de vier dagen en vier maanden achterliggen op schema.

Er is zoveel aan het leven hier wat ik nog niet begrijp, maar er is ook een heleboel wat ik wel begrijp. Overal in onze buurt zijn kinderen te vinden. Ze rennen spontaan op me af tijdens mijn dagelijkse wandelingetje. Hun blote voeten slaan tegen de aarde, een grote stofwolk die langs me rent, terwijl ze schreeuwen: 'Hoi! Hoi! Hoi! Hoooiiiiii!' Ze zijn strak gewonden veertjes die alle kanten op lijken te springen zodra ze me zien. Ze rennen om me heen, vallen lachend op de grond en springen weer op, alsof hun longen op magische wijze weer gevuld zijn met lucht. Ik mag zo'n drie seconden toekijken voordat ik word weggetrokken om mee te spelen met tikkertje of voetbal en een team mij zich toe-eigent. Ik dank God dat spelen geen taalbarrières kent en dat kindertijd onze taal kan zijn:

Ik schop de bal naar jou, jij schopt de bal weer naar mij terug.

Jij vindt een lieveheersbeestje en ik sta toe dat jij het op mijn hand zet zodat ik de perfect geplaatste stippen kan bewonderen.

Ik vertel dit nooit aan ze, maar ze zijn uitstekende docenten. In februari is mijn Nepalees al wat beter en hun Engels gaat ook best goed. Ze kunnen me in het Engels vragen hoe het gaat en wat mijn naam is en ik kan antwoorden in het Nepalees: '*Mero nam Maggie ho*' (mijn naam is Maggie). 's Avonds ga ik naar Hima en haar gezin en de kinderen laten altijd de bal of kikker vallen die ze in hun handen hebben om me in het Engels goedemorgen te wensen. Ik kan het niet over mijn hart verkrijgen om ze te corrigeren.

Terwijl we bezig zijn met de plaatselijke overheid en medewerkers van jeugdzorg en maatschappelijk werkers om onze thuisbasis te veranderen in een permanent thuis voor kinderen, richten we ons verder op het leggen van contact. We trekken een kleine cirkel rondom het rivierbed en zoeken meer kinderen die naar school willen gaan. We schrijven dertig kinderen in en werken samen met de plaatselijke Marie Stopes-kliniek om voorbehoedsmiddelen toegankelijker te maken voor arme families en landelijke gebieden. De realiteit van de globalisatie begint ook zijn sporen na te laten in Nepal: iedereen wil Engels leren en ik begin gratis Engelse lessen te organiseren op het grote, platte dak van het huis.

De eerste dag komen er vijftien kinderen opdagen. Ik heb de hele dag op de bouwplaats gewerkt en heb niets kunnen voorbereiden. We staren elkaar in stilte een minuut aan voordat ik überhaupt iets kan uitbrengen. Shova kijkt alsof ze wel door de grond kan zakken: deels voor zichzelf en deels voor mij. Ze steekt van achter op het dak haar duim naar me op.

In zowel het Nepalees als in het Engels praat ik het makkelijkste over eten, dus daar begin ik mee. Voordat ik mezelf kan tegenhouden, zing en dans en gebaar ik alsof ik een of andere afschuwelijke clown ben op een verjaardagsfeestje.

'Roti maken! Roti maken!' Ik doe net of ik Bauju ben en sla met mijn handpalm op onzichtbaar deeg.

De kinderen kijken naar me. Ik kan ze niet kwalijk nemen dat ze het allemaal maar wat verdacht vinden. Het zweet druipt van mijn nek over mijn ruggengraat terwijl ik terugdenk aan de korte periode dat ik 'Engels als tweede taal'-lessen volgde in de Verenigde Staten.

'Waar maak je roti mee? Met je handen! Kijk, dit zijn mijn handen. Klap in je handen!'

Ik klap, klap, klap en zij doen hetzelfde in het vreemde, gesyncopeerde ritme van pure verwarring.

'En als je roti hebt gemaakt, wat moet je dan doen? Je wast je handen!' Ik wrijf mijn handen tegen elkaar onder een denkbeeldige kraan. Ze doen me na.

Ineens springt BBC op en begint met me mee te zingen: een goede daad waarvoor hij nog te jong is om die te begrijpen. Het duurt ongeveer vier seconden voordat de andere veertien kinderen met hem meedoen. Ze schudden met hun dunne billen, slaan hun handen tegen elkaar en kneden hun onzichtbare deeg alsof hun leven ervan afhangt.

'Roti maken, handen wassen. Roti maken, handen wassen. Klap allemaal in je handen!' Klap, klap, klap, klap, klap, klap! Het klinkt als het ritme van de 'Cha-Cha Slide'.

'Roti maken, handen wassen' is meteen een hit in Surkhet.

Op de tweede dag zijn er dertig kinderen.

Op de derde dag vijfenveertig. Het dak van ons nieuwe thuis zit vol. De vliegers zweven over onze hoofden heen en we zingen samen liedjes terwijl de zon over de gouden rijstvelden zakt, achter de heuvels.

In tegenstelling tot de trage rivier gaan roddels wel snel door Surkhet heen. Ze wervelen over de markt en langs de winkeltjes, doorweken de kruiers en de ouderen en overstromen het wagenpark. We openen een thuis voor kinderen en zodra mensen horen dat we willen helpen, komen ze massaal aanzetten. Ze verzamelen zich bij de rand van het landgoed. Ze slaan op de deur. Soms huilen ze of schreeuwen ze dingen die alleen maar scheldwoorden kunnen zijn. Weeskinderen komen bij ons op advies van familieleden die de zorg voor de kinderen niet meer kunnen dragen; ze zijn verlaten en smerig. Ze slaan hun armpjes om me heen en weigeren me los te laten. Anderen staan stil op de stoep, met een lege blik in hun ogen, duidelijk gebroken. Ze maken een kommetje van hun handen om alles wat ze aangeboden krijgen aan te nemen: rijst, water, geld. Ik zie vuilnisophalers en bedienden van zes jaar oud, weduwen en mishandelde vrouwen die een verstopplek zoeken totdat hun echtgenoten zichzelf dooddrinken. Ze komen stuk voor stuk naar ons toe en ik probeer voor iedereen de tijd te nemen. Ik begrijp het Nepalees maar deels dus ben ik afhankelijk van een tolk en van Chetana, mijn nieuwe docent Nepalees.

We kunnen niet iedereen helpen. Tope herinnert me daar elke ochtend aan als ik hem bel en mijn uiterste best doe om te verhullen dat ik een wrak ben en de hele nacht heb liggen baden in mijn eigen zweet, verzwolgen door al die trieste verhalen. Dat de verantwoordelijkheid van het helpen te zwaar is. Dat ik idealistisch ben en naïef.

De menigte vormt zich in de ochtend. Daju en Bauju doen hun best om informatie te krijgen door zich geduldig door de honderden tragische verhalen te banen. We hebben papierwerk nodig om inkomen, leeftijd en handicaps te verifiëren. We hebben geboorteaktes nodig om kinderen naar school te sturen. Het idee dat de documenten bestaan is lachwekkend. Veel van de familieleden van kinderen die we ontmoeten hebben geen idee hoe oud hun kinderen zijn en weten alleen dat ze zijn geboren tijdens het regenseizoen. Veel van de zieken hebben nooit eerder een dokter gezien en weten alleen dat de gember en de kruiden die de sjamaan of ayurveda-genezers van het dorp hebben voorgeschreven hen niet beter hebben gemaakt.

Ik doe mijn best om een onderscheid te maken tussen de armen en de wanhopigen, de hongerigen en de uitgehongerden, wie we nog kunnen helpen en wie niet meer te helpen is. Ik leer om te vertrouwen op de plaatselijke gemeenschap die meer weet dan ik. De mogelijkheid dat ik het verkeerd doe, is een geest die altijd bij me zal blijven spoken. Mensen sterven hier. Ze worden ziek, vaak zonder dat iemand het opmerkt. Het leven komt en gaat. Verdriet is iets dat je met je meedraagt of achterlaat. Het lijkt niemand tegen te houden. Behalve mij.

Soms duurt het maanden om te besluiten wie we helpen. Soms maar een paar seconden. Op een dag, als ik bananen wil gaan halen bij het fruitkraampje, vind ik een jongetje dat bewusteloos op de grond ligt. Op het lichaam op de grond na, dat nieuwsgierige vliegen aantrekt, is het een prachtige dag. De lucht voelt warm aan voor een winterse dag. De straten zijn vol winkelend publiek dat onderweg is naar de markt, maar niemand stopt voor het jongetje. Niemand lijkt hem ook maar op te merken. Er leven hier veel kinderen op straat. Ze horen bij de omgeving. Soms komen ze naar het huis voor eten, maar de meesten van hen overleven al zo lang alleen dat ze onze hulp niet nodig lijken te hebben of helemaal niet willen. Een vrouw stapt over hem heen alsof ze over een plas heen stapt. Ik kijk toe hoe ze doorloopt naar het kraampje met groenten. Misschien weet je als inwoner van deze wereld instinctief wie je wel en niet kunt helpen. Misschien ben je zelf te druk met hulp zoeken.

Ik loop op hem af terwijl hij daar op de grond ligt. Ik kan zien dat zijn lichaam bedekt is met schurft: kleine mijten die zich onder de huid nestelen en gehaat worden omdat ze zo hardnekkig zijn. Hij leeft nog, maar zo te zien scheelt het niet veel meer. Zijn ribben bewegen een klein beetje op en neer als ik naast hem hurk en hem probeer op te tillen. De luizen kruipen van zijn huid naar die van mij met een onmiskenbaar kietelend gevoel. Hij weegt net zoveel als een straatkat en zijn lippen zijn gebarsten en zo droog als de woestijn.

Wie ben jij? vraag ik me af, ook al weet ik dat het onmogelijk kan zijn om een antwoord te vinden op dit soort vragen.

Een zwakke, zachte hartslag klopt onder zijn kaak en zijn broek is doorweekt met urine. Ik moet hem naar een ziekenhuis brengen.

De straten draaien en geuren vliegen mijn neus in en uit: chai en pis en pittig eten. Ik ren in alle verkeerde richtingen naar de plaatselijke kliniek, met alleen mijn instinct als navigatie. Mijn benen voelen als spaghetti en ik weet op zoveel manieren niet waar ik ben of waar ik naartoe moet. Ik loop voorbij de juwelenwinkels en de markt en het standbeeld van koning Birendra, maar niemand lijkt ons te zien. Ik loop voorbij de slager waar de geiten krijsen en voorbij de kleine bank. Uiteindelijk, nadat ik stop en ronddraai met een hysterische blik in mijn ogen, beginnen mensen mij de juiste kant op te wijzen. Ik laat de warmte van zijn huid tegen de mijne me troosten en aanmoedigen om door te gaan.

We komen aan in het ziekenhuis en de SEH is snikheet. Mieren lopen in een eindeloze zwarte rij de deur in en uit: een paar wijken af van de colonne om zichzelf te verzuipen in een plas met bloed doordrenkte vloeistof. Een vrouw met een wond op haar hoofd zit voorovergebogen in een hoek en komt alleen overeind om over zichzelf en haar dochtertje te braken. Een norse duizend jaar oude man zonder benen staart me vanuit zijn rolstoel aan. De verpleegkundigen kijken verveeld: het lijkt ze allemaal niets te doen. Ze laten hun ogen even rusten op het jongetje en besluiten door te gaan naar iemand anders. En dan weer iemand anders. Na een uur begint zijn huid gelig te worden en vertraagt zijn ademhaling. Ik begin te schreeuwen.

'*Malaai sahayog chaiyo!*' ('Ik heb hulp nodig!')

Ik duw de jongen hun kant op.

'Kijk! Kijk naar hem!'

Even voel ik een overweldigend verdriet: de pijn van iedere man, iedere vrouw en ieder kind dat naar Kopila Valley is gekomen om daar om hulp te smeken.

Maar je kunt niet iedereen helpen.

Gelukkig nemen de verpleegkundigen het jochie van me over en een student die Engels spreekt komt langs en biedt zijn excuses aan voor het wachten. Ze hebben de jongen eerder gezien en hij belooft dat ze hem zullen helpen. Hij zegt dat hier maar één dokter is. Ze doen hun best. In ons hele district zijn maar vijf dokters in totaal die continu afwisselen tussen Kathmandu en Nepal Ganj.

Ik reken het uit.

Eén arts. Eentje maar, voor een stad met 28.000 mensen en een district van 100.000 mensen, plus de bergdistricten waar nog een paar honderdduizend mensen wonen.

Ik bedank de dokter, verzamel mijn spullen en laat de jongen bij hem achter, ook al huilt mijn hart. Ik weet niet waar hij hierna naartoe gaat of wat er zal gebeuren. Het huis is bijna klaar, maar ik heb niet de juiste kwalificaties om voor hem te zorgen. Ik weet niet of hij een familie heeft en er zijn geen documenten. Zijn casus voldoet niet aan de criteria. Hij voldoet niet aan de criteria.

De zon is al lang ondergegaan en ik loop naar het huis terwijl ik luister naar het zoete oude lied dat de krekels altijd lijken te zingen, waar ter wereld ze zich ook bevinden. Ik pak mijn verdriet en mijn schuldgevoel onder mijn arm en neem ze mee naar huis.

Met een paar weken wordt het warmer, worden de dagen langer en verzekert de winter ons ervan dat hij binnenkort zal vertrekken. Er heerst nog steeds chaos in het land. Mensen in de bergen komen opnieuw in opstand en alles, van de gezondheidszorg tot het wegennet, is onbetrouwbaar. Tijdens de burgeroorlog werden veel kinderen gerekruteerd door de Maoïsten en we voelen de druk om hen te beschermen. De begane grond van het huis is af en we zijn er klaar voor om de eerste kinderen in huis te nemen.

Het eerste kind dat bij ons komt wonen is Nisha. Ze woont in een van de dicht op elkaar staande lemen hutjes op een heuvel zo'n anderhalf uur van Surkhet. De dochter van een dorpsoudste vertelde me over haar en een van de artsen van de Marie Stopes-kliniek wil me een lift geven op zijn motor om haar te kunnen bezoeken. Nisha heeft geen familie. Haar moeder is overleden aan eierstokkanker en haar vader heeft zichzelf zes maanden later het graf in gedronken. Haar twee oudere halfbroertjes of -zusjes zijn allang weg: arbeiders in India of misschien het Midden-Oosten, niemand lijkt het zeker te weten. Een buurvrouw nam haar in huis na het overlijden van haar moeder. Nisha past op de jonge kinderen en dieren van de buurvrouw in ruil voor eten.

Na even rond te hebben gevraagd en uitgelegd te hebben wie we zijn, vinden we de kleine hut waar Nisha zit.

'Namasté, bahini,' roepen we zachtjes. We wachten. Argwanend verlaat ze het donkere huisje met maar één enkele kamer en stapt ze de felle winterzon in.

Ze is klein, misschien vijf of zes jaar oud, met kort rommelig haar en een klein stokje in haar neus als piercing. Haar gezicht is rond en gezond, een opluchting, en ze heeft prachtige sterrenbeelden in de sproetjes op haar wangen. Rillend trekt ze de dunne rode sjaal om haar schouders en beweegt ze heen en weer met een jammerende baby op haar rug.

Ik laat de dokter het gesprek voeren en kijk goed of ze knikt of fronst. Hij vraagt Nisha of ze naar school wil gaan en in een huis wil wonen met andere kinderen en haar kin beweegt op en neer. Ze loopt even het hutje in om de baby neer te zetten en loopt dan weer naar buiten, klaar om te gaan. Ik glimlach, deels blij en deels verdrietig dat een kind alles wat ze ooit heeft gekend zo gemakkelijk achter zich kan laten. De familie waar ze bij heeft gewoond neemt ons aanbod gretig aan. Misschien omdat ze oprecht een beter leven voor haar willen, of misschien omdat ze pas vijf jaar oud is en ze toch niet veel aan haar hebben.

Al na een week krijgen we haar geboorteakte en op 12 februari 2008, de avond voor haar zesde verjaardag, komt ze bij ons aan. Ze krijgt een kamer met Shova, die haar meteen 'zus' noemt en haar haren begint te vlechten. Nisha is slim en heeft een groot verantwoordelijkheidsgevoel: tot diep in de nacht leert ze zichzelf lezen en ze neemt haar kans om naar school te gaan heel serieus.

Na Nisha volgen Sagar en Goma: een broer en zus over wie mijn docent Nepalees me vertelt. Allebei hun ouders zijn overleden en ze wonen bij een oom die hen mishandelt. Ze verkopen pinda's bij de bushalte om te overleven. Als ze in het huis komen wonen, lijken ze wel met elkaar vergroeid te zijn. Ze zijn zeven en vijf jaar oud en het enige wat hun in dit leven wat veiligheid heeft kunnen bieden was de ander. Ze kunnen denk ik niet anders. Zelfs na een paar weken duiken ze in elkaar als we ze aanraken en houden ze elkaar nog steviger vast. Ik weet niet of ze zonder elkaar de jarenlange mishandeling zouden hebben overleefd.

We zijn heel selectief met welke kinderen we toelaten. Dat moet wel. Onze hulpmiddelen zijn beperkt, net als onze ruimte en ik ben nog steeds de taal aan het leren. Zo nemen we geen kinderen in huis die nog levende familieleden hebben die voor hen kunnen zorgen. Broertjes of zusjes worden niet van elkaar gescheiden. We nemen geen kinderen in huis met een kwetsbare gezondheid die we niet kunnen behandelen. Als een kind niet in Kopila Valley wil wonen, gaan we hem of haar niet overtuigen. Over het algemeen is het beter om de kinderen indien mogelijk altijd bij hun biologische familie te laten. Families die hun kinderen aan ons willen overdragen wijzen we direct af. Helaas vormen zij zo'n 99 procent van de gevallen die op ons afkomen. Deze families hebben informatie nodig over hun mogelijkheden: vaak een beurs of voedselhulp en, het allerbeste, werk. We geven ze wat we kunnen en proberen hun te laten zien dat wij niet degenen zijn die hun kinderen een beter leven kunnen geven. Dat zijn zijzelf.

Casussen worden onze kant op gestuurd door dorpscomités, ingo's (internationale ngo's), de politie en ambtenaren die in verschillende takken van de regering werken. We moeten elke zaak tot op de bodem uitzoeken. We reizen naar dorpjes, verzamelen informatie en papierwerk en leren dat we niet alles wat we lezen of horen kunnen vertrouwen. Ik probeer alles te onthouden, anekdotes op te nemen en verhalen na te gaan. We moeten zeker weten dat ambtenaren van de regering niet een ver familielid doorsturen en we moeten alle bijbehorende documenten en politieverslagen nalezen. Maatschappelijk werkers, buren en het lokale bestuur dat Tope en ik hebben opgericht helpen ons allemaal met het beoordelen van de casussen, maar nog steeds vind ik het moeilijk om te bepalen wat waar is en wat alleen maar waar lijkt. Er lijken hier meer regels te zijn over cricket dan over adoptie. Toch staan we erop om alle juridische papieren in te vullen en werken we samen met de ambtenaren van het ministerie van jeugdzorg in ons regionale kantoor. Van de kinderen voor wie we wel zorgen houden we alle gegevens goed bij. Ook houden we de banden met de dorpen en families warm zodat onze kinderen ver in de toekomst nog verbonden kunnen blijven met de plek waar ze vandaan komen.

In de lente komt Krishna Shahi bij ons wonen en zij brengt alle zonneschijn ter wereld met zich mee. En dan Pankha, die vooral veel ondeugendheid meebrengt. Krishna Bogati, onze kleine komiek en performer, komt in mei, gevolgd door Bhakta die geen woord zegt.

Geen van de kinderen heeft ooit in een huis als Kopila gewoond en die overgang gaat niet zonder slag of stoot. Ze doen urenlang het licht aan en uit, aan en uit, aan en uit en ze vertrouwen het toilet niet. Ze kijken er kwaad naar als ze langs de badkamer lopen en elke keer als ik uit het raam kijk, zie ik iemand op zijn hurken in de tuin zitten. Ze gebruiken de tafels als stoelen en de stoelen als tafels en ze laten hun fruitschillen op de grond vallen alsof ze verwachten dat een geheime geit het huis binnen zal lopen om ze op te eten. Een maand lang plassen zes kinderen elke nacht in hun bed. De lakens en met wol gevulde matrassen zijn 's ochtends tot de lattenbodem doorweekt en aangezien de kinderen allemaal samen slapen, zitten de anderen ook onder de urine. Er is altijd wel iemand ziek. Ze krijgen de mazelen. Dan hoge koorts. Dan diarree die zo heftig is dat ik zelf meer dan eens gehurkt in de tuin zit. Het water is onbetrouwbaar. Het is alleen beschikbaar tussen twee en vier uur 's ochtends, dus we moeten vroeg wakker worden om emmers en tanks te vullen voor de rest van de dag. 's Middags spuit het ineens uit de kraan: het ziet eruit als beschimmelde bruine pudding. Iemand komt langs om het te repareren, we kopen ons eerste waterfilter en kort daarna krijgen we geen diarree meer.

Van kinderen houden is makkelijk. Voor ze zorgen is lastiger dan ik ooit had kunnen denken. Ik kan ze eten geven en een bed en een opleiding. Ik kan liedjes zingen en spelletjes spelen. Ik kan ze naar school brengen en hun kleren wassen. Maar als hun stemmetjes, om '*Amma!*' roepend, hun eigen moeders, om twee uur 's ochtends door het gebouw galmen, of als ze moeten knokken tegen roze, koortsachtige wangetjes, kan ik ze niet geven wat ze nodig hebben. Ik doe oprecht mijn best om ze te verzorgen, maar ik kan hun moeders niet terughalen. Het enige wat ik kan doen is mijn best doen om van ze te houden terwijl zij worstelen met trauma en verdriet dat zo intens en zo afschuwelijk is dat mijn beste pogingen om me er iets bij voor te stellen alsnog verbleken bij hoe het werkelijk voor hen is.

In de luwte van de dag, aangekleed, knoopjes dicht, lunches in de hand, grote grijnzen op kleine gezichtjes, zou je nooit zeggen dat deze kinderen ooit teleurgesteld kunnen zijn. Maar dat lijkt weg te zinken samen met de zon, in de tederste, kostbaarste momenten van de dag. Ik kus ze welterusten en zie hoe hun oogjes dichtvallen. Ik laat ze achter in een ogenschijnlijke vrede. Maar een uur later hoor ik zacht gekreun.

Als het zomer is en de moessonregen tegen het dak slaat, hebben we ons dagritme gevonden. We worden 's ochtends wakker, poetsen onze tanden, doen de klusjes en gaan dan naar buiten om thee te drinken in de zon en te knikkeren in de tuin. Daju koopt een bel waar we met een lepel op slaan als het tijd is om te eten. We zorgen dat de kinderen klaar zijn om naar school te gaan en zetten ze af. Ik stuur e-mails, lees dossiers, ga naar de markt en kom weer thuis als de school uit is. Ik heb het idee dat ik, Ubji, Bauju, Daju, en Tope in India, alles onder controle hebben. Het gaat goed met de kinderen in het huis en met de belofte van een *tiffin*, wat lekkers op school, komen zelfs de argwanendste leerlingen in het programma eindelijk opdagen voor de les.

Maar toch ben ik onrustig. Ik weet niet zeker wie of wat me te wachten staat, maar ik raak gewend aan de continue onrust, net als de slapeloosheid, een wild kapsel en de andere gevolgen van het ouderschap.

Ik mis mijn eigen ouders ontzettend en het voelt vreemd dat ze niet in de buurt zijn als we adoptiepapieren tekenen, verjaardagen vieren en als we 's ochtends naar school gaan. Vreemder en eenzamer nog zijn de momenten waarop onze gemeenschap iemand verliest, als ik niet weet wat ik moet doen of als ik een moeder weg moet sturen. De bergen zijn zo lief om me in de gaten te houden terwijl ik voor de kinderen zorg: de lieve, groene reuzen die ervoor zorgen dat ik niet helemaal instort als iemand voor de zevende keer overgeeft of wanneer we bijna geen geld meer hebben. Zij troosten me aan het einde van een zware dag: vol takken en felgroen, met bladeren zo mooi en wasachtig dat ik mijn eigen gezicht erin kan zien. Zonder ook maar een woord te zeggen herinneren ze me eraan dat alles tijdelijk is. De lucht zal droger worden. De takken worden dunner. De vogels en insecten zullen even stil zijn. We vallen terug op onze ritmes en op een dag zal ook dat ritme weer veranderen.

5
MAANSTER

Lieve N,
De reden dat ik zo verliefd ben op je glimlach is omdat ik daarin kan zien hoe groot en warm jouw hart is.
– M

Kinderen maken je sterker zoals niets anders dat kan. De vrouw die ik was toen ik in 2008 naar Oda vertrok, is anders dan de vrouw die twee jaar geleden stond te trillen op de berg. Na een volledige dag in de Nepalese bus ben ik niet meer misselijk. Maha Bua, net zo hoog en grillig als voorheen, lijkt niet meer zo enorm. Ik duik niet meer in elkaar als een herder zijn manische geiten de hoek om stuurt en ze recht op me af rennen. Mijn eigen lichaam weet dat het zich tegen de zijkant van de berg moet drukken en rustig ademhalend moet wachten totdat het waas aan bruine vacht en modder voorbij is gesneld. ’s Nachts leg ik mijn hoofd op de aarde en val ik gemakkelijk in slaap terwijl de wilde honden huilen in de leegte. Ik vertrouw mezelf zoals ik een vriendin zou vertrouwen, misschien wel voor het eerst ooit.

We krijgen veel casussen doorgestuurd uit Dhailek, Jumla en Kalikot: drie berggebieden in het noorden waar de burgeroorlog de grootste impact heeft gehad en ik wil de locaties en de mensen met eigen ogen gaan bekijken. Daarnaast hebben Tope en ik een school in het gebied een nieuw tinnen dak beloofd waardoor de studenten het gebouw weer in zouden kunnen om te leren. Ik wil erbij zijn als dat gebeurt. Ik wil Oda ook opnieuw bezoeken, want dat had ik beloofd.

Twee dagen lang, van zonsopgang tot zonsondergang, loop ik door de bergen. Ik stop om zoet bronwater uit mijn handen te drinken en hete maaltijden te eten in de huizen van dorpsbewoners. Dit keer weet ik wat ik moet zeggen en hoe ik me als gast moet gedragen. Het voelt fijn om te gast te zijn. Niemand vraagt me om papaja of nog een potje knikkeren. Ik mis de kinderen, maar ze hebben me goed voorbereid op een reünie met de stilte en ik weet dat ze in goede handen zijn bij Daju en Bauju: het sterkere deel van het opvoedteam.

Oda verschijnt op precies dezelfde manier als de laatste keer: een glanzend groen juweel dat voorzichtig is weggestopt tussen de berg en de hemel. Vanaf het topje van de heuvel zijn de huizen bijna niet te onderscheiden van de stenen en bruine rotsen. Het is een feeëntuin die voor eeuwig verloren gaat als je niet weet waar je moet kijken. Tegen de tijd dat ik de rand van het dorp bereik, springen kinderen op mijn rug en word ik verwelkomd met zoveel liefde en zoveel rode tilak dat ik al op een kreeft lijk voordat ik mijn tas heb kunnen neerzetten. De tantes van het dorp houden mijn gezicht in hun handen en vertellen me hoe dik ik eruitzie: een normale en lieve opmerking in Nepal. Sunita's familieleden komen me snel halen en hun zoontje neemt mijn tas over en zeult hem mee naar hun lemen hutje waar we zingen, verhalen vertellen en wachten tot het schorre gefluister van het dovende vuur ons in slaap sust. Na te veel boekweitpannenkoeken en een kopje *raksi*, wat in feite Nepalese zelfgebrouwen alcohol is, slaap ik dieper en rustiger dan ik in maanden heb gedaan.

Net na zonsopgang, roze, zweterig en in de kleding waar ik in heb geslapen, loop ik door de doolhof aan huizen om een luchtje te scheppen in de nauwe vallei waar de schapen grazen. Het kan 's nachts koud worden in de bergen, maar zodra de zon 's ochtends begint te schijnen, verandert een lemen hutje in een gloeiend hete oven.

Het pad is verweerd door miljoenen hoeven en honderden reizen en loopt door hoog, stevig gras en een grote weide. Het pad is zo hard als steen en er is geen grassprietje meer op te bekennen: het is permanent kaal. Ik sluit mijn ogen en luister naar het geluid van vijftig schapenkaken die hard aan het kauwen zijn en zie de grote wollige vormen opdoemen uit de mist. Ze zien eruit als wolken.

Een klein meisje kijkt op naar de met sneeuw bedekte bergtoppen en zingt me met het liefste stemmetje ooit toe.

'Namasté.' Ik zwaai naar haar. Deze drie dagen zijn de langste periode die ik ooit ben weg geweest van de kinderen en mijn wereld voelt een beetje onheilspellend zonder eeuwigdurende potjes UNO en verhaaltjes voor het slapengaan.

Het meisje draait zich geschrokken om. Na een korte pauze komt ze timide op me af sloffen. Het is wel duidelijk dat ik iets heb onderbroken, maar ze lijkt het niet erg te vinden.

Als ze dichterbij komt, trek ik wit weg en hap ik naar adem. Haar linkeroog is zo groot als mijn vuist en het ooglid is zo ver naar achteren getrokken dat ze er alleen maar van kan dromen om het te sluiten. Ze doet wat ze kan om het te verbergen achter haar dikke haar dat als een ravenvleugel over haar gezicht valt. Ik probeer niet te staren, maar dat mislukt. Ik heb nog nooit zoiets gezien.

'Het doet echt pijn,' zegt ze in het Nepalees. 'Ik kan niets zien.'

'Wat vervelend,' zeg ik tegen haar. 'Het ziet er pijnlijk uit.'

Haar naam is Juntara en ze legt uit dat het 'maanster' betekent. Ik weet niet wat ik moet doen en houd haar handen vast en luister naar haar gezang terwijl de schapen blaten. Ik kan me het geplaag en gepest indenken en ik voel mijn eigen oog bijna uit mijn hoofd barsten. De misvorming is zo hevig dat ze op een monsterlijke cycloop lijkt. Ik geef het niet graag toe, maar ik vind het moeilijk om naar haar te kijken.

Wat is dit?

Hoe kan dit gebeuren?

Is het te genezen?

Mijn brein ratelt maar door, net zoals toen ik Hima ontmoette.

Wat als we haar naar het ziekenhuis brengen?

Is het een tumor?

Kan haar zicht nog worden hersteld?

De volgende paar middagen zitten Juntara en ik samen bij haar hut naar de schapen te kijken. Overal zijn kliffen en steile rotsen en door haar blindheid kan ze haast geen kant op. Ze vertelt me over het koele water in het beekje, de heerlijke, bitterzoete walnoten die in de herfst van de bomen vallen en de dieren van haar familie: vooral buffels en een paar geiten. Ze zingt de mooiste, treurigste liederen en haar kleine stem klinkt groots in het galmende Himalayaanse amfitheater. Soms gaat ze er echt voor, als een kleine, Nepalese Céline Dion.

Ik wil niet dat ze van streek raakt, dus ik vraag niet veel over haar oog. Ik ben bang dat er iets vreselijks gebeurt als ze moet huilen. Ik wacht en luister en pik kleine beetjes informatie op terwijl we tussen de schapen lopen en stenen laten stuiteren op het oppervlak van de rivier. Het begon vijf jaar geleden, ze kan niets zien behalve lichtflitsen en ze is nooit naar een dokter geweest. Er zijn geen artsen in Oda. Er zijn zelfs geen artsen in de buurt van Oda. Ze zit meestal in het lemen hutje van haar familie waar ze liedjes zingt. Sommige mensen zeggen dat ze vervloekt is. Bijgeloof komt hier vaak voor.

Ik vraag of ze vriendjes en vriendinnetjes heeft en ze zegt: 'Ik heb er niet veel meer over.'

'Juntara, ik ben je vriendin,' zeg ik vastberaden. Er verschijnt een glimlach op haar gezicht. Op dat moment weet ik, zonder twijfel, dat we iets moeten doen.

De nacht voordat ik Oda verlaat, ontmoet ik Juntara's ouders: een verlegen, dunne man genaamd Padam en haar moeder, wier naam ik nog niet goed kan uitspreken. Ik vertel ze, misschien heel onverstandig, dat ik kan proberen om hun dochter te helpen als ze dat willen. Ze zeggen dat ze dat heel fijn zouden vinden.

Als ik terugkom in Surkhet zijn de kinderen wild en modderig. Ze duiken al op me voordat ik de oprit heb bereikt.

'Heb je een wolf gezien?' vraagt Goma.

'Heb je een sneeuwluipaard gezien?' vraagt BBC.

'Nee,' zeg ik glimlachend. 'Maar ik heb veel schapen gezien en ik heb een nieuw vriendinnetje gemaakt.'

Ze willen alles weten over Juntara.

'Wat is haar lievelingskleur?'

'Heeft ze zusjes?'

'Is ze groot of klein?'

'Ze heeft een heel ziek oog en dat maakt haar verdrietig. We gaan kijken of we haar kunnen helpen.'

Ze zijn het er allemaal mee eens dat dit de beste optie is en gaan naar bed. Ik open mijn computer en ga meteen op onderzoek uit. Ik bel Tope en leg hem het plan voor.

De casus van Juntara verloopt spoedig. Ik stuur een e-mail met foto's naar ons bestuur in New Jersey en neem contact op met de in Londen gevestigde organisatie Facing the World, die vecht voor kinderen met afwijkingen in het gezicht en ze verzorgt zonder dat de familie hiervoor hoeft te betalen. BlinkNow beschikt niet over de juiste middelen om te helpen. Zelfs met de donaties uit Mendham redden we het maar amper en we hebben al helemaal geen artsen in dienst. Ik stuur ze foto's van Juntara, die breed glimlacht in het lemen hutje van haar familie, speelt bij de rivier en naar de hemel kijkt. Ik hoop op het beste, maar verwacht niets. Binnen een paar dagen besluiten ze om haar casus te bekijken. Maar uiteraard hebben ze meer informatie nodig.

We regelen meteen dat Juntara bij ons kan blijven in Kopila Valley en plannen haar leven vol met doktersafspraken. De kinderen zijn dol op haar: ze proberen allemaal haar aandacht te trekken en willen alle liedjes uit haar dorp leren. Ook ik raak verkikkerd op haar, terwijl we reizen en praten. We gaan overal naartoe: naar Nepalgunj voor een MRI, naar Lucknow voor CT-scans, naar Kathmandu voor een heleboel andere afspraken. Het vertrouwen dat ze in mij heeft, maakt me nederig. Ze gaat voor het eerst met de bus, kijkt naar haar spiegelbeeld in de glazen ramen en eet haar eerste snoepje. Ik stuur alles naar Londen vanuit het kleine postkantoortje in Surkhet en bid dat het veilig aankomt.

In augustus, nog geen maand later, krijg ik een dringende e-mail van Facing the World. De artsen willen zo snel mogelijk opereren. Ze heeft een tumor en het is zeer ernstig omdat hij veel druk uitoefent op haar oogzenuw. Ze moeten het zicht dat ze nog heeft zien te redden.

Ze gaan ermee akkoord om brieven te schrijven naar de ambassade om een noodvisum te regelen en ik beloof de noodzakelijke papieren op te sporen, als die papieren al bestaan. Zwetend en in paniek haast ik me naar Oda.

Als ik daar aankom, zit Juntara's familie rondom een sissend vuurtje dat hun hutje maar amper verlicht. Haar vader, net zo lief als ik me herinner, biedt me wat boekweitpap aan. Haar moeder gooit wat takjes in de sintels, maar dat veroorzaakt alleen maar een stinkende rookpluim. In mijn gebrekkige, gespannen Nepalees probeer ik uit te leggen hoe heftig de operatie is, hoeveel tijd ze in beslag zal nemen, waar Juntara naartoe moet en hoe ze daar komen. Ik vertel ze dat er een gerede kans is dat Juntara tijdens de operatie komt te overlijden. Dit lijkt ze niet van streek te maken. De dood is anders op een plek waar zo weinig manieren zijn om dat lot te vermijden: waar lawines en luipaarden zijn en geen artsen. Gezondheid lijkt bijna los te staan van moraliteit.

Juntara lijkt te jong te zijn om de ernst van de beslissingen die haar worden voorgelegd te begrijpen. Ze heeft zin in haar grote avontuur in Engeland: alle mensen die ze zal ontmoeten, de namen die ze zal onthouden, de nieuwigheid van dat alles. Maar boven alles, meer dan het redden van haar zicht of het verzachten van de pijn, zit ze te trappelen om na het reisje weer terug naar huis te gaan en iedereen in haar dorp haar nieuwe gezicht te laten zien.

'Ze zullen allemaal zeggen: "Hiervoor was je oog zo groot en nu is het klein." Ze zullen me weer lief vinden.' Ze wacht even en glimlacht.

'De dokter zegt dat ik het misschien overleef of dat ik misschien sterf, toch?'

'Ja, dat klopt, maar de kans dat je het overleeft is veel, veel groter. En ik weet zeker dat je het gaat redden want ik weet hoe sterk jij bent.' Ik knijp in haar handen. Ze zijn veel stabieler dan de mijne.

'Ja, ik ben sterk,' zegt ze. En zo begint onze reis.

Eerst verzamelen we de papieren. Dat is een regelrechte ramp. Niemand weet of Juntara negen of tien jaar oud is, of ze is geboren in de maanden dat de tarwe werd geoogst of de rijst. We gokken het er maar op. Het kantoor van het district heeft nog nooit een paspoort voor een kind verwerkt en iedereen is in de war. Een man is ervan overtuigd dat het illegaal is. Uiteindelijk worden ze zo moe van me dat ze doen wat ik zeg. Juntara, Padam en ik gaan naar Kathmandu voor meer scans, naar de Britse ambassade voor een visum en dan naar het Indira Gandhi-vliegveld om afscheid te nemen.

'Maggie didi, ik wil niet zonder jou gaan. Dan verdwaal ik.'

Juntara huilt in mijn armen bij de ticketbalie. Ze draagt haar nieuwe blauwe jeans, sneakers, een pluizige groene trui en een roze jasje met een roze pet. Ik heb haar tas volgestopt met koekjes, pinda's, nootjes, kauwgom, appels en gedroogde kokosnoot. Juntara en Padam hebben alles wat ze nodig zouden kunnen hebben, genoeg snacks om naar Engeland te lopen. Padam ijsbeert zenuwachtig heen en weer. Hij mist de bergen nu al.

'Ik zou je niet laten gaan als ik dacht dat je zou verdwalen. Er zullen daar zoveel mensen zijn om je te helpen. Ik moet nu terug naar Nepal,' zeg ik tegen haar. Ze begint harder te huilen.

De medewerker van British Airways geeft aan dat we naar voren kunnen lopen en al mijn zenuwen komen er in een reeks gehakkelde bevelen uit.

'Meneer, zorg alstublieft dat een medewerker ze helpt bij de douane en de beveiliging. Ik heb een rolstoel geboekt.'

'Ja, mevrouw,' stelt hij me gerust.

'Meneer, laat u iemand hun formulieren invullen?'

'Ja, natuurlijk. We sturen twee medewerkers met ze mee.' Hij ademt uit.

'Meneer, zij brengen hen direct naar het vliegtuig?'

Zo vriendelijk als hij kan, zegt hij: 'Ja, u hebt een rolstoel geboekt. Onze medewerkers laten ze niet alleen tot ze op hun stoelen in het vliegtuig zitten. Mevrouw, dit is niet de eerste keer dat wij dit doen.'

Maar het is overduidelijk wel míjn eerste keer.

Hij kijkt naar Juntara en haar vader en glimlacht sympathiek naar hen.

Ze hebben enorme, felrode, gelamineerde naamplaatjes aan een koord om hun nek hangen. Er zijn bordjes met 'Help mij' op hun rug gespeld met hun volledige naam, foto's, een contactpersoon in geval van nood, vluchtinformatie en de volgende tekst in het Engels:

> *Help ons, alstublieft. We zijn onderweg naar het Verenigd Koninkrijk voor een spoedoperatie. We spreken Nepalees en kunnen niet lezen of schrijven. Sarah Driver-Jowitt van Facing the World wacht ons op in London Heathrow.*

Er komen twee medewerkers aan met de rolstoel en we helpen Juntara erin.

'Er zijn hier zoveel mensen om je te helpen, zoveel mensen om je naar het vliegtuig te brengen. Dit wordt een eitje voor jou. Je bent er helemaal klaar voor. Ik ga je missen. Ik hou van je,' zeg ik.

Ik blijf haar wangen maar aanraken.

Ze huilt. Ik huil. Padam huilt. Hij is doodsbang voor wat zijn dochter te wachten staat. Doodsbang om zijn buffel en zijn geiten zo lang achter te laten. Doodsbang om op een vliegtuig te stappen. Hij heeft zelfs nog nooit een fiets gezien.

Ik pak zijn handen vast. 'Het komt allemaal goed.'

Hij knikt naar me met zoveel hoop en angst en vertrouwen op zijn gezicht dat ik bijna zwicht onder die druk. Ze lopen weg met hun begeleiders, voorbij het rotikraampje, de rij voor de beveiliging en een grote Indiase bewaker met een krulsnor. Padams Nepalese *topi*-hoofddeksel wordt kleiner en kleiner totdat hij volledig verdwijnt.

Een paar dagen later word ik gebeld door Sarah, onze contactpersoon van Facing the World. Zoals iedereen die Juntara ontmoet, is ze gek op haar.

'Dit is het leukste meisje ter wereld,' zegt ze tegen me. 'Dat maakt dit nieuws zo afgrijselijk.'

De artsen hebben een kleine bobbel gevonden op Juntara's voorhoofd, recht boven haar linkeroog. Het is een alarmerend symptoom van iets wat neurofibromatose type 2 heet. Dat is een ziekte waardoor tumoren langs de zenuwen groeien. Ze hebben ook ontdekt dat de schade aan haar oogzenuw permanent is en niet meer kan worden hersteld. De tumoren in haar brein zitten overal en de langetermijnprognose ziet er niet best uit, zeker niet in het binnenland van Nepal zonder regelmatige zorg. De artsen willen het niet opgeven en hebben een plan. Tijdens de eerste operatie willen ze het merendeel van de tumor rondom haar oog verwijderen. Dan halen ze een gezwel weg in haar oor en bij de basis van haar schedel. Dan verwijderen ze een laesie die ze op haar ruggengraat hebben gevonden. De operaties en het geneesproces zullen meerdere maanden in beslag nemen en zelfs daarna weten ze niet zeker of er veel zal veranderen. Ze zal haar leven lang moeten worden verzorgd en ingewikkelde behandelingen nodig hebben.

'Gaat het wel met haar?' vraag ik.

'Ja,' zegt Sarah. Ik hoor de glimlach in haar stem. 'Ze is fantastisch.'

Juntara is blij. Ze praat en zingt en woont in haar flat in Chelsea alsof ze van adel is. Een Nepalees restaurant serveert heerlijke, bekende maaltijden voor haar en Padam, en ze hebben een tolk genaamd Raj die meerdere keren per dag contact met ze heeft.

Het wordt snel winter in Surkhet en de groene bergen dragen glanzende kronen van sneeuw. Juntara's eerste operaties zijn heel goed gegaan. Haar gezicht is opgezwollen, maar haar oog zit weer op de juiste plek in haar gezicht. Ze doet het hartstikke goed. Maar Padam heeft het zwaar. Het klinkt alsof hij paniekaanvallen heeft en hij zegt dat hij zal stikken als hij in Londen blijft. Hij is misselijk en duizelig en maakt zich zorgen om zijn huis en zijn buffel. Hij kan het niet aan om de hemel te zien zonder bergen eronder en eet al dagen niet meer. Hij slaapt amper door het geluid van de bussen die 's nachts langsrijden. In januari smeekt hij me om terug te mogen naar Nepal. Aangezien hij het mentaal zeer zwaar heeft, boeken we zo snel mogelijk een vlucht voor hem terug naar Nepal. Ik reis naar Londen om Juntara's tweede operatie bij te wonen, waarbij de tumoren in haar hersenen worden weggehaald.

Juntara is mijn beste huisgenootje ooit. Haar favoriete onderdeel van onze flat is het bad dat ze ons *tato pokari*, oftewel hete meer, noemt. Meestal zit ze er elke dag wel een uur in, spetterend en zingend. De meeste mensen die haar ontmoeten kunnen niet geloven dat ze blind is. Ze is sociaal, zelfvoorzienend en stapelgek op haar nieuwe vriendjes en leraren. Zo heeft ze haar tolk Raj, Sarah van Facing the World en Nicolas van de Franse bakkerij beneden die ons elke dag gebakjes komt brengen. Iedereen die Juntara ontmoet, wordt verliefd op haar en na een paar weken hebben we onze eigen kleine gemeenschap in Londen.

De kinderen uit Kopila sturen haar filmpjes op en willen weten wanneer ze op bezoek mogen komen. Het idee van een dubbeldekker laat ze schateren van het lachen, maar ze snappen niet waarom iedereen zo enthousiast is over de enorme klok. Juntara begrijpt dat ook niet. Ze heeft nu vriendjes en ze straalt.

Het is geweldig om te zien hoe ze tot leven komt zonder pijn. Hoewel ze niet kan zien, heeft ze de indeling van het appartement in haar geheugen gegrift. Zonder hulp kan ze beneden en boven haar gang gaan en naar het toilet. We zijn vele uren samen aan het koken. Juntara gaat naar het kastje, pakt de aardappelen, tomaten, uien en knoflook, snijdt ze op de snijplank, vult de pan met water, voegt de rijst toe, dekt de tafel en doet de afwas. Ik help ook mee, als ze het toestaat.

'S Nachts lig ik wakker door de bussen, maar ik vind het heerlijk om wakker te blijven en me in te denken wat voor vrouw Juntara zal worden. Ze is vasthoudend en dapper, vreedzaam en slim en ontwapenend lief. Ik kijk naar het plafond, een gewoonte waar ik maar niet mee kan stoppen, en het is alsof de afgelopen zes maanden worden afgebeeld op een wit scherm: ik loop door Kalikot, drink thee in haar lemen hutje, controleer obsessief mijn mail, MRI's, visumkantoren, kleurige riksja-ritten door Delhi, kook dahl in onze keuken. In de vroege ochtend val ik in slaap, als ik geen verhalen meer kan verzinnen om mezelf te vertellen. Alles voelt goed en is het waard. Alles is precies zoals het zou moeten zijn.

In februari krijgen we te horen dat Juntara een derde operatie nodig heeft. Ik ga terug naar Nepal om even uit te rusten voor de volgende operatie, om Padam een update te geven over Juntara's toestand en om de Shiva Ratri-feestdag te vieren met de kinderen. Met Shiva Ratri ga je naar de tempel voor een pooja en om iets te eten wat *bong prassad* heet, dat je de kracht van de god Shiva zou moeten geven. Bong prassad blijkt voornamelijk uit marihuana te bestaan. De kinderen zijn er kapot van als ik ze vertel dat zij het niet mogen hebben.

Terwijl ik weg ben, vliegt mijn zus Kate naar Londen om bij Juntara te blijven. Ik kan geen betere oppas bedenken dan de grote zus die op mij heeft gelet. Om de paar nachten skypen we met hen en zingen we liedjes via de computer. Padam komt langs zodat hij haar ook kan zien. Hij neemt Nepalese citroenen en een zak van de walnoten mee waar ze zo dol op is en belooft ze door te sturen.

'Bedankt, *chori*,' zegt Padam tegen me met zijn brommende, zachte stem.

'Ze doet het zo goed,' zeg ik tegen hem. 'Binnenkort kun je haar in het echt zien.'

Ik ben op tijd terug in Londen voor de derde operatie en het gaat opmerkelijk goed. De artsen opereren negen uur lang en ik mag een van haar kleine voetjes vasthouden terwijl ze onder zeil op de ic ligt. Kate en ik huilen omstebeurt van opluchting en staren naar haar terwijl ze heerlijk ligt te slapen. Dan, op 4 maart 2009 om halfvijf's middags, zwellen haar hersenen op.

Uit het niets beginnen de machines te piepen. Juntara is steeds wel en dan weer niet bij bewustzijn. De artsen komen aanrennen en snellen met haar terug naar de ok. Ze zijn urenlang bezig en proberen een shunt te plaatsen, maar het is te laat. Kate en ik zitten met gebroken harten naast haar bed. We houden haar vast terwijl ze haar laatste ademtochten uitblaast. De machines die voor haar ademen vertragen en haar longen en hart houden ermee op. We zijn in shock en kunnen niet bewegen. We kunnen niet praten en even voelt het alsof ook wij straks zullen ophouden met ademhalen. We hebben alles goed gedaan. De artsen hebben alles goed gedaan. Ik zag hoe ze vervuld raakte met levenslust, plezier en kracht. En toen zag ik hoe dat alles weer uit haar stroomde.

Via een legerkamp in de buurt van haar dorpje nemen we contact op met haar familie. Ze vragen om een Hindoestaanse begrafenis, die wij regelen. Dan gaan we terug naar de groene vallei, het koele water, de walnootbomen, zonder de persoon die daar nog het meest thuishoorde. We brengen haar spullen terug naar Oda. Padam huilt stilletjes en voor het eerst zie ik Juntara's gezicht terug in dat van hem.

Kate gaat met een gebroken hart terug naar huis en de kinderen gaan weer naar school, maar ik kan het niet afsluiten. Ik woon in een huis met weeskinderen. Hun levens zijn gevormd door verlies. Sommigen van hen kennen niks anders. De kinderen rouwen om Juntara, met diepe, pijnlijke snikken en lange, afwezige stiltes, maar ze gaan toch verder met hun leventjes. *Waarom kan ik dat niet?*

Wekenlang komt de slaap af en toe bij me buurten, maar nooit lang.

Ik had moeten helpen.

Ik dacht dat ik kon helpen.

Zij waren de beste artsen ter wereld.

Ze was aan het lachen. Aan het koken. Ze was gelukkig.

De gedachten blijven maar komen. Zinloos. Het enige wat ik wil, is nog een keertje met haar praten. Ik besluit haar een brief te schrijven.

Lieve Juntara,

Het is nog maar een week geleden dat Kate en ik onze rugzakken inpakten en naar jouw dorp vertrokken. Kate nam je schooltas mee vanuit Londen, gevuld met alle cadeautjes die je had uitgekozen voor je familie. Ik heb je kleren ingepakt, een pot pindakaas, mijn laptop en een felgeel fotoalbum met de woorden 'sweet memories' *(fijne herinneringen) erop en foto's van jou, mijn lieve, lieve schat.*

Je had de busrit vreselijk gevonden. We zijn verwend na die grote rode dubbeldekkers in Londen. Ik was bijna vergeten hoe het is om in een Nepalese bus te zitten totdat ik er weer in zat: propvol mensen, dieren, interessante geuren, kapotte stoeltjes, heel veel stof en geen centimeter asfalt. Onze billen hingen vaker stuiterend in de lucht dan dat ze op de stoelen zaten. Wij zijn het type meiden dat veel liever in de rode dubbeldekkers met heerlijke stoelen zit, of niet, J? Dat is gewoon een feit.

Eerlijk gezegd was ik wel opgelucht toen de weg ophield en we verder moesten lopen. Maar aan het einde van de tweede dag was die opluch-

ting wel verdwenen. We stonden te trillen op onze benen, maar waren aangekomen bij de onderkant van de berg. Jij weet natuurlijk precies over welke berg ik het heb. Het was net alsof we de Mount Everest gingen beklimmen. Je had de blik op Kates gezicht moeten zien toen ik haar vertelde dat dat inderdaad de berg was die we moesten beklimmen. Onbetaalbaar!
Overal waar we stopten, bij elk hutje en huisje, vroegen de dorpelingen naar jou. Ze wisten allemaal nog wie je was, Juntara. Dat jouw vader een paar maanden geleden nog met jou in een sjaal op zijn rug over datzelfde pad liep terwijl jij de mooiste liedjes zong. Jij hebt altijd al geweten hoe je indruk op mensen moet maken, of niet soms? Zelfs als mensen je alleen maar even langs zagen komen, herinnerden ze zich jou en dachten ze aan je toen je weg was.
Toen Kate en ik eindelijk op de top van de laatste grote berg aankwamen, was de wind druk aan het waaien en scheen de zon. We keken neer op een grote, groene vallei met hier en daar wat sneeuw en een klein, fris beekje langs de zijkant. We liepen naar beneden, steentje voor steentje, stapje voor stapje. Het was prachtig en alles dubbel en dwars waard. Ik koos het verkeerde pad en kwam bij een enorme modderplas terecht. Ik gleed weg en voordat ik het wist zat ik op mijn billen, onder de modder, en kon ik geen kant meer op. Ik stond op en dan gleed ik weer weg en viel ik weer. En als ik daarna weer opstond, gleed ik opnieuw weg! Kate plaste bijna in haar broek van het lachen en Daju bleef maar schreeuwen over mijn computer.
We verbleven in een klein hutje aan de rand van een berg met een klein oud vrouwtje dat Kate aan een heks deed denken. De vrouw gaf ons een stuk van een plastic zeil om op te slapen en onze lichamen deden zo'n zeer dat we niet wisten of we nou moesten lachen of moesten huilen. We kropen maar tegen elkaar aan voor de restanten van een vuurtje om warm te blijven. Ik weet vrij zeker dat Kate voordat ik in slaap viel als laatste nog tegen me zei: 'Ik denk dat de luizen over mijn hele lichaam klauteren.'
De volgende dag werden we met zonsopgang wakker. We liepen verder naar beneden, en nog verder, tot we uiteindelijk in jouw Oda aankwa-

men. We zaten op een steen en ik liet Kate zien waar jouw huis staat. Je broer en vader hadden een paar weken geleden, in afwachting van jouw terugkeer, nieuw gras op het dak gelegd.
Je mama en papa zaten samen binnen bij het vuur en toen ze ons zagen, begonnen ze te huilen. Wij ook, want we missen je zo erg en het is zo moeilijk en pijnlijk dat jij hier niet bent. Er waren geen woorden: alleen tranen en gesnik en smeekbedes aan God.
Toen het stil was, pakten we je foto's erbij. Je moeder heeft ze allemaal bekeken. Ze legde haar vingers op je gezichtje en zei hetzelfde als wij allemaal: 'Je was gewoon zo gelukkig. Je was zo blij op elke foto.' Veel van je familie was maïs gaan planten, maar we bleven wachten tot het donker was zodat we ze konden ontmoeten.
We liepen naar je school en om je dorp heen en we vertelden jouw verhaal aan honderden mensen. De avond voordat we vertrokken, kwam je hele familie. Zelfs je grote didi helemaal uit Katampur met Rahdika. We praatten en vertelden verhalen en keken urenlang naar je filmpjes en luisterden naar je liedjes. Iedereen was heel blij met de kettingen die je had gemaakt: allemaal uniek en perfect. Iedereen stond versteld van je Engels en ik vertaalde alles wat je zei naar het Nepalees: 'Ik hou van mijn moeder en mijn vader en mijn zus en mijn broer. Ik hou van mijn familie.' Ze hoorden je dit keer op keer zeggen en ze weten hoeveel je van ze hield, Juntara. En ze weten dat jij wist dat ze van jou hielden, want dat zei je ook. We maakten buiten een bioscoop met mijn kleine Apple-laptop op een omgekeerde rieten mand en je hele dorp, onder de maan en de sterren, zag je zingen. Geen enkele hond blafte en geen baby was aan het huilen. Het enige wat we hoorden waren jouw liedjes en jouw woorden en iedereen luisterde naar je terwijl de tranen over hun wangen biggelden.
's Ochtends aten we verse vis en je favoriete bonen, verse groenten, zwarte tortilla, aardappelen en rode rijst... Al je lievelingseten dat je zo had gemist, geoogst door je familie. Je had gelijk over het water in Kalikot: het smaakt inderdaad verser en schoner en koeler. Dit keer viel de smaak van het water me op en ik hou ook van dat water.

Die ochtend vertrokken we en het was droevig omdat een deel van mij bang was dat dit het einde van jouw verhaal was. Maar toen begon ik te lachen om die gekke gedachte, want jij bent hier en je was elke stap bij ons. Ik voel jouw aanwezigheid in elke stap. Ik kan je nog steeds horen giechelen en Kate en ik zouden 's avonds allebei zweren dat je tussen ons in ligt te slapen. Jouw verhaal is nog lang niet voorbij, lieve kleine J.

Ik sluit mijn laptop en zak weg in een diepe, vredige slaap. Het enige wat ze wilde, was dat er van haar werd gehouden, dat ze thuis kon komen na haar grote avontuur en dat zij van anderen kon houden. De liefde is bij haar, waar ze ook is.

In de lente krijg ik een e-mail van een organisatie genaamd Do-Something. Ik had veel aanvragen de deur uit gedaan nadat ik onze financiën had bekeken en probeerde uit te zoeken hoe ik Kopila Valley draaiende kon houden met meer dan vijftig schoolgaande kinderen en vierentwintig kids onder ons dak.

Gefeliciteerd, Maggie! Je bent geselecteerd als finalist voor onze prijs van 100.000 dollar!

Ik was al helemaal vergeten dat ik me had aangemeld. Ik kijk door de ramen naar de vriendelijke groene bergen en vraag me af wat ik zou doen met 100.000 dollar. Een zacht briesje blaast door het raam. Zonder me er echt van bewust te zijn, begin ik een van Juntara's droevige bergliedjes te zingen en ineens weet ik precies wat ik met het geld zou doen: de Kopila Valley-basisschool, ter ere van en nagedachtenis aan Juntara.

6

VLIEGERS IN DE LUCHT

Lieve A,
Ik vind het zo heerlijk als je gek doet. Ik vind het zo heerlijk als je in elkaar zakt van het lachen en naar adem moet happen. Ik hoop dat ik dat nog een eeuwigheid lang mag meemaken.

– M

'*Rato!*' (Rood)

'*Nilo!*' (Blauw)

'*Seto!*' (Wit)

'*Pehlo*' (Geel)

Sabita ploft neer op mijn schoot en wijst met een dik kleutervingertje naar de lucht. Ze is nog maar net vier, maar ze heeft de stem van een zestigjarige zangeres in een jazzclub: hees en warm. Ik zou de hele dag lang naar haar kunnen luisteren. Ik ruik haar zoetzure kinderlucht en samen, in een moeder-dochter-hoopje, kijken we naar de kleurige vliegers die boven onze hoofden door de lucht zoeven.

De zon gaat onder tijdens het laatste restje van de zomer van 2009, vlak voordat hij zijn laatste oranje klap uitdeelt. Elk dak in Surkhet staat vol met kinderen en hun vliegers. Het is niet een of ander schattig schouwspel zoals je zou zien in *Mary Poppins*. Deze kinderen schreeuwen en vloeken. Een probeert de vlieger van de ander angstaanjagend snel naar de grond te laten duiken.

'Links! Rechts! Hoger! Pak Himal! Snijd Himal af! Snel! Snel!'

Himal is de pestkop van de buurt. Het lukt me niet om hem te mogen. Hij steelt voetballen en duwt kinderen van hun fietsjes af.

De stemmen van de jongens breken terwijl ze naar Bhatka kijken. Bhatka is misschien wel de beste zeven jaar oude vliegeraar ter wereld en stuurt zijn vijand zo de modder in.

'Kijk! Mama Maggie, heb je die van mij gezien?' Anjali's paarse vlieger draait elegante achtjes, een paar meter verwijderd van al dat testosteron.

Ik sluit mijn ogen en probeer alles in me op te nemen: gegiechel dat net in gelach begint te veranderen, ellebogen en knieën die verdwijnen in vlezige kleuterlichaampjes, de manier waarop ze 'mama' zeggen en willen dat ik kijk naar alles, maar dan ook echt alles, wat ze doen... De kinderen hebben onlangs samen afgesproken dat ze me 'mama' of 'mama Maggie' willen noemen en dat voelt voor mij net zo waarachtig als mijn eigen naam. Sabita's hoofd vindt een perfect plekje onder mijn kin en ik luister naar haar gebrabbel over de vliegers. Het voelt als de belangrijkste informatie ooit.

Onze familie bestaat nu uit zesentwintig kinderen: vijftien meisjes en elf jongens. Daarnaast hebben we nog vier tantes en drie ooms die de boel hier draaiende houden en ons allemaal redden van mijn kookkunsten. Vroeger woonden we in een huis met kinderen van zes, zeven en acht jaar oud en plotseling zijn veel van hen ineens acht, negen en tien. Ze houden van tekenen en spelletjes spelen, naar muziek luisteren, chillen en met elkaar praten. De oudsten beginnen meer te geven om hun uiterlijk, hun kleding en hoe ze het doen op school. Ze hebben vriendjes die langskomen om aan schoolprojecten te werken en buiten dansjes te oefenen onder de papajaboom. Tegenwoordig hebben ze ideeën en meningen over dingen die verder gaan dan de vraag of mango's zoeter zijn dan kafal-besjes. Ze hebben alle Harry Potter-boeken gelezen. Ze beginnen de wereld waar ze in leven te begrijpen. Ondanks de bedwantsen, het feit dat we af en toe ontwormd en regelmatig ontluisd moeten worden, gaat het allemaal voorspoedig met ons op ons stoffige stukje land.

We hebben een routine. Op zaterdag, de enige vrije dag in Nepal, gaan we naar het zilverachtige water van de Bulbule om onszelf en onze kleding te wassen. Als je een voet in het geruisloze water steekt, is het net alsof je een spiegel breekt en de kinderen vinden het geweldig om hun weerspiegelingen te zien verbrijzelen in het wateroppervlak. Ubji, Guianu of een van de andere tantes gaat mee en wast het haar van de jongste kinderen terwijl ik kleine spijkerbroekjes en gestreepte shirts was op de stenen. Het duurt een eeuwigheid. Normaal gesproken begin ik voordat ik halverwege ben al te dromen van een uitmuntende wasmachine met een trommel zo groot als een Smart, maar ik weet niet zeker of ik het tevreden gevoel wil opgeven dat ik krijg als ik een moddervlek schoonveeg met een baksteen of de geur van kleding die ligt te drogen op het gras.

Doordeweeks is het minder idyllisch. De volwassenen worden vroeg wakker om hun lichamen vol te gooien met chai. We zetten ons schrap voor het knippen van vijfhonderdtwintig nagels, om een altijd veranderend aantal tanden te poetsen en voor de eindeloze onderhandelingen tussen zesentwintig klaarwakkere, broekloze kinderen in hun schooluniformen.

Krishna plast nog steeds in bed. Hari verstopt zich steeds buiten in een boom en verdwijnt continu uit mijn zicht. Goma doorboort Krishna's oren met een veiligheidsspeld die ze ergens hebben gevonden. Madan en Pankha zijn veel te nieuwsgierig naar elke klok, radio, zaklamp en blender in het huis en proberen ze uit elkaar te halen. Daju moppert over hoe kinderen die ooit geen elektriciteit hadden nu continu de ventilatoren en lampen aan laten staan en dat er weer een stuk zeep vastzit in de toch al verstopte afvoer. Meestal lukt het ons om iedereen naar school te sturen en ze uit het ziekenhuis te houden. Thuis is niets perfect, maar alles klopt.

Als de kinderen in de les zitten, tuf ik op mijn scootertje door de vallei op zoek naar land om onze eigen school op te bouwen. We hebben 100.000 dollar gewonnen bij DoSomething en nog eens 20.000 dollar gekregen van Cosmo Girl of the Year. Niemand is daar zo verbaasd over als ik. We hebben bijna genoeg geld om het voor elkaar te boksen.

De laatste tijd krijgen we regelmatig donaties. Dat komt ongetwijfeld mede door het feit dat de mensen van DoSomething mijn gezicht op miljoenen zakken Cool Ranch Doritos hebben gezet en dat *Cosmo Girl* me vier hele pagina's heeft gegeven om te praten over Kopila Valley, zolang ik maar instemde met een make-over waarbij ze mijn haar blond verfden en me opleukten met nepwimpers om de voor-en-na-foto's te delen. De publiciteit helpt enorm, maar ik voel een enorme beschermingsdrang tegenover het wereldje dat we voor onszelf hebben geschapen in de vallei. En het feit dat we weinig controle hebben over het verhaal als het eenmaal is gedeeld, maakt me zenuwachtig. De verhalen van mijn kinderen zijn de belangrijkste verhalen om te delen, maar dat is niet aan mij. Dat geldt ook voor een groot deel van onze ooms en tantes. We gaan zo goed mogelijk om met de pers, maar de balans vinden tussen hun verhalen laten horen en ze misbruiken is lastig. Ik ben blij dat ik duizenden kilometers en een redelijke internetverbinding verwijderd ben van enige bekendheid.

Het grootste deel van de herfst baan ik me een weg door de jungle. Ik trippel door rijstvelden en stap in stomende hopen buffelpoep. Net als ik denk dat ik de ideale plek heb gevonden, zie ik een groep dorpelingen over de weg lopen met emmers en ontdek ik dat er geen stromend water is, dat het gebied te steil is voor een put, dat er geen brug is om de rivier over te steken of dat de eigenaar te ver weg is en al jaren niet meer is gezien. Er liggen hele hectares prachtige grond rondom Surkhet, maar dit is onontgonnen land. We hebben een simpele infrastructuur nodig. We kunnen niet van kinderen verwachten dat ze naar school gaan als er geen weg naar die school loopt.

De aankoop van grote stukken land is hier ook heel ingewikkeld. Het land wordt onderverdeeld in kleine stukjes onder dorpsbewoners, families en buren: soms onder meer dan tien mensen. Om een stuk land te kopen, moeten we de eigenaars vinden en zorgen dat ze akkoord gaan met een bod. Eén deal mislukt en dan een andere. 's Middags rij ik weer terug. Ik ben verslagen, maar droom nog steeds van het perfecte plekje met een peperwortelboom waar onze schommel aan kan hangen, een tempel in de buurt waar we onze lievelingsfoto van Juntara kunnen ophangen en een borrelend beekje gevuld met het koele water waar ze zo dol op was.

'sAvonds ronden de kinderen hun klusjes af: ze voeren onze arme geitjes Rumi en Beatrice, ruimen hun poep op, die echt overal ligt, en wassen onze enorme gong-achtige potten en pannen. Ons avondeten is dal bhat: gesmoorde linzen, zo rijk als beenmerg, met zachte rijst. Dan komen we samen in de woonkamer voor *satsung*. Satsung is grofweg te vertalen als 'het gezelschap van oprechte mensen'. Het kan een tijd zijn voor rouw, dankbaarheid, plezier of het zingen van een kinderliedje tot onze longen pijn doen. Soms doen we alle vier die dingen binnen het uur. Als het donker is geworden en de nachtvogels van zich laten horen, nadat ik een giechelende Hari voor de derde keer weer in bed heb gelegd en het huis gevuld raakt met het zachte gebrom van slapende kinderen, neemt de droom van onze school het weer over:

Stabiliteit groei bloemen veiligheid comfort gezondheid genezing duurzaamheid thuis aarde liefde dieren gemeenschap groen prieeltjes zonne-energie dansen theater spelletjes spelen lachen heerlijkheid technologie familie goede boeken groentes voeding fruit tuin schoonheid knuffels bomen warmte natuur kleuren hygiëne lange wandelingen uitjes heiligheid educatie zelfbeschikking gedeelde cultuur kunst zingen menselijke waarden tempels gewassen vruchtbare aarde tradities bewustzijn handen verhaaltjes voor het slapengaan koken open ruimte stroom vissen gebed sterren dromen wensen muziek leiders vriendelijkheid geduld vrede

Ik wil het allemaal. Surkhet verdient het allemaal. Ik zal wachten, zo lang als nodig is.

In september komt Anjali met een rode, opgezwollen wang terug van school. Haar ogen, normaal vol leven en glinsterend, zien er dood en opgezet uit. Ze is een stille schim van zichzelf. Ik wacht tot de andere kinderen door de poorten naar binnen zijn gelopen en ieder kind naar zijn favoriete bezigheid is gerend. Nisha vindt een dik boek. Bhakta en Krishna proberen zich op te trekken aan de boom. Ganga maakt slordige staartjes in het haar van Maya. De anderen verspreiden zich. Tante Ubji volgt ze, terwijl ze glimlachend haar hoofd schudt.

Ik pak Anjali's hand vast en haar hele lichaam verstijft.

'Wat is er met je gezicht gebeurd?' vraag ik.

Haar onderlip begint te trillen.

'Ik heb vandaag een fout gemaakt met rekenen,' zegt ze, snotterend. 'De leraar heeft me heel hard geslagen.'

Ze wijst naar de plek op haar wang. Ik zie de vingers nog in haar tere huid staan. Ik houd haar heel lang vast, totdat haar tranen opdrogen tot zout. Totdat ik weet dat ik iets kan zeggen zonder dat ik zelf in tranen uitbarst. Ze is pas acht jaar oud.

Scholen zijn hier anders. Lijfstraffen horen erbij. Leraren lopen langs de rijen bureautjes en halen hun roedes over de rug van hun leerlingen, zelfs de allerjongsten, die zich misdragen of die niet goed genoeg presteren of die hun stropdas zijn vergeten. Als de leraar de klas moet verlaten neemt de klassenleider, de beste leerling van de klas, die taak over en loopt hij of zij langs de bureaus om zijn of haar klasgenootjes te slaan. Het is afschuwelijk, maar het wordt geaccepteerd. Ik laat de rector onderzoeken zien waaruit blijkt hoe schadelijk lijfstraffen kunnen zijn voor de leeromgeving. Ik smeek de school en leraar om een andere techniek te proberen maar dat idee klinkt hun, zacht gezegd, absurd in de oren. Ik ben te gast in dit land. Ik doe mijn best om de cultuur te respecteren, maar de mishandeling gaat te ver.

In de maand daarna krijgt Nisha klappen omdat ze haar sandalen naar school droeg terwijl haar schoenen bij de schoenmaker lagen. De jongens die klassenleider worden moeten huilen omdat ze hun vriendjes niet willen slaan. Hansaraj wordt enorm verlegen. Rupa is gefrustreerd: logisch voor een kind van elf dat nog in de kleuterklas zit. Kleine Maya heeft gedragsproblemen en vloekt als een dokwerker als ze van streek is. De straatkinderen en steenbrekers in ons schoolprogramma vinden het moeilijk om naar school te gaan en moeten vaak kiezen tussen hun volgende maaltijd of hun volgende les. De leraren lijken hen al te hebben opgegeven. Een van de meisjes die bij de bussen woont gaat helemaal niet meer naar school en als ik haar opzoek om te achterhalen waarom, houdt ze de flarden van haar stropdas in de lucht en vertelt ze me dat de ratten haar uniform hebben opgegeten. Ik kijk naar haar armen die onder de bulten en kleine paarse blauwe plekken zitten. De ratten hebben niet alleen aan haar kleding geknaagd. Scholen zouden een veilige haven moeten zijn, maar onze leerlingen zijn banger voor hun leraren dan voor de kans hondsdolheid op te lopen. Als een van onze achtjarigen niet komt opdagen omdat haar oom haar rugzak in een dronken vlaag van woede in brand heeft gestoken, verlang ik zo wanhopig naar het bouwen van onze eigen school dat ik bijna zelf begin te graven in de voortuin.

'Onze school wordt anders,' belooft Tope me aan de telefoon. 'Heb geduld. Dit soort dingen hebben tijd nodig. In Surkhet hebben ze heel veel tijd nodig.'

Tope en Kusum verhuizen naar Surkhet. Dat was altijd al onderdeel van het plan. Tope zal fulltime aanwezig zijn als directeur en ik heb hem hier harder nodig dan ooit. Tope houdt van Nepal en hij kent het land op een manier die ik nooit zal kennen. We zijn goede partners en nagenoeg elkaars tegenpolen. Als ik woest en emotioneel ben en in gebroken Nepalees sta te schreeuwen tegen een of andere ambtenaar is hij vriendelijk, helder en pragmatisch. Als ik de nek van een leraar wil omdraaien, doet hij een beroep op hun emoties. Ik leer om mijn driftbuien en ongeduld onder controle te houden en om achterover te leunen en toe te kijken hoe hij en de rest van het team hun werk doen. Tope is een wees, net als onze Kopila-kinderen. Hij heeft een leven voor zichzelf en zijn gezin opgebouwd nadat hij absoluut alles is kwijtgeraakt. Ik kan me geen beter voorbeeld voor de kinderen voorstellen. En ook niet voor mezelf. Tope is de reden dat dit werk ertoe doet.

'Maak je niet druk, Maggie. Zorg jij nou maar dat je dat stuk grond vindt. Ik praat wel met de school. Genieten jullie nou maar van de feestdag,' zegt hij.

Dashain is de grootste Nepalese feestdag van het jaar en er is de hele maand lang geen les. Het festival arriveert met een explosie aan kleuren, zoete geuren en muziek. Surkhet verandert dertig dagen lang in een dansende godin. Dashain mondt uit in weer een ander festival, genaamd *Tihar*: het festival van het licht.

Mannen bedekken hun huizen met fonkelende lampjes en andere verlichting en vrouwen maken fraaie *rangoli* met prachtig gekleurd poeder en geplette rijst op de grond voor de voordeur. Ze lijken op de mandala's uit die kleurboeken voor volwassenen die mensen in vliegtuigen inkleuren om te ontspannen. In deze stad, waar iedereen zo hard werkt dat hun lichamen er mager van zijn, zijn feestdagen een tijd om uit te rusten, goed te eten en de goden te vereren.

Maar ik ben met Dashain vooral bezig met de vraag wat school hier precies inhoudt en hoe het zou moeten zijn. Wat je kindertijd is en wat het zou kunnen zijn. Ik vind artikelen uit tijdschriften en plak ze op een stuk karton dat ik boven mijn bureau hang.

Op de eerste dag van Dashain worden we om vijf uur 's ochtends wakker en baden we in het meer. De sterren staan nog aan de hemel en de kinderen zijn stilletjes enthousiast. Sommigen van hen slapen nog half en beginnen te rillen als ze het water op hun ruggetjes voelen. Anderen zijn zo enthousiast over het feit dat ze gefrituurd deeg en verse groentes uit de tuin van tante Devi mogen eten dat ze het beginnende kippenvel op hun armen amper opmerken. Bhakta en Krishna vinden het maar niets. Ze ontspannen pas als ik bevestig dat we Beatrice en Rumi niet gaan slachten, zoals normaal gesproken wel gebruikelijk is. Dashain is een vreselijke tijd voor de geiten in Nepal. We kunnen de goden in plaats daarvan wel wat fruit geven.

We lopen samen, met de hele grote familie, naar Dhoti Bhajey: de kleine baksteenkleurige tempel vlak bij Kopila Valley. Het briesje waait de geuren van mango en wierook en geslachte dieren rechtstreeks naar onze neuzen. Sabita en Sundar doen hun best om somber te kijken, met rode tilaks op hun voorhoofdjes en heilig gras achter hun oren. Maar het duurt niet lang voordat ze spelen als een stel waterratten. Alle buren die langslopen stoppen om glimlachend te kijken naar hoe ze met elkaar stoeien en ik vraag me af hoe een cultuur en een wereld waarin mensen zo dol zijn op kinderen zo slecht kan zijn in het beschermen van diezelfde kinderen.

Het is ingewikkeld, dat weet ik wel. Hoe kunnen we lijden verlichten en de levens van kinderen verbeteren zonder dat we de wereld westerser maken? Hoe maken we een school die de Nepalese tradities in ere houdt maar hiërarchie afwijst? Wat moet mijn rol zijn? Ik ben iets anders gewend, maar is dat dan ook meteen beter? Het is niet alsof Amerika de zaakjes zo op orde heeft.

Anjali en Nisha brengen omstebeurt ons offer: zelfgekweekte papaja's, pluizige roze lychees, en groene bananen. Maya stopt een stuk kokosnoot in haar wang en ik doe net alsof ik niets heb gezien.

Een voor een dragen we ons fruit de trap van de tempel op.

Ik moet iets doen. Ze hebben een veilige leeromgeving nodig.

Die dag vraag ik om helderheid.

November besluipt ons als een dief, berooft onze slungelige boom van alles behalve zijn bast en zuigt de hitte uit de lucht. Ik verlang niet meer naar mijn droomgrond en begin doelbewuster na te denken over wat onze kinderen daadwerkelijk uit een opleiding moeten kunnen halen. Ik weet niet of dat uit een computerlokaal en een voorbereiding op het zakenleven moet bestaan, zoals het onderwijs dat ikzelf heb gehad. Ik begin me minder zorgen te maken over wat zij moeten leren en meer over wat ík moet leren.

Op een middag zijn tante Ubji, Daju, de kinderen en ik druk bezig met het leeghalen van de groentebedden en het plaatsen van compost voor de wintergewassen: pompoen, bittere groentes en bloemkool. Ubji stopt met het bewerken van de aarde en begint aardappels te snijden.

'O, eten we aardappels met de lunch?' vraag ik.

'Nee, die gaan we planten,' zegt Daju, terwijl hij naar de tuin wijst.

'Hoe bedoel je? Snijd je aardappels om ze te planten?'

Iedereen stopt. De kinderen halen hun neus op en ze houden hun hoofd schuin alsof ze willen zeggen: 'Is dit nou de vrouw die ons moet opvoeden?'

Dan beginnen ze te bulderen van het lachen.

Ubji glimlacht. 'Maggie, hoe dacht je dan dat we aan aardappels komen? Je moet een aardappel planten om een aardappel te kweken. Wat? Dacht je soms dat ze zaadjes hadden?'

'Nee, maar ik heb er gewoon nooit zo bij stilgestaan.' Ik haal mijn schouders op.

'Hebben jullie geen aardappels in Amerika?' vraagt Ubji.

'Jawel. Ik heb ze alleen nooit zelf gekweekt.' Ik heb er nooit over nagedacht hoe aardappels groeien. Onze kinderen kweken al hun hele leven gewassen. Samen gooien we de plakjes in de grond en bedekken we ze.

Er zijn nog veel meer van dit soort momenten. Ik noem een stier een koe waar een groep dorpelingen bij is en ze lachen zo hard dat je haast zou denken dat ik het beest een dolfijn had genoemd. Ik ontdek dat koeien een kalfje moeten krijgen voordat ze melk kunnen produceren en dat ze dus niet worden geboren als prachtige melkmachines. En dat is nog niet eens alles! Ze moeten keer op keer zwanger worden! Ik probeer een geit te kopen en krijg op mijn kop van de ooms omdat ik ben afgezet. 'Ze is een oud omaatje!' Ze noemen mijn lieve oude vrouwtjesgeit *bhaje*, oma, en ze lachen. Er zijn meer zaken dan alleen landbouw waar ik geen verstand van heb. De vierjarigen kunnen beter mediteren dan ik en de zesjarigen kunnen beter naaien. Na al die jaren zien mijn roti's er nog steeds niet uit. Goed, ik kan een opstel voor je schrijven, maar ik kan mezelf niet voeden, kan geen kleding maken en kan mezelf ook niet rustig krijgen. De gaten in mijn opvoeding zijn groot, zeker in Nepal. Ik heb een opleiding in biologie en debatten, maar wat heb je eraan dat je met iemand kunt debatteren als je niet weet hoe je voor die ander moet zorgen? Ik zie hoeveel de kinderen leren van de ooms en tantes en besef dat ik mogelijk niet de beste lerares voor hen ben.

Mijn visie voor de school begint te veranderen. Ik zie toegewijde Nepalese medewerkers voor me, een uitgebreide opleiding binnen en buiten het klaslokaal en een diep respect voor traditie en moderne gebruiken.

Met het team en bestuur ontwikkelen we het concept voor een gemeenschappelijke school die studenten helpt die meer diensten nodig hebben, zoals onze leerlingen. Ook krijgen ze maaltijden, ondersteuning na schooltijd, begeleiding, bezoekjes thuis en aandacht voor integratie van de familie, speciaal onderwijs en remedial teaching. Dit geeft ons ook de kans om de standaard leerstijl met leerboeken los te laten en in te wisselen voor de leermethode die we wilden integreren: een die gebaseerd is op levensvaardigheden, culturele en oude kennis, lokale gebruiken en ervaringen. We huren ervaren maatschappelijk werkers en een gezondheidsteam in, zodat de kinderen en de gemeenschap erop vooruitgaan. We hebben al een team bij elkaar gesprokkeld van mensen met gelijke ideeën en opvattingen die dol zijn op kinderen en beschikken over de vaardigheden en ervaringen om onze visie van een brede school werkelijkheid te maken.

Wanneer Tope en Kusum aankomen in Nepal stoppen we met het zoeken naar land en sluiten we een huurcontract af van zeven jaar op een groot landgoed vol rijst en akkers tegenover ons huis. We beginnen klein en stapje voor stapje bouwen we ons schoolgebouw op uit bamboestokken en spaanplaat. We laten ons continu leiden door de liefde: de beste en enige manier om Juntara en onze toekomstige studenten te eren.

De deuren van Kopila Valley School openen in 2010 en pal daarnaast beginnen we met de bouw van een kleine kliniek om te zorgen dat al onze studenten gezond genoeg zijn om te leren. Het is niet de grote groene campus uit mijn dromen, maar ik weet dat dat ooit eens zal gebeuren. Hij is gemaakt van stokken en de grond is modderig, maar het is een plek waar kinderen toegang krijgen tot educatie, veiligheid, eten, schoon water en, het belangrijkste, liefde. Twee jaar lang werken we en maken we fouten en doen we ons best. Het is niet perfect, maar het klopt.

7

ZUSSEN

Lieve K,
Je stelt altijd maar vragen, zonder ook maar even te pauzeren. 'Wat is dit? Wat is dat? Waar is ze heen? Maar waarom dan?' Elk antwoord leidt naar een nieuwe vraag.

– M

Ik denk niet dat Namraj het had gered op de berg. Hij komt uit Kalikot, maar hij is net zo stoer als een lammetje. Hij is onze eerste baby. Terwijl de andere kinderen elkaar natspuiten in de tuin, staat Namraj erop om in bad te gaan in een grote rode emmer met badwater van precies 35 °C en babyshampoo die niet in zijn oogjes prikt. Ik vertel hem regelmatig dat ze hem in dit dorp gewoon in de rivier zouden gooien en hem aan de lucht zouden laten drogen, maar dat maakt geen indruk. Zijn moeder, mijn vriendin Pampa, is een paar maanden geleden plotseling overleden en lang daarvoor had ze mij al laten beloven dat ik voor haar kinderen zou zorgen als haar ooit iets zou overkomen. 'Iets' gebeurt hier regelmatig.

Het is heet in het auditorium. Maart in Surkhet is net als augustus in New Jersey: het weer wisselt van prachtig naar onverdraaglijk en in de avond draait het weer om. Meestal is de hemel gevuld met wolken, maar vandaag heeft de middagzon zich uitgestrekt en ontspant hij boven het tinnen dak. Om ons heen smelten studenten, ouders en buren van Kopila Valley School (KVS) weg in hun lange mouwen. Ze zitten allemaal in het onoverdekte gebouw en wachten tot ons langverwachte toneelstuk van 2012 gaat beginnen. De kinderen hebben gekozen voor *Annie*.

Mijn zus Libby en ik zitten vooraan in kleermakerszit, op centimeters afstand van het uiteinde van ons piepkleine betonnen podium. Namraj heeft zijn arm in mijn haar gestoken en sabbelt op mijn sleutelbeen.

'Kijk!' fluistert Libby. Er verschijnen twee paar voeten onder het grote rode doek.

Toneelmeester Roshni sist iets naar de kleine Asha wier enige taak is om aan het touw te trekken dat het gordijn opent. Ze kibbelen een paar seconden en dan wordt de grote lap stof opgetrokken. Libby juicht zachtjes en kietelt Namraj op zijn buikje. Hij kijkt alsof hij haar wil vermoorden in haar slaap.

'Molly,' een kind uit groep drie genaamd Jarna schiet omhoog uit haar denkbeeldige box en schreeuwt om haar moeder. Aan de muur achter haar hangt een met de hand geschreven bordje waarop in het Sanskriet 'Gemeentelijk Weeshuis voor meisjes' staat. We nemen het allemaal in ons op: een groep weeskinderen uit Nepal doet net of ze weeskinderen zijn van de Lower East Side. Het is meeslepend en enigszins afschrikwekkend.

'Dit is schattig... En een tikkeltje duister,' fluistert Libby.

Ik haal mijn schouders op en glimlach. Het is niets nieuws. We laten de kinderen altijd het toneelstuk uitkiezen en ze kiezen altijd iets bizars. Vorig jaar kozen ze een moderne versie van Assepoester over een jong meisje dat gedwongen wordt als huishoudelijke hulp te werken. Een paar weken geleden werden we getrakteerd op een origineel KVS-toneelstuk over alcoholisme. Hikmat, onze voetbalheld uit de brugklas, speelde de rol van de dronken vader zo geloofwaardig dat ik even bang was dat hij zijn kinderen, Shova en Krishna Bogati, echt zou slaan terwijl ze trillend in een hoekje zaten.

Op het podium valt de kleine Nisha even uit haar rol om naar ons te zwaaien. Dan slaan de weeskinderen de armen in elkaar en zingen ze samen 'It's the Hard Knock Life'.

Broadway heeft geen idee wat het echt inhoudt. Wij kunnen alleen maar meezingen.

Libby is al meer dan een jaar in Surkhet. Ze geeft Engelse les op school en helpt mij thuis met de kinderen. Ik had haar nodig. Ik ben nu een moeder van meer dan dertig kinderen, van kleuters tot tieners, en ik heb het zwaar. Ik heb al zes maanden niet meer geslapen en ben continu gespannen. Ik mis kiezen achter in mijn kaken. Ik ben nog niet hersteld van de dag, of er staat alweer een nieuwe voor me klaar. Het leven beweegt ritmisch in en uit onze gemeenschap in grote, schuimende golven. Het overweldigt me en dan zakt het ineens weer weg. Geboortes en begrafenissen. Geboortes en begrafenissen. De school opent, een dorp overstroomt. Een moeder krijgt een baby, een ander kindje sterft aan de tyfus. We proberen te helpen, we falen. Er is hier weinig tijd om dingen te vieren of om te rouwen. Elke ochtend probeer ik me te wapenen, maar mijn pantser wordt aangetast door de vlooien en begint te roesten, net als alle andere dingen. Mijn geest en lichaam zijn een schim van wat ze ooit waren.

Ik heb meer steun dan ooit. Tope en Kusum wonen hier eindelijk permanent. We hebben capabele leraren en enthousiaste partners die we inroepen voor hun expertise en steun. Er werkt een verpleegkundige in de kliniek en we hebben directeur Jeff op kantoor. We hebben een psychologisch begeleider die ons bezoekt vanuit de Verenigde Staten en nemen een maatschappelijk werker en een vertrouwenspersoon aan. Maar ik heb me nog nooit zo alleen gevoeld. Iedereen hier lijkt te kunnen meebewegen met het ritme van deze plek. Maar ik niet.

Shova stapt ineens het podium op als de snode mevrouw Hannigan. Ze banjert het podium over met haar neus in de lucht, een kapotte zonnebril op haar gezicht en haar handen in haar zij. Het publiek begint te joelen. Behalve Namraj, die fronst en poept zijn luier zodanig vol dat ik het door mijn spijkerbroek heen voel rommelen.

'Dat was ik,' fluistert Libby speels, terwijl Namraj scheten blijft laten.

Een zus is het beste medicijn tegen de eenzaamheid.

Een paar dagen later komt er al een einde aan het schooljaar. Kinderen stromen de poorten uit in hun blauwe uniformen: kletsend en zingend. Ze hebben zin in een hele maand vrij waarin ze het Nepalese nieuwjaar en het holifeest, het kleurenfestival, kunnen vieren. Het was een goed jaar. De kinderen hebben goede cijfers gehaald voor hun examens en er kwamen steeds meer leerlingen opdagen. Meelan, die we aan wilden nemen om de gezondheid van de kinderen te verbeteren, heeft veel leerlingen kunnen inenten en gebitscontroles uitgevoerd. We hebben een begeleidingscentrum geopend waar vrouwen en kinderen om hulp kunnen vragen als ze dat nodig hebben, en we gaan af en toe bij de gezinnen thuis langs om te kijken of ze de steun krijgen die ze nodig hebben. Uiteraard ging het niet allemaal vlekkeloos. Er is gevochten en er brak schurft uit. Leraren zegden ineens hun baan op en sommigen bleven maar vragen of ze de studenten mochten slaan. Kinderen meldden zich te laat aan voor het schooljaar, misten belangrijke lessen, raakten ontmoedigd en kwamen niet meer opdagen. Voor onze armste kinderen was het onmogelijk om te voldoen aan de eisen van school en werk. Ik heb daar ook mee geworsteld. Ik worstel daar nog steeds mee. Ik maak me zorgen om iedere leerling en met de politieke stakingen en de onrust die regelmatig de kop opsteekt in het land, weet geen van ons zeker of we het komende schooljaar wel weer open kunnen.

De regering staat onder druk om een nieuwe grondwet op te stellen. Na de wapenstilstand werd er officieel vrede gesloten, maar daar is niet echt wat van gekomen. Tijdens de vakantie komen de Maoïsten aan in ons district en er vinden regelmatig *bandhs,* stakingen, plaats. Deelname is niet optioneel. Tijdens een bandh gaat alles wat dicht moet snel dicht, de scholen incluis. Onze kwetsbaarste kinderen, degenen die van ons afhankelijk zijn voor hun eten, schoon water en gezondheidszorg, moeten het zonder al die zaken stellen. Bedrijven die het bevel negeren worden gestraft, met stenen bekogeld, hun zaken worden gesloopt, of erger.

Kopila Valley opent de deuren maar moet ze een week na de start van het nieuwe schooljaar plots alweer sluiten. De bandhs beginnen weer. Kusum en ik brengen Namraj omstebeurt naar bed. De avond dat het begint is hij bij mij. Hij houdt mijn buik vast en snurkt tegen mijn huid. Hij klinkt net als een kazoo. Ik tel de hongerige muggen op het net en kijk naar hem terwijl hij slaapt. Ik wilde dat ik zelf ook in slaap kon vallen.

Een windvlaag, vol stof en de geur van benzine, blaast door het open raam in mijn appartement. Een speaker kraakt en een nasaal klinkende soldaat kondigt de instructies voor morgen aan:

Niet autorijden.
Niet winkelen.
Geen school.
Geen tempel.

'Alweer?' kreunt Libby. Half in slaap strompelt ze mijn kamer in en laat zich met haar gezicht op het bed vallen. Haar haren vallen als vers geoogst graan om haar heen. Voor een kind uit de buitenwijken en voor iemand die op hoog niveau voetbalde op de middelbare school, heeft ze zich relatief snel aangepast aan de politieke onrust voor haar huis.

Ze herhaalt wat ze van een buurman verderop heeft gehoord en slaakt een zucht. 'Vraag niet wanneer er wordt gestaakt in Nepal, vraag wanneer er níét wordt gestaakt.'

We kijken even vanaf het balkon. Een paar guerrillastrijders springen uit hun rammelende bruine wagen en prikken dronken met hun geweren in ons hek. Een van hen plast op de oprit. Af en toe proberen ze geld of eten op te eisen, maar we hebben nooit iets over.

'Ben je bang?' vraagt Libby aan me.

'Nee.' Ik weet niet zeker waarom ik tegen haar lieg.

Ik ben niet bang voor de Maoïsten. Ze leken me in de eerste jaren haast aardig te vinden en iedereen met een beetje verstand zal nooit een molotovcocktail naar een weeshuis gooien. We werken hard en proberen het Nepal te creëren dat al die politieke partijen zeggen te willen ontwikkelen als ze eenmaal de macht hebben. Maar de zaken veranderen. Hoe groter Kopila Valley wordt, hoe meer we inbreuk lijken te maken op hun steeds groter wordende gebied. Ze lijken bozer en brutaler. Ze zijn niet blij als we keer op keer weigeren om ze het geld te geven waar ze om vragen.

Daju, onze onofficiële ambassadeur voor de verschillende politieke facties, gaat naar de poort toe. Zijn kalme stem galmt door de buurt als hij ze opnieuw vertelt dat we geen politieke organisatie zijn en dat al het geld dat we hebben voor de kinderen is. Ze mogen, net als ieder ander, onze put gebruiken. De mannen strompelen rond en mompelen wat bedreigingen voordat ze wegrijden en opnieuw een stinkende windvlaag door het raam heen sturen.

'Alles is goed,' roept Daju naar ons. Hij schudt zijn hoofd en gaat terug naar zijn kamer.

Libby en ik besluiten even bij de kinderen te kijken, voor de zekerheid.

Er is niemand wakker als ik stilletjes de kamer van de meiden in loop. Shanti is wat onrustig en Maya glimlacht naar me tijdens een mooie droom. Ik trek haar Minnie Mouse-pyjama recht en klop zachtjes op haar buikje. Ze is zo mollig als een vetgemeste wasbeer in de stad.

Ze hebben er helemaal niets van gemerkt.

Ze hebben wel door ergere dingen heen geslapen, zeg ik tegen mezelf, terwijl ik hun borst als balgen op en neer zie gaan.

Dit zijn kinderen van de oorlog. Velen van hen zijn wees geworden door diezelfde oorlog. De slanke, leerachtige mannen met riemen vol munitie die me aan tanden doen denken, zijn personages uit hun vroegste herinneringen. Geweld hoort bij het landschap. Terwijl ze verlicht worden door de sterren door het raam kijk ik toe hoe de kinderen op hun rug slapen, met hun armpjes naar opzij. Dapper en onverschrokken, zelfs in hun slaap. Ze zijn alles verloren. Ik vraag me vaak af waar ik ze nog tegen moet beschermen. Wat kan ik ze ooit geven dat alles wat hen ooit is afgenomen goed zal kunnen maken?

Liefde is de enige oplossing. Het is niet genoeg, maar het is alles wat ik heb.

Libby komt naar me toe. Ze leunt tegen de deuropening en kijkt naar de zusjes in hun bedden met hun hoofden bij elkaar en hun lichamen in elkaar verstrengeld in vertrouwen en liefde.

'Waren wij ooit zo schattig?' vraagt ze.

'Echt niet,' zeg ik, en we gaan nog een paar uur naar bed.

De volgende dagen hebben we sporadisch stroom en er komt geen water meer uit de kranen. Bauju doet haar best om zonder gas te koken en maakt voor vijftig man roti boven het vuur. De kinderen gaan los en tot mijn verbazing kan het huis ze aan. Madan gooit een dvd van *Pocahontas* van het balkon en Maya knipt haar broek af met een schaar. Krishna Bogati jaagt een dikke muis de keuken uit en ik betrap Shanti terwijl ze iets probeert te stelen. Alweer.

Tegen het einde van de week is de bandh voorbij en pakken we de lessen in Kopila Valley weer op. Ik heb mijn nagels tot stompjes afgebeten en de restanten van mijn kiezen zijn zo plat geknarst als die van een koe. Alles in mij begint weer te verschuiven, maar niet op een fijne manier. Ik kan niet slapen. Ik word gek van de baby. Elke dag weer is ons begeleidingscentrum gevuld met mishandelde vrouwen en meisjes. Ze kreunen en smeken ons om hulp. 's Nachts maak ik me zorgen over hoelang een land dat vecht voor zijn toekomst zijn eigen vrouwen en meisjes nog kan negeren. Nadat ik te veel jaren op wilskracht door ben gegaan, begin ik nu mijn grip te verliezen.

De dagen zijn gespannen en ontnuchterend. Op een dag komt een meisje op blote voeten binnenlopen. Ze gaat stilletjes aan het bureautje zitten en wiegt met haar voeten heen en weer onder haar plastic stoel. Ik bekijk haar eens goed. Ze is klein en dun, maar niet breekbaar. Haar ogen zijn helder en haar huid straalt. Ik ben opgelucht dat ze gezond is en genoeg te eten krijgt.

Een van onze begeleiders, Sabitra, komt uit het kantoor met een zwangere vrouw die eruitziet alsof ze op haar oog is geslagen. Haar vijf kinderen volgen haar als een stoet geschrokken eendjes. Weer een mishandelingszaak. De mannen die eerst een beetje dronken, drinken nu veel. We zien het bewijs daarvan dagelijks: bebloede vrouwen die ons smeken om een baan of een veilige plek om te overnachten.

'Namasté.' Sabitra leunt voorover en glimlacht naar het meisje. Het lijkt alsof er niets met haar aan de hand is.

'Namasté, didi,' antwoordt ze beleefd. Dan zegt ze, alsof het niets is: 'Ik heb twintigduizend roepies nodig.'

Sabitra zegt zachtjes dat ze het heel vervelend vindt, maar dat we haar geen geld kunnen geven. Dat is niet wat wij hier doen. Het meisje kijkt naar haar, dan naar mij en valt in een paniekerige driftbui op de grond. Ze huilt en protesteert als een geit die op het punt staat om in een stoofpot te verdwijnen.

'Twintigduizend roepies,' huilt ze. 'Ik heb twintigduizend roepies nodig.'

We tillen haar op, brengen haar naar het kantoor en zetten haar op het kleed waar ze kreunt en jammert. Ik pak een glas water en haal wat restjes roti uit het huis. Ze staart er verlangend naar, maar raakt het eten niet aan. Met een paar minuten komt ze op adem en kijkt ze weer stoïcijns voor zich uit.

'Waarom heb je twintigduizend roepies nodig?' vraag ik.

'Zoveel kost ik.'

Het meisje is bediende in het huishouden. Ze is dertien jaar oud en haar ouders hebben haar verkocht aan een rijke man om een schuld af te lossen. Zelfs haar ouders willen haar niet terug. De man voor wie ze werkt, dwingt haar om hem aan te raken en hij raakt haar aan. Dat is hier niet ongewoon en omdat ze dertien is, zien de meeste mensen haar niet meer als een kind.

'Ik weet dat jullie geld hebben. Hij zegt dat ik mag gaan als ik hem terugbetaal,' gromt ze tegen me.

We bellen de politie, doen aangifte en plaatsen haar in een opvang die we vertrouwen, een aantal kilometers verderop. We helpen haar, houden zo goed mogelijk van haar, maar weten dan nog niet wat het ons zal kosten.

De kranten beginnen over ons te schrijven: prikkelende verhalen en oordelen, voornamelijk van publicaties die Kopila Valley jarenlang de hemel in prezen of juist negeerden. Ze beschuldigen mij ervan dat ik samenwerk met politieke facties waar we nog nooit van hebben gehoord, dat we de kinderen uitbuiten en dat we een organisatie zijn die mensen wil bekeren tot het christendom, wat illegaal is in Nepal. De regering start een onderzoek naar ons werk. Niemand wil nog iets met ons te maken hebben. De man tegen wie we aangifte hebben gedaan is een machtige ambtenaar met nog machtigere vrienden. En hij is een Maoïst. Binnen een maand wordt het meisje ontvoerd uit de opvang. We proberen haar weer in veiligheid te brengen. We hebben de ene na de andere prominente zaak aangenomen in de gemeenschap en veel van die casussen liggen extreem gevoelig en zijn erg complex. Aanranding, kinderhuwelijken, huishoudelijke slavernij, geweld tegen vrouwen.

De kinderen zijn gespannen. Manisha schreeuwt 's nachts om haar moeder, ervan overtuigd dat ze nog leeft en in het ziekenhuis ligt. Ook ik huil omdat ik mijn moeder mis. Ik kan dit niet aan. We hebben zo hard gewerkt om deze organisatie op te bouwen en het voelt alsof alles op instorten staat. Ik vrees voor mijn leven. De gemeenschap die ons met open armen heeft ontvangen, vertrouwt ons opeens niet meer. Woede druppelt als zweet door de muren van ons gebouw, voorbij de hoge muren die we hebben opgebouwd, onder de neus van de beveiliger die we inhuren. Stenen worden met holle klappen tegen mijn kamer gegooid en ik word met de dood bedreigd. We zijn te ver gegaan. We voeden niet langer de vergeten vrouwen en kinderen van Nepal: we maken ze sterker. Daar had niemand om gevraagd.

Om onze deuren open te houden en onze kinderen te kunnen beschermen, onderhandelen we met de ambtenaar. Hij gaat ermee akkoord om het meisje vrij te laten en de familie te betalen voor haar opleiding. In ruil daarvoor trekken wij de aangifte in. We sluiten een dealtje net als alle anderen, werken met het gebroken systeem net als alle anderen. Ik ben niet bang voor de Maoïsten, maar ik ben wel bang om onze kinderen kwijt te raken.

Maya ziet me huilen in de hoek van de keuken op de ochtend

dat we de deal sluiten. Mijn tranen verdampen in wolkjes naar het plafond en echoën door de gangen: een afschuwelijke mengeling van schaamte en opluchting. Ik vertel haar dat het allemaal goedkomt, ook al is het een belofte waarvan ik weet dat ik haar niet kan waarmaken. Voor het eerst ziet mijn dappere dochter er bang uit, alsof ze net beseft heeft dat haar jeugd te koop was.

8

KLEINE VLEUGEL

Lieve S,
Je was een van de kleine kinderen in dit huis maar bent uitgegroeid tot een sterke, competente jonge vrouw. Het voelt alsof je van het ene op het andere moment volwassen bent geworden.

– M

Halverwege de zomer gaan de vrijwilligers en collega's die met ons werken weer naar huis. In dit werk lijkt iedereen uiteindelijk weer naar huis te gaan. Iedereen behalve ik. Ik droom er nu vaak over. Tijdens de korte rustmomenten dat niemand mij roept, aan mij vastgekleefd zit of kwaad op me is, lig ik op mijn rug op bed onder het muggennet en kijk ik hoe het danst en opbolt. Ik leg mijn hand op mijn hart en doe net alsof ik heel ver weg ben: in een fijne buurt met een auto die het doet, in een leven met minder verantwoordelijkheden en meer tijd, met een goede vent die van me houdt. De vrienden die ik heb ontmoet tijdens mijn tussenjaar zijn klaar met studeren, krijgen hun eerste baantjes en gaan trouwen. Slechts een herinnering, omhuld in een lijst van Crate & Barrel boven een warme open haard. Ik wil zijn waar zij zijn: op een veilige locatie met groen gras en geplaveide straten. Het is een geheim dat me met huid en haar verslindt. Ik doe het werk waar ik bewust voor heb gekozen, leef het leven waar ik bewust voor heb gekozen, maar ik was er totaal niet op voorbereid. Ik ben jaloers op het briesje dat kan komen en gaan door het raam: onzichtbaar, onaantastbaar, gemaskeerd door het niets, helemaal zichzelf. Hoe meer ik wil verdwijnen, hoe zichtbaarder ik word.

In Amerika begint BlinkNow steeds sneller te groeien. Nicholas Kristof, een journalist van de *New York Times*, schrijft een artikel over ons en er komt een fotografe naar Nepal om foto's te maken. Ze draagt een witte broek en witte schoenen. Surkhet is ontzettend modderig, maar ze is vastbesloten om een perfecte, door de zon verlichte foto te schieten van mij en de kinderen voor de smaragdgroene heuvels. Ik draag mijn favoriete kurta en doe mijn haar, een blond bosje stro, in een paardenstaart. We trekken door de drassige velden op zoek naar het juiste plekje terwijl de kinderen hun best doen de neiging om met hun buikjes door de derrie te glijden te weerstaan. Ik bewonder de uren die ze bezig is met de voorbereidingen en het regelen van het juiste zonlicht voor de shoot en vertel haar dat elke foto die zij leuk vindt vast wel goed genoeg is. Verbaasd zet ze haar zonnebril op het puntje van haar neus.

'O, lieverd, weet je het nog niet? Dit is voor de cover van de zondagse *New York Times* en het tijdschrift!

In één klap valt mijn jeugd als een dode huid van me af. Maar volwassenheid, en vooral het vrouw-zijn, voelt nog steeds teer, rauw en gloednieuw.

Het debuut in de *New York Times* is enorm. Ik ben geen kind meer op een zak Doritos dat liefde en goede daden verspreidt. Ik ben een volwassene met een succesvolle liefdadigheidsorganisatie. Ik word gerespecteerd en ben verantwoordelijk, sta open voor complimenten en kritiek. Forbes 400 nodigt me uit als spreker tijdens hun jaarlijkse bijeenkomst, meer kranten schrijven verhalen en ik word uitgenodigd voor een cruise voor twintig- en dertigjarige ondernemers genaamd 'Summit at Sea'.

Dankzij alle publiciteit wordt BlinkNow ineens heel bekend. Onze grootste dromen worden ineens werkelijkheid en we weten niet wat ons overkomt. Tope is door het dolle heen. Mijn ouders zijn door het dolle heen. Ik heb geen idee waar ik mee bezig ben, maar blijkbaar doe ik het goed, als ik de meeste grote Amerikaanse media mag geloven. We worden overspoeld met persverzoeken, donaties en belastingdocumenten. We hebben geen hr- of publiciteitsafdeling. 'We' zijn mijn vader, ik en een bestuur waar ik nog steeds niet mee kan praten zonder zenuwachtig te worden. De stichting wordt bestuurd vanuit dezelfde keuken waarin we begonnen en deelt de ruimte met een zoutvaatje en een keramieken koekjestrommel in de vorm van een haan.

Mijn vader belt me in juni en vraagt me om terug naar huis te komen om te helpen. Ik voel me opgelucht. Libby zegt dat ze bij de kinderen blijft en moedigt me aan om terug te gaan naar de Verenigde Staten om even bij te tanken.

In juli 2012 duik ik in het normale leven van Amerika zoals ik zes jaar geleden in het vreemde Nepal was gedoken. Ik eet bevroren pizza's van Whole Foods, slaap uit, lig uren in een bad vol schuim en steek een kaars aan die ruikt alsof hij 'LAVENDEL!!!!!!!' zou moeten heten met alle zeven uitroeptekens. Ik trek chique jurken aan en voel me mooi. Ik houd een presentatie bij *Forbes* na Bon Jovi en voor Oprah. Ik haal geen geld op zoals iedereen verwacht, maar ik heb wel zin in de toekomst. Ik ontmoet een knappe man genaamd Shane die me mee op date neemt en me zijn vriendinnetje noemt en me geliefd laat voelen. Voor het eerst sinds tijden voel ik me weer een normaal mens. Het voelt fijn dat iemand mijn hand vasthoudt als ik de straat oversteek. In Amerika kan ik komen opdagen en tegelijkertijd verdwijnen. Er worden geen stenen door mijn raam gegooid, ik hoef geen aanmeldingen voor school door te lezen, er zitten geen luizen in mijn haar en er zijn geen Maoïsten, in elk geval niet in New Jersey. Ik voel alles wat je hier zou willen voelen.

Maar net als met alle sprookjes, komt ook hier een einde aan.

Mijn ouders maken ruzie. Steve en Nancy, ooit zo met elkaar verbonden in hun zoektocht naar een gelukkig, gezond gezin, hebben niets meer met elkaar gemeen nadat het gezin vertrekt. Nu Kate, Libby en ik het einde van hun relatie niet meer uit kunnen stellen, eindigt ze snel en bitter. Ze lopen chagrijnig door het huis en lang voordat ze de moed bijeenrapen om het mij te vertellen, weet ik al dat ze gaan scheiden. Terwijl mijn vader bonnetjes en opdrachten doorleest aan de keukentafel, moet ik onder ogen zien dat mijn keuze om de wereld op zijn kop te zetten, ook hun wereld op de kop heeft gezet.

BlinkNow is te groot en te druk voor ons alleen. We raken in paniek en weten niet wat we moeten doen. Ik bel Kim Wentworth, mijn inmiddels goede vriendin en mentor en de vrouw die mijn eerste investering al die jaren geleden had verdubbeld. Ze heeft succesvolle ondernemingen gehad, eet salades als een koningin en lijkt de wereld altijd een stapje voor te zijn. We maken een wandeling in Jockey Hollow Park en ik stort mijn hart uit bij haar. Ik krijg de woorden amper over mijn lippen en weet me nog maar amper staande te houden.

'Maggie, het klinkt alsof het tijd wordt om BlinkNow uit het huis van je ouders te halen en het te gaan behandelen als de echte, ongelooflijke, succesvolle liefdadigheidsinstelling die het is. Ik denk dat ik wel weet met wie je hierover kunt praten. Ik ga je in contact brengen met Hans Dekker,' zegt ze. 'Je kunt dit. Wij kunnen dit.'

Ik knik, vooral omdat dat voelt als iets wat ik nu zou moeten doen. Ruikend naar essentiële oliën stapt ze in haar onberispelijke witte Prius en rijdt weg.

Hans Dekker belt me vrijdagochtend vroeg, wanneer ik in de trein naar New York City zit. Hij is erg betrokken bij filantropische projecten in New Jersey en hoewel ik 'filantropisch' amper kan uitspreken, weet ik dat ik hem aan onze kant wil hebben. Hij helpt kleine non-profitorganisaties en bedrijven en projecten zoals die van mij en heeft een prachtig kantoor in een oud victoriaans huis midden in Morristown. Hij is warm, vriendelijk en komt meteen ter zake.

'Maggie! Ik heb het perfecte kantoor voor je boven. Je mag er maandag in.'

Ik bedank hem uitvoerig, minstens tien keer, en wacht tot het einde van het gesprek om het belangrijkste detail te bevestigen.

'Dus, meneer Dekker, het is gratis?'

'Ja.' Hij lacht. 'Helemaal! Zolang je ons kunt verdragen.'

Ik pak de computer, de printer, de emmers en stapels papierwerk, de harde schijven en de kabels in en stop ze in mijn oude barrel. Ik geef mijn vader, 's werelds toegewijdste vrijwilliger, een stevige, lange afscheidsknuffel. Het voelt een beetje alsof ook ik van hem ga scheiden.

'Ik ben trots op je,' zegt hij zachtjes tegen me. Mijn hoofd ligt op zijn borst zoals het hoofd van Namraj normaal op de mijne ligt.

'Bedankt voor alles. Ik hou van je.'

Ik dwing mezelf om hem los te laten en stap in de auto. Toeterend rij ik de oprit af. Het is het afscheid van het uitwonende kind dat we nooit hebben gehad.

De Community Foundation is een prachtig oud gebouw dat uitkijkt op een oud prieeltje en een groot, groen grasveld in New Jersey. Het lijkt rechtstreeks uit een boek van Jane Austen te komen en het is de mooiste locatie die ik ooit heb gezien. De 'kleine vleugel' waar BlinkNow zich zal gaan vestigen, voelt enorm. Een oude eiken trap leidt naar boven naar het kantoor met hardhouten vloeren, antieke meubels en een toilet. Het heeft grote ramen en een hoog plafond en mijn voetstappen galmen door de ruimte als ik de kamer in loop. Het voelt als een nieuw begin. Ik voel me klaar voor het leven dat ik ga leiden.

Nu we een kantoorruimte en een koffieautomaat hebben, behandel ik BlinkNow als de carrière die het is. Ik kom elke dag fris gedoucht en met mijn haar in een staart naar het werk om aan de slag te gaan. Ik neem de trap naar de 'grote vleugel' om met mijn andere collega's met een non-profitorganisatie te praten, ik gebruik de keuken en leer hoe de moderne printers werken. Als ik niet meer weet wat ik moet doen, loop ik naar het kantoor van Hans en vraag ik hem om advies.

Hij luistert vriendelijk en geduldig, zelfs als ik op een dag opbiecht dat ik niet de tijger ben die hij denkt dat ik ben. Ik ben verdwaald. Ik ben nog steeds aan het leren. Ik ben klaar om te leren, maar ik weet niet goed waar ik moet beginnen.

'Het feit dat jij je zo voelt en dat je het durft uit te spreken, is precies de reden waarom jij hier thuishoort.' Hij schenkt me een liefdevolle glimlach. 'Je hebt alleen meer hulp nodig. Je kunt niet alles zelf blijven doen.'

Hij leunt achterover in zijn krakende bureaustoel en staart lang uit het raam naar de groene velden.

'Weet je, ik heb het tijdens het eten met mijn vrouw Ruth over je gehad,' zegt hij. 'Zij heeft haar hele carrière met non-profitorganisaties gewerkt. Onze meiden worden ouder en ik denk dat ze zin heeft om weer ergens haar tanden in te zetten. Ik moet jullie eens aan elkaar voorstellen. Ik denk dat jullie het prima met elkaar kunnen vinden.'

Ik ontmoet Ruth drie dagen later en bied haar direct een baan aan. Haar ogen sprankelen. Ze gloeit bijna. Ze is beeldschoon, heeft haar zaakjes op orde en straalt meer warmte en positiviteit uit dan wie dan ook. Onze 'sollicitatie' is meer een wanhopige smeekbede van mij om hulp. Ze sluit zich aan bij BlinkNow als onze eerste operationeel directrice ooit, voor het bescheidenste salaris dat een operationeel directeur ooit heeft gehad. Ze is onze eerste officiële medewerker. Ik heb een partner in de Verenigde Staten. BlinkNow bestaat nu uit twee werknemers.

De daaropvolgende maand lijmt Ruth de kapotte onderdelen van de stichting weer aan elkaar. Ze doorzoekt de dozen vol met papierwerk en digitaliseert alles. Ze zet mij weer in elkaar en geeft me complimenten: ze herinnert me eraan dat ik capabel en competent ben en dat ik hier thuishoor. Ze is vooral een mentor: een levend voorbeeld van hoe ik graag zou willen zijn en soms voelt ze een beetje als mijn grote zus. Ze staat naast me tijdens evenementen en toespraken en neemt alles op zich: van het klaarleggen van mijn kleding, tot het inpakken van een lunch en snacks en het delen van haar lippenstift voor een belangrijk interview. Als ik het even niet meer weet, blijft zij rustig. Terwijl zij liever achterin zit, kan ik het woord nemen. We zijn het ideale koppel. Tope is het ermee eens. Zelfs Hans is het ermee eens. Ruth is krachtig. *Wíj* zijn krachtig en ik omarm het.

We breiden het bestuur uit voordat ik terugga naar Nepal en tijdens de vergadering wordt besloten dat ik mijn eerste salaris moet ontvangen als CEO en oprichter van BlinkNow: 20.000 dollar per jaar. Ik protesteer, maar het bestuur staat erop. Ze staan er eveneens op dat we een ziektekostenverzekering afsluiten. Gezien de stress en parasieten die komen kijken bij mijn werk, ben zelfs ik het daarmee eens. In het begin voelt het ongemakkelijk, maar ik ben zesentwintig en blut. Mijn tanden vallen uit mijn mond. Ik kan mijn ouders niet meer om geld vragen. Ik luister naar een TED Talk van Dan Pallotta, de godfather van het geven (alleen ik noem hem zo), een echte titan in de wereld van de nonprofitorganisaties. Hoe meer ik leer over de industrie van nonprofitorganisaties, hoe meer ik begin in te zien dat dingen als overheadkosten onterecht een negatieve reputatie krijgen. Een beetje groeikapitaal is het duurzaamste wat een organisatie kan krijgen van een investeringsmaatschappij.

Ik zet mijn trots opzij en laat me voor het eerst evalueren als CEO. Ik krijg meer coaching en hulp en leiderschapstraining. Ik voel me niet alleen een volwassene, ik ben het ook. En voor het eerst in heel lange tijd kan ik het me veroorloven om naar de bioscoop te gaan en kan ik nieuw ondergoed kopen bij Walgreens.

Als laatste klap stort mijn relatie met de knappe Shane in elkaar. Hij merkt dat ik tussen twee werelden in zit en we weten allebei in welke wereld ik thuishoor. Het eindigt heel voorspelbaar in een vurig inferno. Ik huil mezelf in slaap in de slaapkamer waar ik al vanaf mijn dertiende in heb geslapen. Ik rouw om Shane en Maggie, Nancy en Steve, Juntara en Pampa, Amerika en kindertijd, het leven dat ik had kunnen hebben. Ik kijk om me heen naar de blauwe muren die zachtjes gestreeld worden door de straatlantaarns buiten, de hebbedingetjes en het versleten tapijt. Ineens is het een ruïne van mijn jeugd, geen schrijn ter ere van die jeugd. Voetbalprijzen waarvan ik vroeger altijd dacht dat ze van goud waren, zijn zo duidelijk van plastic dat ik er van schaamte bijna niet naar kan kijken. De ruwe teddybeer die al mijn tranen heeft geabsorbeerd lijkt geen plek meer te hebben voor mijn zorgen als ik mijn hoofd in zijn buik begraaf.

Ik dacht dat ik vrede kon vinden op de plek waar ik altijd thuis had gehoord, maar dit is mijn thuis niet meer. Thuis is waar mijn kinderen zijn, waar de ochtendzon hun wangen streelt en ze wakker kust, waar ik kleine kikkers en dode libellen krijg in de tuin, waar het leven zo moeilijk en zo kostbaar is.

Ik weet nu waar ik thuishoor, ook al is dat nooit makkelijk.

9
BOKSI

Lieve Grote K,
Als je ziet dat ik me zorgen maak, zeg je altijd: 'Maak je niet druk, het komt allemaal goed', en de manier waarop je dat zegt, is altijd geruststellend. Waar je ook heen gaat en wat je ook doet: ik ben er altijd voor je.

– M

Tope haalt me met de jeep op van het vliegveld. Hij is somber en zit rechtop als een tekenfilmfiguurtje in een auto. Het is nogal een domper op mijn sterke, Amerikaanse dosis girlpower.

'Hoe was je reis?' vraagt hij, maar hij lijkt niet erg geïnteresseerd in hoe druk het was in het vliegtuig of wat ik heb gegeten tijdens mijn overstap.

Langzaam, langzamer dan normaal, rijden we door Surkhet. Het is stil op de markt. De straten zijn gestript van hun geluiden en kruiden. Mannen met wapens leunen tegen het standbeeld van koning Birendra dat omgegooid op de grond ligt. Een treurig uitsteeksel van kapot beton is het enige wat nog rest op de plek waar zijn standbeeld ooit stond: koud en roerloos, zonder zijn enorme arm vol kinderen. Het vuilnis ligt in grote bruine stapels te koken op de stoep. Ik zie nergens vrouwen.

'Wat is er aan de hand?' vraag ik aan Tope.

'Maggie...' Hij ademt zo lang in dat het hem lijkt uit te putten. 'Het wordt erger.'

De bandhs zijn weer begonnen. De regering en de Maoïsten vechten met elkaar. De Maoïsten vechten onderling met elkaar. De kinderen en tantes hebben het terrein maar een paar keer kunnen verlaten: één keer om in de rij voor rantsoenen te gaan staan omdat ons eten te laat werd geleverd en nog een paar keer toen de school daadwerkelijk open mocht. Verder is er vrijwel niemand komen opdagen, de leraren incluis. Het meldcentrum is nog nooit zo druk geweest. Tope maakt zich niet snel zorgen, maar hij is wel een voormalige vluchteling. Zolang zijn herinneringen blijven hangen, doet de dreiging van geweld dat ook. Het is een mist die steeds dichter bij ons lijkt te komen, maar die altijd dicht bij hem blijft.

'Er verschijnen vaker mannen bij het huis,' zegt hij. 'We moeten voorzichtig zijn. Maggie, jij moet voorzichtig zijn.'

In september komt een van onze slimste meiden, Shirisha, niet meer naar school. Ze is een uitstekende leerling die snel antwoord geeft en barst van de verhalen en de geintjes. Ze is een kei in badminton en de beste vriendin van Karma, Rupa en Goma. De ene dag wil ze verpleegkundige worden, de volgende dag Taylor Swift. Ze is de ultieme veertienjarige: geobsedeerd door haar vriendinnen en haar school en ze begint zich net een voorstelling te maken van de toekomst. Ze was zo'n aanwezig deel van onze gemeenschap en toen was ze ineens weg.

Na een paar dagen gaan we bij haar langs, de oudere meiden en ik. We rijden voorbij de gele velden en verwaande koeien naar haar dorp. Na even rondvraag te hebben gedaan, vinden we haar in een hutje met haar nieuwe schoonzus. Ze is getrouwd. Kil en afstandelijk vertelt ze ons over de indrukwekkende man met wie ze is getrouwd. Hij geniet veel respect in het dorp en ze houdt heel veel van hem. Ze gaat niet meer terug naar school. Ze gaat in het huis van haar man leven waar ze eten kookt en het huishouden op zich neemt.

'Ik ben nu een echtgenote.' Ze zegt het met meer opstandigheid dan trots, meer woede dan liefde. Ik weet niet wat er is gebeurd met het meisje dat liedjes zong op het podium op school en in het ziekenhuis wilde werken.

De meiden smeken haar om met ons mee naar huis te gaan. Ze knuffelen haar en snikken, smeren haar tilak uit over haar voorhoofd en huilen in haar haren. Ze duwt de meiden weg.

'Ik wil dat jullie weggaan,' bijt ze ons toe.

'Je bent pas veertien. Je bent te jong om te weten wat je wilt,' bijt ik terug.

Haar schoonzus kijkt toe. Als een wolf zit ze in de hoek: grommend en stil. Karma en Rupa pakken Shirisha beet, maar ze wurmt zich los. We proberen haar huilend in de auto te zetten voor een gesprek met een begeleider, maar ze weigert. We proberen alles. We zeggen alles.

'Kinderhuwelijken zijn illegaal.'

'We houden van je.'

'We kunnen je helpen.'

'Je hoeft hier niet te blijven, Shirisha. Je bent te jong om te trouwen. Je kunt naar school en...'

Maar het interesseert haar niet.

Voordat we ons verhaal kunnen afmaken, draait ze zich om en rent ze weg. Ik neem de meiden mee naar huis. We kunnen niets doen.

Dagen later krijgen we in Kopila een uitnodiging. De dorpelingen nodigen ons uit voor een vergadering om Shirisha's huwelijk te bespreken en ik ga erop in.

De rit naar het dorp is aangenaam en niet te lang. Ik ga dit keer alleen, in de hoop dat ik iets kan bereiken bij de dorpsoudsten. Ik ruik de mosterdplanten die nobel naar me buigen wanneer ik ze passeer: ze zijn zwaar met hun zaadjes en stervormige bladeren. Een stoet bruine koeien loopt voor me de weg op: hun heupen steken uit en rollen als tandwielen met huid eroverheen gespannen. Een voor een stoppen ze om water te drinken uit een rubberen bak en dan vertrekken ze weer. Zodra ze vertrekken, zie ik dat het dorp leeg is.

Er staat niemand in de velden. Hier klopt iets niet. De boekweit is pluizig en moet nodig gemaaid worden en vorige week stonden overal arbeiders. Ik parkeer naast een paar geiten met amberkleurige ogen. Ze begroeten me met groen schuim dat van hun lippen in hun sik druipt.

Een vrouw plukt een krijsende baby van de grond. Hij pakt nog een laatste handje vol droge aarde en kijkt geboeid toe hoe het door zijn vingertjes glijdt. De vrouw kijkt me even aan voordat ze een hutje in duikt. Haar ogen zijn een waarschuwing: zo zwart als koffie en smekend. Ik begrijp niet goed waarom ze zo naar me kijkt.

Tegen de tijd dat ik ze zie, is het al te laat.

'*Boksi!*' ('Heks')

'*Kukurni!*' ('Trut')

Mijn ademhaling is het luidste geluid op aarde en de tijd vertraagt. Ik trek me terug naar de binnenkant van een bunker in mijzelf waarvan ik niet wist dat hij bestond. De mannen komen van alle kanten aanzetten, meer een optocht dan een menigte. Hun gezichten zijn hongerig en kalm, als een kudde vleesetende wezens uit de berg.

Help. Help. Help.

Ik wil schreeuwen, maar ik doe het niet. Ik kan het niet. De stof bij mijn nek scheurt luidruchtig. Een van de mannen zwaait er vrolijk mee rond: als een kind met een vlieger. Er zijn ook vrouwen bij, op de achtergrond. Ik kijk ze aan met een smekende blik in mijn ogen.

'*Boksini!* Boksini!' schreeuwen ze. 'Jij heks. Ga naar huis.'

Protesterend tegen de handen die me vastpakken, de gebalde

vuisten en wijzende vingers, duik ik in elkaar. Iemand begint te lachen, te krijsen als een vogel en ik hoor meer stof scheuren en voel meer lucht tegen mijn huid. Ik probeer alle woorden en zinnen aan elkaar te lijmen. Dat ik hun cultuur respecteer en wegblijf van plekken waar ik niet zou moeten komen. Een jochie van ongeveer veertien jaar oud, net zo oud als mijn oudste jongens, steekt zijn nek uit en spuugt op me. Ik zie het plezier in zijn ogen.

Ergens diep vanbinnen wist ik dat dit zou gaan gebeuren. Misschien niet vandaag, maar vroeg of laat wel. Niemand heeft me gevraagd om hierheen te komen en dit werk te gaan doen. Ik heb er honderden keren vraagtekens bij gezet. Misschien kan ik beter vertrekken?

Maar nog steeds staan er meisjes in de rivier om stenen te breken. Nog steeds zijn er meisjes die nooit van zichzelf kunnen zijn. Nog steeds zijn er meisjes die geloven dat ze onzichtbaar zijn, maar ze staan in mijn geheugen gegrift.

De hemel krimpt tot een blauwe streep terwijl meer burgers met wilde ogen komen kijken hoe ik in elkaar duik. Ineens reiken twee sterke armen naar me. Ik weet niet zeker waarom ik ze vertrouw, maar ik doe het toch. Misschien omdat ze van een vrouw zijn. Ik laat me door de gespierde stroming meevoeren door de menigte heen naar een koel, donker huis. Het heeft minder dan vijf minuten geduurd. Het leken wel uren.

'Je mag hier wel wachten, didi. Maak je maar niet druk om hen,' stelt ze me gerust. Ze slaat een metalen deur dicht en haalt haar schouders op alsof de mishandeling die net heeft plaatsgevonden gewoon een of andere rare hobby is.

Ik blijf maar trillen. Ik pak mijn telefoon en bel de politiechef die ik op dit moment onder een sneltoets heb zitten. De vrouw zingt voor me en bedekt wat nog over is van mijn gescheurde kleding met haar rode shawl. Haar rijstkoker sist en haar kinderen kijken stilletjes vanuit de hoek naar me, als een paar bij elkaar passende poppen. Na een paar minuten vraagt een van hen me heel verlegen hoe het kan dat ik zo bleek ben.

Ik ben zo dankbaar dat ze me laat glimlachen dat ik wel kan huilen.

De menigte begint langzaam haar interesse in me te verliezen, precies zoals de vrouw al had beloofd. Het geschreeuw zwakt af tot gesputter en verstomt dan volledig. Het enige bewijs dat er iets heeft plaatsgevonden is een stuk stof en een paar stenen. Uiteindelijk komt de politie langs om me naar huis te brengen. Ik bedank de vrouw en ren naar de politiejeep terwijl de zon de horizon raakt. Ze zeggen dat de aangifte die ik heb gedaan tegen het kinderhuwelijk geen zin heeft omdat Shirisha en haar familieleden allemaal instemmen met het huwelijk.

Als Tope me ziet, kijkt hij opgelucht maar ernstig.

'Ik weet niet hoe vaak ik je nog moet vertellen dat je sommige dingen moet laten gaan. Sommige gevechten kun je niet winnen. Je moet beter nadenken voordat je ergens energie in stopt. Je hebt immers veel te verliezen! En wat heeft het voor zin?'

Hij draait zich om en gaat naar zijn kamer.

In de koude douche, terwijl ik de aarde en het vuil en het spuug van me afschrob, begin ik eindelijk te huilen. Tope heeft gelijk. Dit is niet de eerste keer dat ik me heb bemoeid met iets wat ik eigenlijk met rust had moeten laten. Ik heb ruziegemaakt met dronkenlappen die hun kinderen sloegen en die me waarschijnlijk zonder aarzeling zouden slaan. Ik ben mishandeling, verwaarlozing en geweld altijd aangegaan met dezelfde woede en afkeer die vandaag over mij heen is uitgestort. Misschien moet ik dingen aan de politie overlaten? Maar als ik er niet ben, komen zij niet opdagen. Misschien moet ik leren om het los te laten? Maar hoe dan? Hoe loop je weg als een ander mens je om hulp smeekt? Hoe kun je niet eens proberen om diegene te helpen? Ik kan ervoor kiezen om de confrontatie aan te gaan met de monsters die deze gemeenschap vergiftigen of ik zal moeten leren leven met de geesten van hun slachtoffers. Het idee dat een andere vrouw de mond gesnoerd wordt en dat ze wordt teruggestuurd naar een man die haar dood zal slaan, kan ik niet aan. Ik kan het idee niet aan dat nog een jong meisje wordt gedwongen om te trouwen met haar verkrachter. Maar hoe harder ik mijn best doe om het op te lossen, hoe meer het me opbreekt.

Het water stroomt van mijn vingertoppen. Ze trillen. Het voelt alsof mijn handen al jarenlang trillen. Elke keer dat de telefoon overgaat of dat ik ga liggen om te gaan slapen of een kreet van plezier of pijn hoor in de verte zie ik in mijn hoofd de vormen van duizenden blauwe plekken. Mijn gedachten tollen door elkaar heen totdat ze me ziek maken. Ik kan zo niet doorgaan, maar ik kan ook niet stoppen.

Als ik Karma en Nisha die avond naar bed breng, vragen ze me naar de bespreking en ik vertel ze dat ik niets kon doen. Shirisha wil trouwen en haar familie gaat akkoord. Ze hebben zelfs een nieuw geboortecertificaat om juridisch af te dekken dat ze oud genoeg is om te trouwen. We kunnen haar niet dwingen om te vertrekken als ze dat niet wil. We moeten het loslaten en hopen dat het goed met haar gaat. Ik zie de teleurstelling op hun gezichten. En ik voel het in mijn maag.

'Bedankt dat je het hebt geprobeerd, mam.' Karma glimlacht droevig.

Rupa geeft me een stevige knuffel en ik vraag me af wat ik anders had kunnen doen. Ik voel me een schim van de krijger voor wie ze mij aanzien. Ik kijk hoe mijn kinderen in slaap vallen en beloof mezelf en hun stilletjes dat ik mezelf nooit, maar dan ook nooit meer in zo'n positie zal brengen.

De volgende ochtend word ik wakker, was ik mijn gezicht,

kleed ik me aan en help ik Bauju om de kleine kinderen aan te kleden.

Ik vertel niemand wat er in het dorp is gebeurd, hoe bang ik was, hoe dom het was om daar alleen naartoe te gaan en hoe mijn stem vergat om te schreeuwen toen dat nodig was. Elke dag weer vertel ik aan mijn meiden dat ze sterk moeten zijn en hun stemmen moeten gebruiken, terwijl de mijne trilt in mijn keel. Elke avond weer, alleen in mijn bed, ontleed ik mijn ervaringen in het dorp. Ik denk aan de gezichten, de boze gezichten, de stenen in de handen, het koude weer en de enge, onheilspellende stilte. Voor het eerst begrijp ik de verontrustende stilte in ons meldcentrum: de vrouwen en kinderen die onverstoorbaar en kil binnenkomen, schuilend in zichzelf. In deze wereld van meisjes en echtgenotes is het gevaarlijk om een vrouw te zijn. Het kan je zelfs fataal worden.

In oktober 2012, net als we het niet verwachten, begint het hevig te regenen. Brokstukken van de berg glijden weg in de aarde en begraven stukken bos alsof het schatten zijn. De rijstvelden overstromen en de jongens glijden op hun buik door de modder en proberen harder te schreeuwen dan het weer. De school sluit voor Dashain en als de storm eindelijk gaat liggen, bereiden we ons allemaal voor om te gaan werken op ons nieuwe land. Op een dag wordt dit het nieuwe thuis van de Kopila Valley Campus.

En dan duikt het perfecte stuk land op waar ik al vier jaar van heb gedroomd voor onze groeiende school. Onze organisatie koopt het in mei: een groot, zonovergoten perceel met uitzicht op de groenste hoek van de vallei. Er staat een kleine gouden tempel in de schaduw van krachtige bodhibomen en er stroomt een kabbelend beekje over gladde zwarte stenen. Er zijn weides waar onze dieren in kunnen grazen, op veilige afstand van kleine handjes en vliegende voetballen. De grond is zo vruchtbaar dat het elke keer als we met de zeis erop slaan in opstand komt. Met een paar dagen zijn de planten al hoger, steviger en geuriger. Onze jungle is een unieke groene planeet. De stress van de bandhs, de zorgen en de gezichten van de vrouwen en kinderen kunnen ons niet bereiken door al dat groen heen. We zijn verloren jongens en meiden, architecten van wilde dromen en meesters van een groen, eindeloos universum. BBC zegt dat het hem aan *Jurassic Park* doet denken. Kleine Bishal is het daarmee eens, hoewel hij nog niet oud genoeg is om die film te mogen kijken. Ze gaan met hun zelfgemaakte pijl en boog de bosjes in, op zoek naar dinosaurussen. Sabita en de kleine meisjes doen alsof ze feetjes zijn en vliegen langs de fruitbomen.

Hier ben ik vervuld met hoop. Hier vergeet ik de bandhs, wat er met me is gebeurd in het dorp en wat het betekent om een vrouw te zijn. Na het onderzoek hebben de kranten het er niet meer over gehad en na één blik op onze procedures en documentatie bleek dat geen enkele van de valse beschuldigingen aan ons adres klopte. Sterker nog, het heeft ons geholpen om alert te blijven en te zorgen dat we meewerkten en transparant bleven. De gemeenschap leek opnieuw aan onze kant te staan en ontving ons weer met open armen, alsof we op de een of andere manier hadden bewezen dat we een beetje druk wel aankonden en dat we nergens heen zouden gaan. Ons Nepalese team werd steeds groter en daardoor kregen we meer bondgenoten en vertegenwoordigers in de gemeenschap.

De fruitbomen op ons nieuwe land zijn weelderig en hangen bijna helemaal vol met guaves, papaja's en roze lychees. Shanti en Maya plukken fruit en besjes van de beweeglijke takken en verstoppen ze onder hun rokken. De grote meiden, Karma, Rupa, Nisha, Anjali en Goma zitten schaterlachend onder de takken waar ze praten over Justin Bieber en Akshay Kumar, die me aan een Bollywood-versie van Don Draper doet denken. Goma is fan van Bieber, Karma en Nisha zijn voor altijd team Kumar. Ze worden ouder. Hun lichamen zijn zachter en hebben rondingen en ze worden hier niet langer als kinderen gezien. De kleine meisjes met wie ze speelden in hun dorpen zijn getrouwd en hebben nu kinderen. Al snel zullen we samen het gewicht van het vrouw-zijn dragen. Ik denk dat ze beseffen dat onze leeftijden best dicht bij elkaar liggen. Ik word minder een moederfiguur voor ze en meer een soort grote zus.

Een paar meter verderop voeren de tantes een stille, gewichtige discussie terwijl we allemaal stenen verzamelen om een muur te bouwen. Ze kijken naar de meiden en fronsen met samengeknepen, bezorgde ogen en ik hoop dat zij ook een eerlijk gesprek hebben over het kapsel van Justin Bieber.

Tara, een van de nieuwere zorgverleners, een lieve vrouw van in de veertig, raakt zachtjes mijn arm aan.

'Mevrouw Maggie,' zegt ze, en ze haalt diep adem. 'We kunnen de meiden niet zo in de buurt van de bomen laten komen.'

Ze steekt een vermanende vinger op naar Karma, die hartelijk zit te lachen.

Tara's ogen worden zo groot als schoteltjes en op zachte toon zegt ze: 'Je weet wel... Omdat ze menstrueren.'

In het middenwesten van Nepal worden vrouwen en meisjes als onrein gezien wanneer ze ongesteld zijn: dragers van plagen, ziektes en vloeken. Er zijn een aantal strikte regels, *chhaupadi*, die vrouwen moeten volgen. Als vrouwen menstrueren mogen ze niets in het huishouden doen. Ze mogen het eten of de watervoorraad niet aanraken. Ze moeten buiten slapen in een schuur of bij de koeien. Ze mogen tempels of scholen niet betreden en ze mogen familieleden, vooral mannen, niet in de ogen kijken. Zelfs kersverse moeders, die nog bloeden van de geboorte, moeten buiten wachten tot het stopt. De regering heeft chhaupadi in 2005 verboden, maar het gaat gewoon door. De meiden van twaalf en dertien missen nog steeds lessen als ze bloeden en in de kranten vind je nog steeds verhalen van vrouwen die zijn gestorven omdat ze te veel rook hebben geïnhaleerd terwijl ze lagen te slapen in een schuurtje. Een van onze eigen peuters sterft in een chhaupadi-hut waar ze sliep met haar tante. We komen niet op tijd aan in het ziekenhuis. Het breekt mijn hart.

Nisha leunt met een Harry Potter-boek tegen de pruimenboom en Tara hapt naar adem. Ze ziet eruit alsof ze van pure stress elk moment in tranen kan uitbarsten.

'Toe nou, dit klopt niet. Maggie, de goden zullen kwaad worden. Er kunnen heel nare dingen gebeuren.' Ze begint te trillen alsof er een demon uit haar wordt gedreven.

'De bomen trekken dit wel, didi,' stel ik haar gerust. 'Wij geloven daar hier niet in.' Ik begin feitjes af te ratelen over het vrouwelijke voortplantingssysteem en moderne tijden en het feit dat we de hygiëne kunnen waarborgen met maandverband en ondergoed. Ik probeer uit te leggen dat cultuur en religie en de waarheid soms met elkaar worden verward, maar het is lastig om dit soort opvattingen af te breken. De tantes zweren dat elk ellendig voorval wordt veroorzaakt door de meiden die de menstruatieregels overtreden. Mijn woorden bieden geen soelaas en Tara loopt weer weg.

Deze vrouwen zijn niet dom: ze kunnen alleen niet lezen en schrijven. Het enige verhaal over het vrouw-zijn dat zij kennen is door een man aan hen verteld. Er is een enge sjamaan die af en toe naar het huis komt om te schudden, rijst te gooien en 'ons allemaal te reinigen'. Ik probeer respectvol te blijven, maar hoe ouder onze meiden worden en hoe meer vrouwen sterven tijdens chhaupadi, hoe moeilijker dat wordt. De laatste keer dat de sjamaan langskwam, trok ik het niet meer. Ik liep naar de medewerkersruimte waar de tantes zaten, net toen hij ze wilde bedekken met rauwe, hete rijst, en ik begon te schreeuwen. Tegen hen allemaal.

‘De meiden gaan niet met de geiten slapen. Ze mogen gewoon eten koken in de keuken, en naar de put en naar het fruitbos. Ik vind het belangrijk om de cultuur te respecteren, maar autonomie doet er ook nog toe.’

Voor het eerst in onze geschiedenis samen ging ik tekeer tegen de tantes.

‘Als jullie je ceremonies willen uitvoeren is dat geen probleem, maar niet op ons terrein! Jullie jagen de kinderen de stuipen op het lijf.’

Ik denk dat maar een paar van hen het me hebben vergeven.

Onweer dondert traag en onheilspellend boven de bergen en het begint te regenen. Met haar handen voor haar borst zingt Anjali het refrein van ‘Baby’ van Justin Bieber en danst ze op het geluid van haar eigen stem. Al snel doen de anderen mee. De meiden zijn dol op zingen en dansen en om de een of andere reden zijn ze er allemaal goed in. Een dolk van bliksem doorboort de heuvels en ik denk opnieuw aan hoe gevaarlijk het is om hier een vrouw te zijn.

Die dag in de boomgaard blijft hangen, net als die dag in het dorp. Ons crisiscentrum is de hele herfst druk. De vrouwen hier hebben het zwaar. Meiden komen niet naar de les. De tantes durven me niet aan te raken als ik ongesteld ben. In november halen een paar meiden hun vriendin van school op voor de voetbaltraining. Ze vinden haar hangend aan een balk in haar kleine hutje met tinnen deur.

Zelfmoord is hier de voornaamste doodsoorzaak voor meisjes en vrouwen. Niemand lijkt te weten waarom. Erger nog: het lijkt niemand wat te kunnen schelen. Ik denk de hele winter na over de dood van dit kleine meisje. In mijn hoofd voer ik gesprekken met haar en oefen ik wat ik zou hebben gezegd en bedenk ik wat zij daarop gezegd zou hebben. Ik vraag me af waarom een meisje van dertien zichzelf ophangt, maar de antwoorden zijn overal om mij heen te vinden.

Het lukt de vrouwen in Surkhet maar amper om hun kinderen van eten en scholing te voorzien. Ze werken op de velden, breken stenen in de rivier, lopen kilometers voor brandhout om hun huizen mee te warmen. Ze trouwen als ze veertien zijn en worden kort daarna al moeder, nog voordat ze weten wat liefde is. Vrouwen zitten dagen alleen in menstruatiehutjes. Vrouwen worden op klaarlichte dag geslagen in het dorp. De herinnering knaagt aan mij.

Boksi. Boksi. Boksi.

Het leven is hier lastig voor iedereen, maar hoewel de mannen worstelen, moeten de vrouwen lijden.

Hoe lossen we dat op?

Hoe overtuigen we de vrouwen in onze gemeenschap ervan dat dit op te lossen valt?

Elke nacht, als de kinderen al in bed liggen, zitten Tope en ik bij het warme vuur. We breken takjes op onze dijen en proberen uit te vogelen hoe we de vrouwen kunnen helpen om hun toekomst te veranderen. Hoe overtuig je iemand die gelooft dat ze niets is ervan dat ze tot alles in staat is?

We kunnen ze leren hoe je sieraden moet maken.

We kunnen vrouwen leren zichzelf te verdedigen.

We kunnen meer vrouwen aannemen.

We kunnen een vrouwencentrum openen als we over een paar jaar de nieuwe campus openen.

Een paar jaar voelt zo ver weg.

Tope staart naar ons huis en er verschijnt een vreemde uitdrukking op zijn gezicht. Hij gaat staan.

'Maggie? Wat nou als we het nu bouwen? Wat als we het daar bouwen?'

Hij wijst naar het dak boven de keuken. De fundering is er al, net als de pilaren. We stoppen even en luisteren naar het knetterende vuur. Ik zie een grote, lichte kamer voor me waar vrouwen kunnen leren, samen kunnen komen en bedrijven kunnen oprichten. Waar ze hun interesses kunnen verkennen en in zichzelf kunnen investeren. Voordat ik antwoord kan geven, heb ik het in mijn hoofd al half gebouwd.

'Laten we het doen.'

Daju bestelt 3500 bakstenen en 300 zakken zand en cement. Kusum begint het rond te bazuinen. Op een ijskoude zaterdag in januari bouwen we het samen. De broers metselen samen met hun zussen, en de arbeiders uit de buurt maken de tafels waar hun vrouwen en dochters aan zullen werken. Ik ga op zoek naar subsidies en mogelijke investeerders. Terwijl de mannen van de regering blijven bekvechten met de mannen op straat, ontvouwt zich op ons dak een revolutie: het Kopila Valley Women's Center, het vrouwencentrum van Kopila Valley.

10

HET KLEINSTE BLOEMKNOPJE

Lieve J,
Ik wilde dit schrijven om je te herinneren precies zoals je bent, in deze pure en kostbare staat, in al je nieuwigheid.

– M

Als ik me sterk wil voelen, ga ik naar het vrouwencentrum toe. Op zichzelf is het niets bijzonders. Het is een simpele, open rechthoek met prachtige ramen van rozenhout die onze timmerlui voor ons hebben gemaakt. De muren zijn zeegroen. Toen we ze schilderden, wisten we nog niet dat de kleur op onze gezichten zou weerkaatsen waardoor we er elke keer dat we in de zon stapten hondsberoerd uitzagen. Op tafels die nog naar het bos ruiken staan een aantal grote, zwarte naaimachines. Aan de achterste muur hangen stevige lappen stof als vlees bij de slagers in prachtig jamkleurig rood en pauwachtig groen, versierd met gouden borduurwerk en delicate, voorzichtige steekjes. Het is een bescheiden, sobere ruimte, maar ruimte is een geschenk dat alle vrouwen verdienen maar zelden krijgen, zeker in Nepal.

Toen we in mei 2013 de deuren openden, waren we bang dat er niemand zou komen opdagen. Het kan hier gevaarlijk zijn om aan een andere toekomst te denken, maar die toekomst creëren is pure rebellie. Op de eerste dag stonden er meer dan honderd vrouwen uit het dorp, tussen de dertig en de zestig, in een rij buiten de deur. Ze kwamen met baby's op hun heupen en in hun buiken, met handicaps en heftige verledens. Ze waren mishandeld, weduwes, konden niet lezen of schrijven en waren straatarm. Ze hadden hoop. Prachtige, verleidelijke hoop die bleef kleven aan alles en iedereen die hem aanraakte. Voor velen was hoop alles wat ze hadden en alles wat ze nodig hadden.

Ze leerden lezen en schrijven en kregen lessen over het ondernemerschap, namen deel aan ouderschapsworkshops en kregen een lezing over mensenrechten. In de winter leerden ze haken en breien en in de lente leerden ze hoe ze hun eigen maandverband konden maken. Velen van hen hadden daar nog nooit van gehoord. Ik liet ze zien hoe je het maandverband in je ondergoed stopt en ze lachten me allemaal uit. De vrouwen van Surkhet konden niet even langs de winkel om een hele stapel ondergoed te kopen. De volgende dag bestelden we een patroon voor damesondergoed.

Na nog een jaar vol lessen wisten de vrouwen die nog nooit een potlood hadden vastgehouden of achter een bureau hadden gezeten de basisbeginselen van lezen en schrijven. Ze hebben bankrekeningen en spaargeld. Ze zijn gediplomeerde naaisters die hun naaimachines en weefgetouwen kunnen instellen en repareren. Ze maken schooluniformen, pyjama's, ovenhandschoenen, schorten en allerlei traditionele Nepalese kleding. Ze zijn zelfverzekerd, trots en weten waar ze recht op hebben. Dit zijn niet dezelfde vrouwen die maanden geleden door deze deuren naar binnen liepen. Terwijl ze leerden weven, ontrafelden ze de leugens. Terwijl ze leerden, leerden ze ook weer dingen af. Net als ik.

Liefdadigheid is niet het antwoord op de problemen hier. Medelijden is niet het antwoord. Het antwoord is investeren. Ik heb daar altijd al in geloofd, maar nu zie ik het elke dag.

We bestellen onze maandelijkse voorraad textiel bij de vrouwen van Kopila en de impact op de gemeenschap is overweldigend. Als het goed gaat met de moeders, gaat het ook goed met hun kinderen. Ze verdienen een vast inkomen en ze kunnen hun familie voeden. De kinderen doen het met volle buikjes beter op school. Betere prestaties op school betekent meer kansen. Gezondheid en geluk nemen toe en de misdaadcijfers dalen. De plaatselijke economie groeit. We zijn nog niet klaar, maar nu, na bijna een decennium te hebben gehoopt dat we goed werk deden, weten we dat zeker.

Ik wist niet of hier iets zou kunnen groeien, maar dat is op zoveel gebieden gebeurd. En ik ben ook gegroeid. Tijdens de vroege wandelingen naar dorpjes met namen die ik amper kan uitspreken – Odanoku, Ramanakot, Chaapre, Dholagohe – voelde alleen al hier bestaan als een beproeving. Ik werd misselijk van de hoogte. Ik had ontelbaar veel blaren op mijn hielen. Ik sprak de taal niet en kon het eten niet verdragen: je hebt stalen darmen nodig om te wennen aan de dagelijkse porties linzen die je hier krijgt. Ik schaamde me toen de mannen en vrouwen die ik ontmoette, die over de weg leken te zweven met manden vol thee en suiker op geharde voeten, me vroegen waarom mijn huid zo bleek was en of de lucht en het water anders waren waar ik vandaan kwam. Ik was een buitenaards wezen. Elke twintig minuten stortte ik in elkaar onder de dennentakken, met mijn rugtas nog steeds op mijn rug. Ik huilde als een schildpad die op zijn rug lag, me vasthoudend aan de echo van de vorige lente en aan de droom van de volgende. Honderden keren probeerde ik me over te geven aan de berg, maar de berg wees me keer op keer af. Hij stond erop dat ik doorging en de wereld leerde kennen voordat ik die wereld probeerde te veranderen.

De dingen waarvan ik dacht dat ze me fataal zouden worden, wekten me juist tot leven. De berg hield me vast terwijl ik speelde als een kind en gladde niervormige stenen in de kloven en beekjes gooide. Hij genas me toen ik mijn gebroken huid in zijn koele meertjes onderdompelde. Hij leidde me naar een leven als volwassen vrouw, trillend en stapje voor stapje, onder de onmetelijke hemel. Nepal baarde mijn prachtige kinderen. Nepal veranderde mij in een moeder.

De eerste Kopila-bloemknopjes komen tot bloei in de zomerzon. Ze groeien uit tot vriendelijke, nieuwsgierige volwassenen die zo mooi zijn dat ik amper naar ze kan kijken. Nisha, het eerste kind dat bij ons kwam wonen, is de beste van de klas en laat me continu versteld staan met haar perfecte rapporten. De middelste kinderen lijken elke maand groter te worden en hun monden zijn gevuld met lege plekken en grote tanden die hopelijk kleiner zullen lijken zodra ze volgroeid zijn. Ik hoef ze nu minder vaak naar de spoedeisende hulp te brengen, behalve Madan dan, die niet zo goed is in klimmen en klauteren. De kleintjes laten zich nog door mij vasthouden, maar ook dat zal niet lang meer duren. Wat ze vooral willen zijn alle antwoorden op alle vragen:

'Waarom is de oceaan blauw?'

'Wat eten beren als ontbijt?'

'Wat gebeurt er als je paars, blauw en groen met elkaar mengt?'

En onlangs nog: 'Waar komen baby's vandaan?'

Zelfs de aanhankelijke 'gekke koning' Namraj neemt af en toe afstand van me om zich bij zijn broers en zussen te voegen.

Met Kopila Valley gaat het ook goed. In april gaf de Dalai Lama ons een Unsung Hero-prijs. Ik ben nu een betere spreker en voel me sowieso minder angstig. Elke vrije minuut spreek ik op scholen met kinderen van alle leeftijden. Ik merk dat de effecten daarvan nog jarenlang voelbaar blijven. Voormalige studenten uit New Jersey vertellen me dat ons verhaal veel impact op hen heeft gehad. Ze gaan voor non-profitorganisaties werken of kiezen een goed doel waar ze in geloven. In plaats van dat ze op zoek gaan naar carrières gericht op geld of succes, ontdekken ze het plezier en de tevredenheid die je kunt ervaren als je je leven en privileges gebruikt om een verschil te maken.

Zo af en toe ga ik terug naar de Verenigde Staten voor benefieten en evenementen, vergaderingen en de achttienurige werkdag van non-profitorganisaties. Ik probeer me online aan te melden voor trainingen en lessen om mijn vaardigheden aan te blijven scherpen en hoe meer ik me erin vastbijt, hoe meer ik leer. Het vinden van geld blijft een uitdaging, maar elke keer opnieuw vinden er kleine, vrijgevige wonderen plaats. Ruth bouwt verder aan een klein en nederig team. We halen onze kracht uit transparant zijn en we zijn eerlijk en open over de uitdagingen waar we tegenaan lopen, waar ons geld naartoe gaat, de invloed die het heeft en de verhalen van de gemeenschap en de mensen die we helpen. Onze programma's zijn holistisch en op een natuurlijke manier gegroeid om te voldoen aan de behoeften van de gemeenschap en om de gemeenschap te helpen. En als we ruimte tekort beginnen te komen omdat we zo hard groeien, starten we een wervingscampagne om de school en het buurthuis van onze dromen te bouwen.

Onze familie van donateurs, die nu goede vrienden zijn geworden, helpen ons keer op keer uit de brand. Chris en Lorraine Wilson nodigen me uit op hun kantoor in de stad waar ze, nadat we onze bouwtekeningen voor de school met ze delen, de eerste grote investering toezeggen. Mijn vriendin Karen Mulvaney vraagt me op een dag om met haar te gaan wandelen. 'Hoeveel heb je nodig?' vraagt ze. Mijn stem trilt als ik daar antwoord op geef. 'We geloven in je, je kunt dit,' zegt ze, waarna ze de grootste donatie doet in de geschiedenis van BlinkNow. Nico uit Nederland zet ons in zijn testament en vraagt of we zijn as willen uitstrooien rondom de bodhiboom. Jeremy en Leslie tonen begrip als we ons totaal niet houden aan het budget doordat we zoveel dingen toevoegen en zoveel uitdagingen tegenkomen. Ze doneren het bedrag dat we nodig hebben om de school af te maken. Jim Duff vertelt me alles over de prijzen van vastgoed en de markt en belooft meer onroerend goed op te kopen in de straat.

Niet alleen de grote geschenken maken een verschil. Het betekent net zoveel als een Uber-chauffeur zijn fooien van die dag doneert of als tieners het geld van hun verjaardag of bar mitswa overmaken. Een alleenstaande moeder die als serveerster werkt in North Carolina doneert elke maand een deel van haar loon. Nepalezen van over de hele wereld, die dankbaar zijn voor de kansen die ze hebben gekregen en graag iets terug willen doen voor hun land, doneren maandelijks bedragen tussen de vijf en honderd dollar. Elke dollar doet ertoe.

Tope en ik leren hoe we elke roepie tien keer om kunnen keren. We weten dat ons succes niet te danken is aan enorme geldbedragen. We hebben ons succes te danken aan echte mensen. In ruil daarvoor zorgen wij dat de allerarmsten hun levens kunnen veranderen. We doen ons uiterste best om dat doel nooit uit het oog te verliezen. Nepal is een land waar over alles wordt onderhandeld en ik moet altijd glimlachen als Tope een verkoper verbaal te grazen neemt omdat hij het gevoel heeft dat we tien of twintig roepies te veel betalen. Hij onderhandelt met de winkelier tot hij het gevoel heeft dat hij een eerlijke prijs heeft gekregen. Als hij weer met lege handen in de auto stapt omdat hij te koppig was om iets te kopen wat hij tien roepies te duur vond, kijk ik hem veelzeggend aan. ‘Maggie,’ herinnert hij me, ‘vroeger moest ik een hele dag werken voor tien roepies.’

We hebben een ijzersterk team met de tantes en ooms, onze specialisten (die langere periodes bij ons komen werken om zich te verdiepen in hun vakgebied), de kliniek en de schoolmedewerkers en de eindeloos geduldige en lieve Tope. De hele tent kan in feite zonder mij. Vaak gebeurt dat ook. Als ik thuis ben, ben ik meestal druk met mijn rol als moeder en woon ik de ene na de andere vergadering bij op kantoor. 's Avonds kijk ik toe terwijl de kinderen vliegeren. Ik kan niet geloven hoe ver we het hebben geschopt en vraag me af wat we allemaal nog zullen bereiken. Ik doe mijn uiterste best om een balans te vinden: om aanwezig te zijn voor maaltijden en satsung en bedtijd en voetbalwedstrijden. We krijgen eindelijk een internetverbinding in het huis en hoewel ze niet heel betrouwbaar is en de stroom af en toe uitvalt, werk ik tot 's avonds laat aan e-mails en voorstellen en duik ik in en uit online-vergaderingen waarbij ik uitgebreid mijn excuses aanbied voor mijn slechte internetverbinding.

Ik sluit warme vriendschappen met de specialisten. Ze komen in kleine groepjes van twee of drie na een zorgvuldig sollicitatieproces. Ze zijn toegewijd, professioneel, ambitieus en hebben allemaal naam gemaakt in hun werkveld. In combinatie met ons plaatselijke Nepalese team zorgen ze voor een snelle ontwikkeling en opbouw van onze programma's en onze optimale werkmethoden. Ik vind het ook heel fijn dat ze er zijn. Dankzij hen heb ik een beetje een sociaal leven en het is fijn om contact te hebben met mensen van mijn leeftijd die afkomstig zijn uit culturen die lijken op die van mij. Ik ga naar hun appartementen om films te kijken en kijk naar echte tv-programma's. Ik leer bij over de popcultuur en alles wat ik thuis heb gemist. De specialisten worden mijn ankers: ze werken hard net als ik, maken me aan het lachen, maken mijn aparte trekjes belachelijk, herinneren me eraan om af en toe mijn huis en werk even te laten voor wat het is en helpen me om weer tot mezelf te komen, aangezien ik zo snel heb moeten opgroeien.

In juni zit ik te lunchen aan mijn bureau als een van mijn specialisten me een casus van een weeskind voorlegt.

'Ze zit in de wachtkamer. Ik heb haar verteld dat we geen plek meer hebben.' Kelly haalt haar schouders op.

Ons huis is vol. We hebben niet eens genoeg ruimte voor een muis als huisdier, hoewel de muizen in de keuken zich prima weten te redden.

'Heeft ze eten nodig, denk je?' vraag ik, terwijl ik een lading dal bhat in mijn mond stop.

'Misschien,' peinst Kelly. 'Ze ziet er moe uit. Ze heeft een baby bij zich.'

Een smalle vrouw loopt stilletjes mijn kantoor in met een baby losjes in een gerafelde doek om haar lichaam gebonden. Voordat ik mezelf kan voorstellen, probeert ze het kind in mijn handen te duwen.

'We zitten vol, didi.' Ik hou haar tegen.

'Alsjeblieft. Zijn moeder is vermoord. Hij wil niet drinken,' ze fluistert zo zachtjes dat ik haar moet vragen om het te herhalen.

'Het is een jongetje. Zijn moeder is overleden.'

Het met doeken omhulde kindje is zo klein als een musje.

'Is hij vandaag geboren?' vraag ik.

'Nee. Twee maanden geleden.' Ze steekt haar vingers op en maakt per ongeluk een *peace*-teken. Ze begint te hoesten.

God. Ze ziet er ziek uit.

Ik neem de baby van haar over terwijl ze erop los kucht in de hoek van de kamer. De doek over zijn gezicht is bedekt met iets waarvan ik maar hoop dat het modder is en een droge, gelige vloeistof. Ik trek de doek een stukje weg en voel mezelf naar adem happen. Ik heb nog nooit iemand gezien die zo dicht bij zowel het begin als het einde van het leven staat.

Zijn ogen zijn gele knikkers die achterover rollen in zijn schedel. Zijn lichaam is slap en weegt bijna niets: het is niet veel meer dan wat huid en een bos zwart haar. Het zweet staat op mijn slapen en de woorden rollen als een onzinnige waterval over mijn lippen.

'Kliniek... Wat is dit? Baby... stervende... dood?'

Ik ren met de baby de hitte in, naar de kliniek.

'Jagat! Jagat!

De hele weg van mijn kantoor naar die van hem schreeuw ik de naam van onze hulpverlener. Als ik de deur openduw, heeft hij net zijn handen vol met nieuwe tandenborstels. Ze kletteren op de grond.

'Het is een baby,' zeg ik, happend naar adem.

Hij legt een schoon vel papier op de onderzoekstafel en ik leg het lichaampje neer. Het papier kreukt amper als het lijfje de tafel raakt. De fel witte lampen boven ons komen zoemend tot leven. We stoppen even om hem in ons op te nemen.

'O mijn god,' mompelt Jagat.

De botjes van de baby buigen en verplaatsen met elke ademhaling: zijn polsjes zijn knokig en zijn knietjes wiebelen als pudding. Zijn gezichtje is duizend jaar oud. Hij heeft fronsrimpels en kraaienpootjes en zijn huid, die de kleur heeft van een bronzen muntje, zakt van zijn jukbeenderen en landt in een hoopje huidplooien bij zijn oren.

'Moet je dat haar zien.' Het is raar om het te zeggen, maar dit kleine kruimeltje van een mens zou 's werelds beste Elvis-imitator kunnen worden.

Jagat glimlacht en raakt de dikke haardos aan met zijn vingers.

Voorzichtig druppelt hij wat vocht in het kleine mondje. Binnen luttele seconden zijn we allebei bedekt met spuug en waterige, groene diarree. Het buikje van de baby is hard en opgezwollen. Hij moet naar het ziekenhuis.

In de auto houd ik de baby tegen mijn warme buik en bedank

ik God dat mijn vriendinnen thuis allemaal zwanger zijn en maar niet ophouden over huidcontact en buidelen en *attachment parenting*, een opvoedstijl gericht op natuurlijk ouderschap. Ik wrijf driftig over zijn ruggetje en probeer me het ritme te herinneren van dat nummer van de Bee Gees dat je moet gebruiken als je leert reanimeren.

Eventjes leeft hij op: hij knippert met zijn bruinzwarte ogen en kijkt me onderzoekend aan.

Kennen wij elkaar? Hij knijpt zijn oogjes samen.

En dan raakt hij weer bewusteloos.

Als we aankomen, is er geen arts aanwezig op de SEH. In alle jaren dat ik in Surkhet ben geweest, heb ik hier nog nooit een dokter gezien. Niemand komt hem helpen. Met stomheid geslagen staan we daar een paar minuten terwijl de baby riekende plasjes diarree lekt op de vloer.

'We moeten hier weg,' zegt Jagat en we gaan naar een kliniek aan de andere kant van de stad waar zijn vriend werkt.

Jagats vriend wacht buiten op ons. Hij snelt met de baby naar de ok om een bruikbare ader in zijn voetje te vinden. Een voetje dat ongeveer zo groot is als een chipje. Wonder boven wonder lukt het hem om een infuus aan te leggen. We zakken allemaal naar de grond om even op adem te komen.

Het medicijn doet snel zijn werk en als ik mijn lichaam van de tegels pluk, lijkt het piepkleine lichaampje weer tot leven te zijn gekomen. Zijn vuistjes schieten omhoog vanaf de tafel en hij blaat met een zacht hoog stemmetje tegen ons, als een verloren lammetje. Hij knippert langzaam en rustig en kijkt naar de lampen, roestvrijstalen instrumenten en gezichten alsof hij zojuist opnieuw geboren is.

'Dag, baby,' kir ik tegen hem.

Een paar seconden lang blijven zijn ogen gericht op de mijne. Zijn pupillen bewegen, zijn lippen beginnen net te prevelen en hij zingt een geruisloos liedje. Ik ben meteen verliefd. Hopeloos verliefd.

Zijn vingers pakken het uiteinde van mijn pink vast en hij neemt me in zich op zoals ik hem in me opnam. Zijn kleine oogjes duiken de dieptes in en vinden iets bekends dat niet valt uit te leggen. We vinden elkaar niet, we botsen op elkaar. Ineens zie ik niets meer in de kamer. Ik bestudeer zijn bewegingen alsof ze wonderen zijn en vertel hardop wat hij doet.

Zijn handen maken een vuistje en ontspannen weer.

'Zijn handen!'

Zijn wenkbrauwen schieten omhoog, helemaal naar zijn voorhoofd, en zakken weer naar beneden.

'Zijn wenkbrauwen!'

Hij gromt, omdat het zwaar is om een baby te zijn. Elke deur in mij vliegt wagenwijd open. Elke twijfel valt weg. Ik zwem in mijn liefde voor hem.

Een paar uur later komen de resultaten terug uit het lab. Hij heeft bacteriële infecties en infecties in zijn luchtwegen. We weten niet of het difterie, cholera of iets anders is, maar het ziekenhuis is smerig en vol en heet. Het is moeilijk om er adem te halen. Na overleg met de arts besluiten we om hem naar huis te brengen en een infuus neer te zetten in mijn slaapkamer zodat ik voor hem kan zorgen. We noemen hem Ravi. Je spreekt de v uit als een heel zachte b, dus het klinkt meer als 'Raavi' of 'Robbie'. Het is een refrein dat ik de hele dag lang zou kunnen zingen.

De volgende weken eet Ravi aan één stuk door. Zijn wangetjes worden rozig en mollig. De wolken verdwijnen uit zijn ogen en hij is sterk genoeg om zijn kin op te tillen als ik hem op zijn buikje leg, precies zoals het hoort volgens de babyboeken. Onze buurvrouw Sukmaya komt een paar keer per dag langs om hem borstvoeding te geven. Ze hult hem in lagen kleding en dekens, ook al is het midden in de zomer, en ze doet de liefste dingen die alleen Nepalese moeders doen: zo blaast ze op hem als hij hoest en smeert ze hem in met mosterdolie. Hij wordt er zo spekglad van dat zijn torso uit mijn handen glijdt als ik hem optil. Urenlang plukken we de luizeneieren uit zijn haren en kietelen we hem onder zijn perfecte kinnetje.

'Je bent zo'n goede moeder,' vertel ik haar, terwijl ze haar eigen dochter borstvoeding geeft.

'Jij ook, mevrouw Maggie.' Ze glimlacht naar me. 'Jij bent de enige moeder die hij kent.'

Ik duw een flesje tussen zijn lippen en ik wilde dat ik hem ook maar een enkele herinnering kon geven aan de moeder die deze wereld heeft verlaten zodat hij geboren kon worden. Het enige wat ik kan doen, is van hem houden. En dat doe ik ook, op een manier die ik nooit voor mogelijk had gehouden.

Als hij sterker wordt en de infectie verdwijnt, mogen de kinderen tijd met hem doorbrengen. Er is geen kind van wie ooit meer is gehouden. De tienerjongens dragen hem zonder een greintje schaamte in het kinderstoeltje en geven hem een rondleiding in de tuin en de keuken. De meiden lezen stukken voor uit hun enge *Kippenvel*-boeken en *Anne van het Groene Huis*, hij is er niet van onder de indruk. De jongsten beplakken de muur naast zijn wieg met rommelige driekleurige regenbogen, chagrijnig kijkende poppetjes en superhelden en ze bedelven hem met zachte, hijgerige kusjes. De vrouwen van het vrouwencentrum maken meer traditionele kleding voor hem dan hij ooit aan zal kunnen en ze blijven er bijna in als ik hem meeneem in zijn vierkante hoedje en gouden broek. Hij ziet eruit als 's werelds chicste kabouter. Even ben ik bang dat de tantes dit niet zullen overleven. Ze maken ruzie om wie hem mag vasthouden en vragen me continu wanneer ze hem dikker mogen maken met geklaarde boter en flessen buffelmelk.

‘Nog niet.’ Ik glimlach. ‘Over een paar maanden. Beloofd.’

Ze denken bijna net zoveel aan hem als ik.

Zelfs Namraj, die mij met niemand wil delen, wil alleen op mijn schoot zitten als Ravi bij hem op schoot kan zitten. Hij zegt dat Ravi zijn baby is, maar in werkelijkheid is Ravi van iedereen. Hij wordt het middelpunt van onze kleine familie. Ik ben continu met hem bezig. Ik voel me schuldig en denk dat de kliniek of BlinkNow me nodig hebben, maar dat is niet het geval.

Op 13 augustus overstroomt Surkhet. De slaperige rivier die door de stad stroomt, verandert in een woeste zee. Het water duikt over de oevers heen en neemt lemen hutjes en geiten en puin met zich mee. Niets of niemand blijft achter. De meeste van onze schoolgaande gezinnen wonen langs de rivier. In Surkhet is het de enige betaalbare plek voor ze.

Als het gebeurt, ben ik in Kathmandu met een zieke Ravi. Ik ben al weken met Ravi op de NICU (neonatale intensive care unit) in Kathmandu waar hij vecht voor zijn leven. Hij is al naar meerdere ziekenhuizen geweest waar meerdere artsen ons verteld hebben dat ze niet zeker wisten of hij het wel zou overleven. Ravi heeft een paar infecties opgelopen en groeide nog steeds niet zoals eigenlijk zou moeten. Herstel van ernstige ondervoeding is veel ingewikkelder dan alleen maar zorgen dat de baby weer te eten krijgt. Gelukkig kon ik Ravi na een belletje met een internationale kinderarts laten opnemen in Kathmandu op de NICU. De timing kon niet beroerder.

De specialist van onze school belt me en zegt dat er studenten vermist worden. Ik stuiter op mijn bed buiten de NICU en probeer een oplossing te vinden voor iets wat niet opgelost kan worden. Hima woont aan de rivier, net als Laxmi en tientallen andere kinderen. Voor velen van hen zal het al te laat zijn.

Ik kijk door het glas en zie Ravi, met zijn tweeënhalve kilo. Hij wordt steeds molliger en ligt lekker te slapen. Mijn wondertje, mijn anker, mijn eeuwige geheugensteuntje: *Je kunt alles, alles, alles doorstaan.*

De volgende dag rij ik naar huis door de bruine drek waar onze stad vroeger lag. De regen komt nog steeds met bakken uit de hemel.

Als ik aankom, is Kopila Valley School gevuld met vluchtelingen. Tweehonderd mensen slapen onder ons dak, op het podium waar we *Annie* hebben opgevoerd, in de klaslokalen en de kantine. De tantes en ooms werken de hele dag door: ze koken honderden kilo's rijst en zoeken in het gebied naar overlevenden. Ons vrouwencentrum deelt kleding en dekens uit en Jagat blijft de hele nacht op om wonden te behandelen en botten recht te zetten. Zonder mijn leiderschap. De directeur van onze school is te zien geweest op de weerzender tijdens het internationale nieuws. We hebben bijna 40.000 dollar opgehaald voor slachtoffers van de overstroming in onze gemeenschap. Eileen is hierheen gevlogen om voor Ravi te zorgen zodat we ons kunnen richten op het bieden van hulp, het ondersteunen van slachtoffers en de wederopbouw van onze gemeenschap.

Pijnlijk langzaam trekt onze stad zichzelf uit de modder. Met de herfst begint de stortvloed, maar het lukt ons om te blijven drijven. We versterken de rivieroevers met zandzakken, bevoorraden de vluchtelingenkampen en houden de hemel in de gaten. In november lijkt het weerpatroon weer wat gekalmeerd en wordt het normale leven zoveel mogelijk hervat. We vieren Dashain, gaan kamperen en vliegeren. Het blijft goed gaan met Kopila Valley. Voor het grootste deel zonder mijn leiderschap. Een sterke, door inwoners van Nepal geleide gemeenschap is het enige wat ik ooit heb gewild voor Kopila Valley, ook al weet ik dat het betekent dat mijn rol binnenkort zal veranderen.

Op een koele avond, net voordat de ene dag over zal gaan in de volgende, maak ik een fles sojamelk voor Ravi. Ik schud er als een dolle mee terwijl hij enthousiast toekijkt. De sterren kijken naar ons door de ramen heen terwijl wij communiceren in de tedere, geheime taal van moeders en hun kleine zoontjes. Alles voelt perfect. Mijn buik en dijen zijn een prima stoel en ik zet hem erop. Hij trekt aan de fles en kijkt naar me. Ik ben zo moe, maar ook zo voldaan.

Als hij klaar is, vindt hij het warmste plekje op mijn borst en samen genieten we van de stilte. Ik snuif zijn naar melk ruikende adem op, zie het badwater dat nog op zijn huid rust en voel het plezier dat van hem afstraalt. Terwijl een laatste restje grijs licht de randen van de vallei versiert, vergeef ik God of het universum of Shiva voor alles wat ooit verkeerd is geweest, voor verdriet en angst en twijfels, voor elke moeilijke dag en het onrecht in mijn leven. Ravi is alles wat klopt. Hij is nu vijf maanden bij ons, maar ik weet niet meer hoe de wereld eruitzag zonder hem. Het idee dat wij hem ooit niet kenden en niet van hem hielden, voelt belachelijk. Hij hoort bij ons op dezelfde onwaarschijnlijke, maar absoluut zekere manier dat ik in Nepal hoor. Om vier uur 's ochtends, in deze wereld die slechts bestaat uit twee mensen, ontbreekt er helemaal niets. Ik ben zijn thuis zoals Kopila mijn thuis is.

'Mijn lieve knulletje,' zeg ik, terwijl ik met mijn vingers door zijn haar kam. 'Waar komt al deze liefde toch vandaan?'

Zijn tandvlees, tandeloos en roze, doet me denken aan balletschoenen. Hij glimlacht en een hete klodder kwijl druipt van zijn kin op mijn arm.

'Wat ga jij later worden? Gandhi? Directeur van een groot bedrijf? Superman?'

Hij gaat zitten, trekt mijn gezicht naar het zijne met die mollige baby-armpjes van hem en zijn prachtige wimpers kriebelen tegen mijn neus.

De jouwe, lijkt hij te antwoorden met zijn slimme bruine ogen.

Ik leg hem op mijn borst. Zijn lichaam past perfect op dat van mij, het zachte geklop van zijn hart bonkt mee met dat van mij. Even is het net alsof ik twee harten heb. Aangemoedigd door de krekels buiten, de koele wind die langs het raam blaast en de vier kilo dopamine op mijn lijf, worden mijn ogen zwaar. Omdat het dringend voelt, bid ik:

Dank u, dank u, dank u.
Dank u voor deze kinderen.
Dank u voor deze familie.
Dank u voor Surkhet.
Dank u voor mijn baby.

Ik herhaal het een paar keer. Ik heb zoveel gebeden sinds ik hier aankwam: in ziekenhuizen en in tempels, bij geboortes en begrafenissen, midden in een menigte mannen, diep weggezonken in het duistere gat dat mijn thuis werd. Ik heb gebeden voor gezondheid en veiligheid en kracht en rechtvaardigheid.

Dank u, dank u, dank u.

Wat moet ik verder nog zeggen? De woorden stromen als rivierwater door me heen en ik laat mezelf meevoeren.

Met Ravi ben ik compleet.

11

WIT LICHT

Lieve R,
Het enige wat erger zou zijn dan jou kwijtraken, was als ik nooit van je had kunnen houden.

– M

'Kom op, Doyne!'

Mijn dijen zijn als blokken tofu: nerveuze, rillende kwabben die gegijzeld worden in een strak triatlon-pakje. Het lijkt op een badpak voor baby's en zo voel ik me ook. Elke beweging is traag en vereist concentratie. Ik hoef nog maar een kleine vijf kilometer te rennen, een heuvel op, over een met gras bezaaid plateau en door een groen bos dat de campus van Princeton omringt, maar nooit echt raakt. Ik weet niet of ik het ga redden. Het enige wat me op de been houdt, is het aanmoedigende geschreeuw in mijn hoofd en een halve portie gel met elektrolyten genaamd 'Razz' met een afbeelding van een framboos erop. Je gaat mij niet vertellen dat de makers denken dat het oprecht naar frambozen smaakt.

De eerste 'Tri for Kopila' werd georganiseerd door Olivia, een jongere alumnus van mijn middelbare school die moest herstellen van een grote operatie tijdens haar eerste jaar. Ze besloot een triatlon te gaan rennen en geld op te halen voor BlinkNow. Het is een jaarlijkse traditie geworden en nu doet er elke zomer een team van bijna vijftig mensen mee. Dit is pas mijn tweede triatlon. Met fietsen ging ik als een speer, maar tijdens het zwemmen deden mijn ribben continu pijn. Ik ben dol op water, maar ik was even vergeten hoe moeilijk het is om te blijven drijven zonder zwemnoodle. Er is geen muziek om naar te luisteren en geen lucht om in te ademen en de zon is niets meer dan een netwerk van witte aderen op de bodem van het meer.

'Hou vol! Hou vol! Hou vol!'

Ravi en ik hebben de zomermaanden doorgebracht in Mendham. Hij had een kleine operatie nodig en ik moest echt even wat tijd doorbrengen met ons BlinkNow-team op ons kantoor in de Verenigde Staten. De dagen hier zijn heerlijk voorspelbaar en hebben een bijna muzikaal tempo. Ik werk en ik moeder. Ik slaap en ik word wakker. We gaan naar de supermarkt, zitten in de bibliotheek *The Runaway Bunny* te lezen en gaan naar de met rubber gevulde speeltuin waar Ravi zijn bolle toetje door een gat in de blauwe plastic tunnel steekt en 'Ba!' schreeuwt naar iedereen die langsloopt.

Geld ophalen valt me zwaar. Misschien is het wel het lastigste deel van de wereld van de non-profitorganisaties. Je missie is zo sterk als je geldstroom. Ik ben niet goed in onderhandelen of in veeleisend zijn zoals ze je leren in de workshops over de ontwikkeling en het beheren van een non-profitorganisatie. Ik voel me niet op mijn plek tijdens cocktailuurtjes en chique lunches, maar ik leer en doe hard mijn best om het te halen. Ik maak me elke dag opnieuw zorgen over geld en of we binnen het budget kunnen blijven. Ik word met een bonkend hart wakker terwijl het cortisol door mijn aderen snelt. Het lastige aan deze wereld van de non-profitorganisaties is dat er altijd een nieuw fiscaal jaar aanbreekt en dat de stress dan weer van voren af aan begint.

Soms weet ik niet of we de volgende maand of het volgende grote project wel gaan halen. Ruth en ik blijven tot laat op terwijl we werken aan voorstellen en verkoopverhalen en presentaties. Het is slopend, en meestal voel ik me doodop en niet goed genoeg. Ik ben dankbaar voor het bestuur dat mijn zwakke plekken aanvult en probeer me te blijven omringen met mensen die vaardigheden, kwaliteiten en ervaringen hebben die ik mis. Ik hoop dat als ik mezelf blijf en waarachtig blijf met een open hart, ik de juiste mensen aanspreek. Het raakt me enorm als de cheques binnen blijven stromen op het postkantoor. Ik lees elke brief en heb altijd weer de tranen in mijn ogen staan na het zien van elk bericht, elke donatie en de betekenis die erachter schuilt.

'Laat alles op het veld achter!'

Ik heb inderdaad alles achtergelaten. Zo'n drie kilometer achter me in een oranje dixi.

De weg helt naar links en daalt af, een koel bos in. Het voelt alsof ik een jeugdvriend weer zie. Het kussen van dennennaalden en rottend bos onder mijn voeten, de gestreste eekhoorns die me met hun grijze kraaloogjes aankijken, de elegante paddenstoelen met namen die zo grappig en opvallend zijn dat je ze onmogelijk kunt vergeten als je ze eenmaal weet: stuifzwammen, geschubde inktzwam, zwavelzwam. Ik wil gaan, gaan, gaan, maar ik wil ook stoppen, even diep ademhalen en me herinneren hoe het was toen de wereld nog overzichtelijk was. Toen ik wakker lag met nachtmerries, in plaats van flashbacks. Toen moed een spelletje was dat je in de tuin speelde met capes van kussenslopen en alleen lieve honden en overgrootmoeders doodgingen.

'Nog maar anderhalve kilometer! Kom, nog even doorzetten.'

De waardige dennenbomen worden zo dun als bezemstelen. Ik kan de kleur van de hemel weer zien. Verderop wappert een vaandel van 'Tri for Kopila'. Ik ben er bijna.

'Hou vol!'

In maart had de Kopila Valley School ook een race georganiseerd: 5k voor gendergelijkheid, mogelijk de eerste 5k die Surkhet ooit had gezien. Niemand sport in het binnenland van Nepal: je zweet elke rijstkorrel die je eet er vanzelf weer uit. De studenten gingen rennen en organiseerden het evenement met onze partnerorganisatie She's The First. Veel van onze studenten zijn slachtoffers van huiselijk geweld. Bij een aantal van hen heeft de vader hun moeders en zussen gedood. Vrouwenrechten is een onderwerp dat voor veel spanning zorgt en het gesprek wordt vaak alweer gesust voordat het echt kan beginnen, maar de volgende generatie laat van zich horen.

Er kwamen bijna 250 deelnemers opdagen. De redenen waarom ze meededen, stonden met de hand geschreven om hun startnummers heen.

> Ik ren voor de vrouwen in mijn dorp.
> Ik ren voor mijn moeder, die jong getrouwd is en nooit een opleiding heeft gehad.
> Ik ren voor mijn zus die nooit naar school kon gaan.
> Ik ren voor meisjes die worden verhandeld.
> Ik ren voor een meisje dat in een hotel werkt.

Toen het startsein werd gegeven gingen de kinderen er zo snel als hun benen en longen aankonden vandoor. Toen ze de twee kilometer aantikten, was de koek al op. Die van mij ook. We moesten alles uit de kast halen om de ene voet voor de andere te kunnen zetten en door te blijven gaan. Aan de rand van een heuvel, omringd door een stel slungelige tieners, werd een les die ik keer op keer had geleerd sinds ik tien jaar terug naar Nepal was getrokken steeds herhaald in mijn hoofd: als je verandering wilt, hoef je niet ergens voor weg te rennen of ergens naartoe te rennen. Je moet ergens vóór rennen. Je kunt langzaam zijn. Je kunt onhandig zijn. Je mag fouten maken. Zet de ene voet voor de andere. Leer. Leer meer en daarna nog meer. Op een dag kijk je om je heen en zie je tot je grote plezier dat je niet meer alleen rent. Misschien besef je wel dat je niet meer voorop loopt en ook daar mag je dan van genieten. Nepal begint te veranderen. Niet vanbuiten, maar vanbinnen.

'Hup! Hup! Hup!'

In de New Jersey State Triathlon ren ik over de finish, recht in de open armen van Ravi. Alles doet nog dagenlang zeer maar we halen 12.500 dollar op zodat we onze eerste KVS-alumni kunnen laten studeren. Mendham is goed voor ons geweest, maar het is tijd om naar huis te gaan.

Kopila Valley verschijnt net als Odanoku: een parel die zachtjes rust op een groen bedje, beschermd door een gouden straal zonlicht. Het is vlak voor Dashain. Het is stil in de voortuin als we aankomen. De kleintjes zwaaien vanaf het dak naar ons, maar blijven bij hun vliegers. De middelste kinderen leggen langzaam hun boeken en voetballen weg om ons te knuffelen en Ravi's blote tenen te kietelen. Na negenentwintig uur reizen is hij een uitzinnig, giechelend hoopje.

De tieners hebben een baan en komen pas na hun werkdag weer thuis. De jongens werken in restaurants en maken koffie. De meiden geven les op de opvang en helpen in ons vrouwencentrum. Bhatka loopt mee met een metselaar die de muur van onze nieuwe campus bouwt. Karma en een paar van de anderen werken samen met plaatselijke ngo's die risicojongeren begeleiden. Elke dag zien ze de kinderen die ze zelf ooit waren. Elke dag krijgen die kinderen een voorproefje van wie ze zouden kunnen zijn. We stonden erop dat ze gingen werken. Daju wilde dat ze met geld leerden omgaan en Tope wilde dat ze nieuwe sociale vaardigheden zouden leren. Ik wilde alleen maar dat we niet met vijftig man in het huis waren tijdens de vakantie.

Een voor een, aan het einde van de middag en het begin van de avond, komen ze thuis met pijnlijke voeten, regenboogkleurige stapels geld en vol verhalen. Ze ratelen maar door over verbaasde toeristen en chagrijnige keukenmedewerkers, baby's met luieruitslag en kinderen met rugzakjes. Ik warm kom na kom lauwe geitenstoofpot op en kijk naar ze, luister naar ze, verwonder me over ze. In een oogwenk zijn mijn kinderen veranderd: vroeger hadden ze een betere wereld nodig, nu maken ze die zelf. Bishal wil ingenieur worden, Nisha oncoloog. Anjali wil schrijfster worden en Naveen Tiwari weet niet wat hij wil worden, maar ik denk niet dat hij in een keuken gaat werken.

'Ze zijn net een stel piraten,' zegt hij over de koks, terwijl hij zijn hoofd schudt.

Uiteindelijk gaan ze slapen of studeren of kletsen. Ze geven me zachte kusjes op mijn voorhoofd, net zoals ik altijd aan hen gaf. Ik zit een tijdje alleen in de keuken, lang nadat mijn ogen gewend zijn aan het donker. Ik zie de vormen van de potten en pannen, de scheuren en kleine splinters in de muren en ik hoor de geluiden van de rondrennende muizen. De kinderen worden groot. Bishal is de volgende, dan Maya en dan Namraj. Op een dag ook Ravi. Ik stel me voor dat hij tegenover me zit in het schamele maanlicht: zestien jaar oud. Hij eet restjes geitenvlees en klaagt over zijn baas. Zijn lichaam zal groter en sterker worden: zijn raspende, piepende stem zal dieper worden. Hij zal een horloge dragen en een shirt met knoopjes en het met me oneens zijn.

Ik voel een brok in mijn keel opkomen. Dit idee vervult me met zowel liefde als haat. Het moederschap is voor altijd, maar de kindertijd duurt maar een paar jaar. Mijn gewrichten doen pijn als ik opsta en ik besef dat de tijd ook mij niet ongemoeid laat.

De herfst van 2015 is net een sprookje. 's Ochtends valt een dikke, donzige deken wolken uit de hoogste bergtoppen op Surkhet. Tegen het middaguur verdwijnen ze weer en zie je de bodhibomen en smaragdgroene velden die vol staan en klaar zijn voor de oogst. De zon prikt door de mist heen en bedekt de stad met het witte, beschermende licht waar ik voor gebeden heb. De afgelopen twee jaar is onze vallei in de herfst overstroomd. Het heeft nog niet geregend, maar dat kan nog altijd gebeuren. De hemel lijkt te mooi om waar te zijn.

'Alles is in orde, Maggie. Als het gaat regenen, zijn we er klaar voor,' verzekert Tope me.

Op een dag loop ik met Ravi naar de rivier om het gebied te bekijken en mezelf ervan te verzekeren dat onze families goed zijn voorbereid. Hij hangt op mijn buik en is superzwaar in zijn draagdoek met zijn ledematen naar opzij als een mollige zeester. Ik houd mijn hand onder zijn kont. Het is lang geleden dat ik door de stad liep zonder dat ik een dringende taak had die me verblindde voor het uitzicht en de geluiden. De straten zien er al wat beter uit. Soepele stukken asfalt bedekken de plekken waar vroeger gaten en kloven zaten. Motoren en auto's, twee keer zoveel als voorheen, toeteren en zoeven van de ene plek naar de andere. Vrouwen lachen samen in het park. Ze drinken chai en kijken toe terwijl hun kleuters over koning Birendra klauteren, die net is gepoetst en er net zo knap uitziet als altijd.

'Vrachtauto!' schreeuwt Ravi blij.

Hij wijst naar een aantal gele bulldozers die grote stukken stoep weghalen om een hotel te kunnen bouwen. Ook Surkhet wordt volwassen.

De rivier voelt bijna eenzaam als we daar aankomen. Slechts een paar hutjes hangen vervaarlijk over de overhellende oever en het geluid van de stad verdringt de herrie van de vrouwen en hun hamers.

'Namasté,' zeg ik, terwijl Ravi en ik glimlachen naar een prachtige vrouw en haar dochter, die ongeveer vijf jaar oud lijkt. We kletsen een tijdje over haar kinderen en de mijne en dan geef ik haar mijn vriendelijke, maar ernstige waarschuwing.

'Weet je nog dat alles vorig jaar was overstroomd?'

'Ja, didi, we waren hier,' zegt ze.

'Heb je iets nodig om je voor te bereiden? Voor het geval dat?'

'Nee, didi. We zijn er klaar voor.'

En dat klopt.

Bijna iedereen die ik spreek heeft een logeeradres geregeld bij familie of buren. Ze hebben zandzakken en noodrantsoenen. Ze weten ons te vinden als ze hulp nodig hebben. Maar dat geldt niet voor iedereen. De stad lijkt het witte licht niet nodig te hebben: hij heeft van zichzelf al genoeg. Ik draai me om en ga naar huis.

Ik begin me af te vragen wat mijn plek hier is. Er is nog genoeg te doen, maar met een nieuwe generatie jonge, ondernemende Nepalese volwassenen, ben ik daar niet de juiste persoon voor. Ik zal tot mijn dood zorgen voor dit land, deze mensen en hun kinderen, maar het gaat heel goed met de vallei. Nepal zorgt voor Nepal. Als de scholen weer beginnen, stappen onze leerlingen van de vierde en de vijfde klas in de bus en gaan ze naar een landelijk gebied genaamd Dhulikhel, Kavrepalanchok om families te helpen die zijn getroffen door een aantal verwoestende aardbevingen. Wanneer we een complexe medische zaak aannemen, een baby genaamd Aruna uit de bergen, is het niet Amerika of een ngo die op onze hulpvraag ingaat: het is Nepal. Nepal brengt ons in contact met ervaren artsen, maatschappelijk werkers en medisch personeel. Nepal stuurt geld en brengt dekens, kleding, flessenvoeding en luiers naar de moeder van de baby in het ziekenhuis.

Mijn droom was een leeg rivierbed, een volk dat voor zichzelf kan opkomen, opgeleide kinderen en een veelbelovende toekomst. Het komt allemaal uit. Mijn hart dompelt zich onder in dat geluk en verzuipt in die waarheid. Als Nepal vaker voor zichzelf kan zorgen, moet ik me terugtrekken. Ik begin te denken aan een nieuwe droom.

Op 18 november 2015 worden we benoemd tot CNN Hero of the Year. Anderson Cooper spreekt míjn naam uit, maar de prijs behoort in de eerste plaats toe aan een heleboel andere mensen voordat ik er aanspraak op kan maken. Hij behoort toe aan Tope, aan Daju en Bauju, aan Ganesh die de schoolbus bestuurt en Jagat in de kliniek. Hij behoort toe aan Surkhet, onze prachtige, wonderlijke groene vallei. En in de eerste plaats zijn onze kinderen de helden.

De ruimte, zo groot dat er een stadion in past, barst uit in applaus en gefluit dat maar door blijft galmen. Ik sta op van mijn ronde tafel die zo van een bruiloftsreceptie had kunnen komen, met mijn gekrulde haar, prachtige jurk en net geschoren benen. Voor het eerst in maanden heb ik het koud. Ik kijk op. Op het scherm boven het podium zie ik een foto van Ravi, mijn beweegreden, de liefde van mijn leven. Hij lijkt wel twee verdiepingen groot. De rest van de ruimte vervaagt en het enige wat ik zie is mijn zoon. Ik loop op hem af. Het heeft niets te maken met een prijs, niets met erkenning, maar alles met hoeveel ik van hem en onze familie houd. Elke stap naar hem op mijn onhandige hoge hakken voelt als een stap naar vrede en volmaaktheid. Ik voel me dichter bij wie ik zou moeten zijn en alles wat ik ooit heb gewild. Als ik op het podium aankom, kom ik maar amper uit mijn woorden. Ik kijk naar Tope op de eerste rij. Hij heeft tranen in zijn ogen, straalt, klapt trots en moedigt me aan om iets te zeggen.

Als eerste bedank ik Tope. Op dat moment wil ik niets liever dan dat hij naast me zou staan. 'Nepal, bedankt dat jullie van mij hebben gehouden en mij geaccepteerd hebben als dochter en verwelkomd hebben in jullie land. Aan iedereen in deze ruimte en aan iedereen die kijkt: onthoud alsjeblieft dat wij in staat zijn om de wereld te creëren waar we in willen wonen, precies zoals we willen. En dat is wat alle helden die hier vanavond aanwezig zijn hebben gedaan.'

Ik kijk op naar mijn Ravi en voel hoe de wortels van een nieuwe droom zich in mij verankeren: *liefde.*

Ik kom weer aan in het hotel: wiebelig van de champagne en mijn prachtige, vreselijke schoenen. Ik laat de douche heet worden. Witte wolken kruipen onder de deuropening door en reiken in mistige tentakels naar boven. De mist weeft zich door mijn vingers en krult om mijn pols, net als de mist op Maha Bua. Op de beste en naarste manieren doet het me aan thuis denken. Als je de top van de berg hebt bereikt, ga je op zoek naar de volgende.

Wat zal mijn volgende berg zijn?

Overweldigd door het plezier en het verdriet van de prestatie, trek ik mijn kleren uit en stap ik de douche in. Het warme water slaat met een hol gespetter op mijn rug en laat rode plekken achter op mijn armen.

Is het water anders waar jij vandaan komt?

Ja, het is anders.

Ik laat me vallen in de kussens en maak ruimte voor een nieuwe droom.

liefde steun Nepalees lokaal duurzaam school versterken nederigheid vriendelijkheid moeder-zijn onverschrokken
Ravi

Mijn Ravi. De prachtige ogen die met elke glimlach op de vorm van banaantjes lijken, de vier piepkleine tandjes die net zichtbaar zijn door zijn roze tandvlees heen. De lach, wild en belachelijk, die recht uit zijn buikje komt. De droom is simpel.

Het is 30 december. Ik ben weer terug in ons drukke huis in Surkhet. Er is een vriendin op bezoek en ik pluk kerstspeelgoed van de vloer: zes houten treinen, een pop die al haar kleren kwijt is en een speelgoedhond met een zachte rode tong. Anjali begint te gillen. Het is een geluid dat ik nooit eerder heb gehoord: deels een sirene, deels dierlijk, deels monsterlijk. Dan beginnen de anderen mee te huilen, te brullen. Ik kijk uit het raam. In de tuin staat alles stil. De kinderen zijn als schaakstukken, vastgevroren op hun plek, die moeten worden opgepakt en verplaatst. Ik zie hoe ze een voor een op hun knieën vallen.

In de tijd die ik nodig heb om te gaan staan, raakt het huis vervuld met treurig gesnik. Een treurzang, de muziek van de verlorenen. De trap stelt niets meer voor. Ik vlieg eroverheen. De deur is niets. Ik besef niet eens dat ik hem open doe.

De lucht is koud en de grond is als taai leer. Kleine armpjes worden de lucht in gestoken en kleine vingertjes wijzen, maar geen van ons krijgt een woord over de lippen. De poort is open en zwaait rustig heen en weer. Net daar voorbij zit Karma op haar knieën naast de septische put en de enorme bruine plas water erin. Ze houdt haar armen ter hoogte van haar ellebogen en ze pompt met haar handpalmen tegen een klein borstkasje. Ze stopt en kijkt naar mij met grote ogen, gebarsten als glas.

Ravi.

Zijn haar is een donkere halo om zijn gezichtje, dat perfect is en vol leven, zelfs nu hij dood is. Zijn lievelingsshirt met rode strepen is zeiknat en is vastgezogen tegen zijn buikje.

'Ravi! Mijn kindje! Mijn kindje! Mijn kindje!'

Ik val op mijn knieën naast hem in de modderige drassigheid en gooi een beademingsmasker, waarvan ik niet eens meer weet dat ik het heb gepakt, over zijn gezicht en pomp, pomp, pomp. Pomp, pomp, pomp, pomp.

Hoe harder ik mijn best doe om hem terug te halen, hoe verder hij afglijdt. Ik kan niet naar hem kijken. Ik knijp keer op keer in de zak in mijn handen en krijs als een beest.

Hij moet naar adem hebben gehapt. Hij moet naar het wateroppervlak gekeken hebben of ik hem kwam redden, net als die keer dat ik hem in het zwembad liet vallen om hem te leren bang te zijn voor water. Ik las dat in mijn ouderschapsboek. Je laat ze een keer in het water vallen, zodat ze weten dat ze dat niet meer moeten doen. Ik had hem op zwemles moeten doen. Ik had moeten controleren of de arbeider het hek had dichtgedaan. Ik had de sterkte van de afdekking moeten testen. Ik had hem nooit uit het oog mogen verliezen. Waarom hield ik hem niet in de gaten? Waarom hield ik zijn lichaampje niet tegen het mijne, zoals ik altijd zo graag doe? Ik had mijn baby in mijn armen moeten houden. Ik zou hem nu in mijn armen moeten houden. Er is niets meer van hem over om vast te houden.

Ik draag hem, het omhulsel van mijn kindje, in mijn armen. Zijn beentjes hangen over mijn arm, zijn hoofdje zwalkt en wiebelt. Ik kus al zijn blote, modderige teentjes. Ik zing voor hem terwijl het rioolwater in mijn huid zinkt en de hemel donker kleurt. Als zijn huid koud wordt, blaas ik op hem zoals ik van de Nepalese moeders had geleerd als de kinderen ziek waren. Ik probeer mijn eigen leven in zijn lichaampje te gieten, hem erin onder te dompelen. Om zijn adem tot leven te wekken met de mijne, om zijn ogen te doordrenken met mijn tranen. Zijn lippen en nagels worden blauw. We snellen met hem naar het ziekenhuis waar hij zo'n groot deel van zijn kleine, ingewikkelde leventje heeft doorgebracht, maar het is te laat.

'Mijn kindje, mijn kindje, mijn kindje.'

De hemel begint op ons te vallen: Ravi wordt verlicht in een prachtige oranje gloed en vervolgens ondergedompeld in het donker. Ik bid voor het witte licht, maar het komt niet.

Ravi is weg. En ook ik verdwijn.

12

DODE PLANTEN

Lieve J,
Als jij opstaat om te dansen, doen wij allemaal mee.
– M

De ooms omwikkelen Ravi's lichaam met oranje stof en leggen hem in een klein kistje van licht hout. Ik kus zijn prachtige, dikke wangetje nog een laatste keer en sprenkel een druppel rivierwater op zijn lippen, zoals de priesters me opdragen. In Nepal begint de begrafenis zo snel mogelijk na de dood, voordat ongeloof kan uitgroeien tot verdriet. Voordat je beseft dat je om je baby rouwt, in plaats van dat je van hem houdt.

De vogels tsjilpen en kwetteren de hele middag door, alsof ze weten dat we gedag zeggen. Koekoeken en bruine palmtortels zingen mantra's en houden een grafrede. Ze moedigen de aarde aan om Ravi beschermend te omhelzen. Een oude priester loopt met wierook met de klok mee om het graf heen. Hij kreunt en jammert, zijn ogen gesloten in opperste concentratie. Hij lijkt meer op een vrouw die een baby baart, dan op een man die er een begraaft.

Heel Kopila Valley komt samen terwijl mannen uit het dorp het gat graven waar Ravi voor altijd zal rusten. De tantes en ooms houden zich groot voor de kinderen. De leraren van de school en de vakvrouwen van het vrouwencentrum huilen zachtjes. Tope en Kusum staan achterin en houden me in de gaten als een stel gouden haviken op de berg. De kinderen zijn overal. Ik sta naast hen: schouders raken schouders, hoofden zoeken geruststelling bij mijn heup, maar ik zie ze niet echt. Dat kan ik niet. Ik zie alleen het kistje waar Ravi slaapt in zijn nieuwe pak, met zijn haren geborsteld en zijn lippen nog steeds zo blauw als een lolly.

'Ravi, Raaaaaavvi,' jammer ik tegen hem, tegen zijn geest. Alsof we terug zijn in ons wereldje van alleen ons beiden: ons perfecte plekje waar elke boer en koude teen een wonder was. Waar liefde het bijzonderste was wat er bestond, maar ook het simpelste en in overvloed aanwezig.

Ik duik naar de kist en duw mijn wang tegen het koude, zachte hout. Keshav pakt me bij mijn middel alsof ik een brutale dronkenlap ben en brengt me terug naar de familie. Hij is achttien en meer een broer dan een zoon.

'Stil maar,' fluistert hij. Hij houdt me zachtjes vast in zijn nog zo dunne armen en streelt de achterkant van mijn hoofd met zijn hand. Mijn kind houdt me vast en omringt me terwijl we op de aarde zitten in het bos bij het graf van Ravi. Als ik de kinderen zie, probeer ik hen ook vast te houden. 'We zijn nog steeds een familie,' zeg ik keer op keer op keer. 'We zijn nog steeds een familie.'

'Ravi.'

Het is de enige taal die ik nog spreek. Het is het antwoord op elke vraag, de ultieme uitdrukking van vreugde, het vloekwoord, de klaagzang. Het is het mooiste verhaal dat ooit is verteld. En het ergste.

'Ravi.'

Hij werd het symbool van heel BlinkNow, onze hele missie. Ik ben niet de eerste moeder die haar kind heeft verloren. Dat weet ik. Ik heb vrouwen vastgehouden die tekeergingen en versmolten met de grond, net zoals ik nu zelf in elkaar ben gezakt. Ik heb ze gezien met hun handen op hun keel terwijl ze hun eigen geschreeuw probeerden te smoren. Ik heb ze gesust, heen en weer gewiegd en geprobeerd om het verdriet in hun lichamen te verzachten. Ik heb ze loze beloftes gedaan dat alles goed zou komen, dat we dit samen zouden doorstaan. Ik wist niet dat het woord 'samen' ineens volledig betekenisloos was geworden. Samenzijn is onmogelijk wanneer alles ontbreekt.

Mijn schouders schieten omhoog en mijn longen vullen zich ineens met lucht. Ik vergeet steeds dat ik moet ademhalen.

Hoe kan dit ons zijn overkomen?

Waarom? Waarom? Waarom?

De verdrietige oude liederen van de priester komen en gaan en het kistje gaat heel langzaam, te langzaam, de grond in. Hij sterft honderd keer terwijl hij centimeter voor centimeter in de aarde zakt. Mijn kinderen houden elkaars handen vast en frummelen aan hun gebedskralen. De kinderen die het begrijpen huilen om Ravi, om mij. De kinderen die het niet begrijpen, proberen te ontsnappen aan de verveling en hun volle blaas. Hun kleine, fluweelachtige stemmen struikelen over mantra's voor hun kleinste broertje, maar ze gaan door. Ze geloven dat Ravi terug zal komen. Zijn ziel zal keer op keer opnieuw geboren worden: als een boom of een sprinkhaan of een kitten. Ze sluiten hun ogen en vinden de rust en troost die geloof, zonder twijfels en volledig puur, kan verschaffen.

Voor mij is er geen geruststelling. Ravi zou een voetballer worden, een student, een astrofysicus: geen kikker of een beetje mos of iemands huisdier. Ravi was geen incarnatie. Hij was mijn zoon.

Ik til mijn hoofd op van de schouder van Keshav en probeer nog een laatste keer naar Ravi te kijken, maar de zon prikt in mijn ogen alsof hij beter weet. Het is een genade, de enige genade. Ik kruip tegen Keshav aan en luister hoe hoopjes aarde op de strokleurige kist vallen.

'Ravi. Mijn kindje. Mijn kindje. Mijn kindje. Mijn kindje.'

'Alles komt goed,' fluistert Keshav. 'Stil maar.'

Naarmate de dagen verstrijken, krijg ik het idee dat de kinderen beginnen te herstellen. Ze giechelen en kijken naar *De Kronieken van Narnia* en spelen met hun fietsen op de oprit. Ze maken ruzie met elkaar en vangen padden en oefenen akkoorden op de gitaren die ze met Kerstmis hebben gekregen. Ik hou me eraan vast, alsof het bewijs is dat het wel goedkomt met ze. Er groeit een tedere nieuw huid over de rauwe open wond. Zij gaan verder, ze gaan door. Kleur laat goud en roze achter op de appels van hun wangen. Terwijl zij breuken leren en sla plukken in de tuin, kan ik nog niet alleen mijn tanden poetsen of naar de wc. Ik vraag me af of het hun jeugd of hun ervaring is die hen helpt.

Anjali zag haar ouders sterven toen ze zes jaar oud was. Namraj was nog warm van de moedermelk toen zijn moeder vertrok. We vonden Maya als een angstig weeskind, helemaal alleen. Het leven rolt naar binnen en naar buiten, een ritme zonder dirigent. Niets kan het verleiden of beïnvloeden. Hier raak je je zoon kwijt of je moeder, maar je haalt het haardhout, zorgt voor de dieren, draagt het water en stookt het vuur op. Als je heel veel mazzel hebt, ga je naar school. Rouw is een afschuwelijke luxe die alleen mensen met privileges zich kunnen veroorloven en ik ontzeg het mezelf niet.

Ik wil mezelf steeds beter voelen, ik wil überhaupt iets voelen, maar na een week kan ik nog steeds amper mijn ogen openen en de realiteit aanvaarden dat ik nog besta. Ravi's wiegje staat nog naast mijn bed en er ligt een stapeltje zachte, witte luiers netjes op mijn plank. Alles is een monument aan hem en mag niet verroerd of verplaatst worden. Tante Ubji vraagt of ze voor me mag opruimen, maar ik geef niet eens antwoord. Ik lig daar gewoon met Ravi's pyjama op mijn gezicht, op zoek naar een spoortje van hem. Al snel ruiken ze meer naar mijn eigen adem dan de zijne.

De kinderen die zich sterk voelen zorgen voor mij zoals ik voor hen zou moeten zorgen. Maya komt 's ochtends naar mijn bed en veegt met het ene na het andere zakdoekje mijn tranen weg. Sagar probeert koffie te maken omdat hij weet dat ik daar normaal gesproken altijd vrolijk van word. Namraj komt 's nachts tegen me aan liggen, zoals hij deed toen hij nog een baby was, voordat Ravi bestond. Ik kan niet eens met hem praten, maar hij lijkt dat niet te verwachten. Hij duwt zijn koude voetjes tegen mijn schenen en speelt met mijn haar terwijl Sabita 'Castle on a Cloud' uit *Les Misérables* voor ons zingt. Ravi was dol op haar gezang. Ik probeer te onthouden dat zij haar broertje heeft verloren, dat ze allemaal iemand hebben verloren, maar ik kan niet verder kijken dan mijn eigen verdriet.

Sommigen van hen zijn bang voor me. Ik kan het ze niet kwalijk nemen.

Ik ben ook bang, namens hen.

Ze schuifelen angstig mijn kamer in om te kijken hoe het met me gaat. Ze weten nooit helemaal hoe ze me aan zullen treffen. Midden in de nacht horen ze me huilen. Ze zien de rode bult op mijn hoofd, kloppend en bebloed omdat ik steeds met mijn schedel tegen de muur sla. Als ze dapper genoeg zijn om me aan te raken, voelen ze botten waar ooit zachtheid zat.

Kleine Jhagat wordt anderhalve week na de begrafenis zes en hij wil niet bij me in de buurt komen. Hij staat erop om Bauju's hand vast te houden als ik in de buurt ben.

'Je bent zes!' dwing ik mezelf zo vrolijk mogelijk te zeggen. Ik zit op een plastic stoel in de kamer die we gebruiken voor satsung.

Ik nodig hem uit om naast me te komen zitten, maar dat wil hij niet. Ik moet hem omkopen met een op afstand bestuurbare helikopter en een zak speelgoed. Hij komt steeds dichterbij en voelt zich uiteindelijk zelfs dapper genoeg om naar zijn schatten te kijken.

'Is dat echt voor mij?' vraagt hij.

'Ja, dat is voor jou!' Ik dwing mezelf om te glimlachen en draai de plastic propeller rond, maar ik ben gebroken. Ik ben dood vanbinnen. Het enige waar ik aan kan denken, is Ravi. Ik zal nooit kunnen zien hoe hij een cadeautje openmaakt of het glazuur van de onderkant van de kaarsjes van zijn verjaardagstaart likt.

De tranen stromen over mijn wangen, maar ik begin 'Happy Birthday' te zingen en geef aan dat de anderen mee moeten doen. Een voor een zingen ze aarzelend mee en dragen ze de melodie voor me, zoals ze alles dragen sinds Ravi niet meer onder ons is. Ik kon ze niet in de ogen kijken, maar nu zie ik ze. Ik zie chaos in een ruimte die is ontworpen voor vrede. Ik zie míjn pijn in hun ogen, míjn leegte op hun huid, míjn angst en vermoeidheid die ze wallen geeft. Ze zijn afgrijselijke spiegels.

'Gefeliciteerd, lieve Jhagat,' schreeuwen ze, meer uit plichtsgevoel dan uit enthousiasme.

Ik kan het niet meer aan.

Mijn hoofd valt in mijn handen, mijn knieën vallen op de grond. Jhagat rent bij me weg en ik zie hem dagenlang niet meer.

Verman je, zeg ik tegen mezelf. *Wees dapperder. Wees sterker. Doe het voor de kinderen.*

Ik zet een borstel in de kluwen haar op mijn hoofd en neem een slok van Sagars vieze koffie. Dan zie ik Ravi's kleine sneakers bij de deur staan, nog steeds bedekt met modder na ons laatste avontuur. Ze zijn inmiddels bedekt onder een laagje stof. Hij is nergens, en toch is hij overal.

Ik probeer op te staan.

Ik probeer dankbaar te zijn.

Ik probeer een moeder te zijn.

Ik faal.

Mijn enige taak was Ravi beschermen en ik heb gefaald.

Ik weet niet zeker hoeveel tijd er verstrijkt, minder dan twee weken misschien, maar op een dag staan Kate en mijn moeder als spoken in mijn slaapkameropening. Familie van wie ik niet meer wist dat ik ze had, uit een ander leven. Ze pakken een koffer met verfrommelde kledingstukken en vissen mijn paspoort uit de la.

'We moeten een tijdje naar huis,' zegt mijn moeder zo lief mogelijk terwijl ze bij het uiteinde van het bed staat. 'We moeten hulp voor je zoeken.'

De lieve Kate wrijft over mijn hand totdat hij een beetje pijn begint te doen en trekt me uit bed. Ik wil niet weg. *Wat voor moeder laat haar kinderen achter?*

Jhagat kijkt door de kapotte deur heen en knippert met zijn ellenlange wimpers. Als we elkaar aankijken, rilt hij en rent hij weg de gang in.

Ik heb ze al verlaten.

Mijn moeder kleedt me aan in een legging en een enorm T-shirt met '*I love Kopila*' erop en neemt me mee naar de tuin. Als een robot buig ik voorover om hoofdjes te zoenen. Ik open en sluit mijn armen en weet het woord 'vaarwel' uit te brengen alsof ik een machine in een fabriek ben. Ik zeg niet wanneer ik terugkom. Ik weet niet zeker wanneer dat gaat zijn. Kate zet me in de zon, alsof ik een dode plant ben, en duwt me dan in de auto en een paar uur later in een vliegtuig. De zwaartekracht duwt me naar achteren en het geronk van de motoren sust me in slaap. De volgende twee weken slaap ik aan één stuk door.

Na een paar weken leegte sta ik weer. Ik loop. Ik doe yoga-oefeningen en luister naar muziek. Ik lees boeken, voornamelijk over de dood en rouwen. Maar ik kan me wel concentreren op de woorden: ze tuimelen niet en gaan niet in elkaar over. Ik kan ze netjes verwerken in mijn brein. Ik ben dertien dagen in Chatham geweest, een stad vlak bij waar mijn moeder woont en vlak bij Ruth.

De pijn komt en gaat in golven: de ene harder dan de andere. Het gaat van een kalm wateroppervlak naar een rimpeling op het water, tot een enorme blauwe muur die me verslindt waardoor ik onder het braaksel eindig op de badkamervloer. Ik kan het niet voorspellen of ontwijken. Ik breng het afval weg en er valt een blikje tonijn uit de zak. Ravi verschijnt in een herinnering terwijl hij op een blikje slaat alsof het een koeienbel is. Ik eet iets sompigs en denk weer terug aan toen hij voor het eerst vast voedsel kreeg, hoe hij de rijst over zijn buikje wreef en hoe verraden hij zich voelde door het stukje citroen dat er net zo zoet uit had gezien als de sinaasappel. Soms kan ik de kleine dromen van hem overleven. Ik houd me vast aan de rand van het aanrecht in de keuken en laat het over me heen komen. Soms geef ik over tot er niets meer in mijn maag zit en lig ik een uur lang op de vloer een God uit te schelden terwijl ik niet eens meer zeker weet of ik wel in hem geloof.

Wat voor God neemt op deze manier een kind af? Als karma echt bestaat, wat heb ik dan fout gedaan?

Maar dan denk ik aan mijn kinderen. Aan Nisha die zag hoe haar moeder levend werd opgegeten door de kanker en...

Wat voor God neemt een kind haar moeder af?

Ik heb altijd geloofd dat het universum rechtvaardig was. Als er een God was, dan was God goed en eerlijk. Ik gedroeg me. Ik probeerde goede dingen te doen. Ik hield van mijn kinderen. Het deed er allemaal niet toe. Ravi is dood. Ik heb hem van een hoopje botten zien veranderen in het mooiste, felste lichtje ter wereld en nu is hij er niet meer.

Waarom?

Ik verwachtte de voorzienigheid waar ik me voor had aangemeld. Het werd me beloofd in elke kinderverhaal, elk sprookje en elke religieuze tekst. Ik weet dat het niet zo werkt. Niet iedereen die lijdt verdient pijn. Niet iedereen die het voor de wind gaat, heeft dat verdiend. Het leven snelt naar binnen en het snelt weer weg, zonder te pauzeren, na te denken of te belonen. Ik weet niet of ik wil schuilen bij God of dat ik voor hem moet schuilen. Ik weet niet zeker of God wel bestaat.

De dagen zijn zwaar. De nachten zijn zwaarder. Dat was onze tijd. Ik lig daar met een kussen op mijn borst, op de plek waar mijn kindje zou moeten liggen, en ik denk aan de rivier. Ik denk aan de reisjes die we maakten naar ons geheime strand en probeer ze in mijn hoofd te herbeleven. De kinderen rennen het zand op: hun buikjes pijnlijk van de slechte vering van de jeep en de gaten in de weg. Een duikt het water in, dan nog een en dan Ravi en ik. Het water is ijskoud en zo blauw van de mineralen dat je ermee zou kunnen schilderen. Onze vingertoppen zien eruit als pruimen en het water kalmeert ons met de geluiden die het maakt door alleen maar te zijn: kolkend, gorgelend en klotsend tegen de kust. Ravi was dol op het water. Ik ook. Ik badderde mijn kinderen in de Bulbule en waste hun kleren op de rotsen. Ik dronk uit de levenskrachtige bron op Maha Bua en liet het mijn beschadigde huid kalmeren. Lang voor Nepal was er de hagelwitte waterval die ik had gevonden in het bos en het met dennenbomen omringde meer waar ik heb leren zwemmen. Hima en ik vonden elkaar bij de rivier. Ik verloor Ravi in een kleine bruine vijver.

Waarom moest hij verdrinken?

In mijn dromen trek ik hem uit het water en sla ik op zijn ruggetje. Ik graaf hem op uit de kist in de grond en besef dat hij al die tijd gewoon in leven was. Dat hij niet echt dood is. Hij wordt wakker. Maar dan word ook ik wakker. Hij drijft in elke weerspiegelende plas op straat en in elk glas ijswater dat ik van mijn vriendinnen moet drinken als ze op bezoek komen. Het verlies is zo groot dat het mijn dorst heeft gestolen. Ik hield van water, maar ik kan er nu amper naar kijken.

Mijn vrienden, onze achterban, zo'n beetje iedereen die ik ken stuurt me berichtjes en belt en komt langs. Ik kan het niet opbrengen om de telefoon op te nemen of de deur open te doen. Ik kan de condoleancekaartjes niet lezen en niet kijken naar de bloemen op tafel. Ik kan nog geen e-mail openen. Mijn vriendin Megan is therapeut en gespecialiseerd in trauma en in het begin is zij de enige die ik onder ogen kan komen. Ze komt langs om te kijken of ik genoeg drink en of ik veilig ben. Als ik helemaal stop met eten en slapen, maakt ze een afspraak met een therapeute genaamd Deb. Ze moet me er praktisch naartoe dragen.

De kamer ruikt naar sandelhout en zwarte thee en als ik naar binnen loop, mis ik al mijn kinderen tegelijk. Deb is klein en dun en ze draagt een typisch therapeutenuniform: een zijden sjaal, aparte oorbellen en een knuffelbare trui.

'Fijn dat je er bent.' Ze glimlacht naar me en ik laat me meevoeren naar haar zachte, grijze bank.

'Ik vind het zo erg voor je,' zegt ze. 'Ik vind het echt zo vreselijk voor je.' Ze gaat naast me zitten en drukt op een knopje op haar olieverdamper die zichzelf meteen in slaap zoemt op het tafeltje. Ik mis de geur meteen.

'Ik heb mijn kindje verloren,' zeg ik tegen haar.

'Ik weet het,' zegt ze. 'Ik vind het zo vreselijk voor je.'

Mijn Ravi.

Alles wordt zwart voor mijn ogen en voordat ik iets kan zeggen ben ik aan het schreeuwen, als een dier in een val. Ik sla een boek over landschapskunst van haar koffietafel, hap naar adem en spartel in het rond. Ze houdt me vast met de kracht en wetenschap van iemand die ook ooit vastgehouden moest worden en ik begraaf mijn gezicht in de kabels van haar gebreide trui en houd ze vast alsof ze kunnen voorkomen dat ik wegdrijf.

'Stil maar,' fluistert ze, net als Keshav deed. Ik wacht tot ze me belooft dat alles goed komt. Dat doet ze niet.

Een kop linzensoep verschijnt uit een hoek: een goedaardige, alwetende soepgod. Ik kijk naar de roestkleurige bouillon en denk weer aan verdrinken, maar ze voert me een lepel en ik slurp het door mijn tanden op. Ze dwingt me om nog een lepel soep te eten en dan nog een. Ik voel me sterker, dus ik probeer het nog eens.

'Ravi wilde altijd alleen mij. Zijn hele gezichtje begon te stralen als hij wist dat ik in de buurt was. Ik had nog nooit zoiets gezien. Hij dacht dat ik de grappigste, meest hilarische, geweldigste persoon ter wereld was. Ik hoefde niet eens iets te doen. Niets. Hij zei "mama", keer op keer op keer op keer. Zo'n liefde verandert je.'

Deb knikt. 'Ik vind het zo naar voor je. Ik weet dat hij de liefde van je leven was. Ik heb de liefde van mijn leven ook verloren.'

Ze leunt achterover op de bank, doet haar bril op en knijpt in haar neusbrug alsof zij ook elk moment in tranen kan uitbarsten. 'Mijn echtgenoot.' Ze glimlacht, misschien door een herinnering aan hem. 'Mijn zoons waren vier en vijf. Ik dacht dat ik zou sterven.'

'Ik heb mijn kinderen verteld dat ik zou sterven als hun ooit iets zou overkomen,' biecht ik op. 'Ik heb dat zo vaak gezegd.'

Een lange tijd zitten we samen zonder iets te zeggen. Ergens in de stilte wordt ze meer een vriendin dan een vreemde.

'Hoe kom ik dit ooit weer te boven?' vraag ik. 'Hoe kan ik door met mijn leven?' Ik huil en tril.

Eventjes zie ik mezelf door haar ogen: het matte haar, de enorme oude trui die over mijn gratenpakhuis van een lichaam gedrapeerd is, de puistjes op mijn kin.

'Afgelopen maand heb ik mijn planten dood laten gaan,' zucht Deb. 'God, ik was dol op die dingen.'

Mijn ogen kijken weer even naar haar. Ze ziet eruit alsof niemand meer van haar planten houdt dan zij.

'Ik had de achterdeur open laten staan toen ik een lang weekend weg was. Er was een sneeuwstorm. De veranda was bevroren en tegen de tijd dat ik terugkwam, waren al mijn planten bruin en dood. Dood. Weg. Ze waren gewoon weg. Er leek geen celletje leven meer in te zitten. Mijn buurvrouw zei dat ik ze weg moest gooien, maar dat kon ik natuurlijk niet. Ik bleef ze water en voeding geven, zoals ik dat altijd had gedaan.'

Ik heb geen idee wat ze hiermee wil zeggen, maar ik luister want ze heeft me net gevoerd en ik mocht mijn neus afvegen in haar haren.

'Op een dag zag ik een klein groen vlekje op de lepelplant en een klein knopje,' zegt ze. 'En ik dacht: hij komt weer terug! Een beetje leven. Een klein, groen vlekje. Je moet de kleine groene vlekjes in jezelf vinden. Vind het vlekje, voed het tot het groeit, totdat je weer voelt dat je leeft. De pijn en het trauma en het verdriet zullen nooit verdwijnen, maar je zult je weg naar het leven weer terugvinden. Je zult plezier vinden. Je zult weer lachen. Je kunt dit niet te boven komen, maar je kunt wel verder.'

Nu er weer water in mijn lichaam zit en ik wat bouillon heb gedronken, kan ik weer rechtop zitten. Megan verschijnt in de deuropening. We zeggen elkaar gedag en ik beloof Deb dat ik zal blijven zoeken naar het vlekje.

Heel, heel langzaam word ik wat rustiger. De weken daarna besluit ik te verhuizen van mijn donkere slaapkamer naar de kleine open haard in mijn woonkamer en het pluizige kleedje dat ervoor ligt. Ik lees Mary Oliver en Rumi en Hafiz in plaats van een boek over rouwverwerking. Mijn vriendin Leslie komt langs. Ze heeft een schep en strooizout voor mijn besneeuwde veranda. Ze heeft zelfgemaakt bananenbrood en nog meer soep. Ze heeft elke e-mail en condoleancebrief in een boek en een map gestopt. Ik vind wat woorden in mijn mond en ik kan met haar praten. Ze heeft haar broer verloren. Deze afgelopen weken heb ik ontdekt dat alleen de vrouwen die het onuitspreekbare hebben meegemaakt weten wat ze moeten zeggen. Alle andere woorden van anderen voelen zo scherp als een mes.

Als mijn beste vriendinnen voor de deur staan met Thais eten en rode wijn, laat ik ze binnen. Ik draag 'de beste grijze joggingbroek ter wereld' die ze voor me hebben gekocht en ruik de bruisballen met echte lavendel en patchoeli. Ik vul het bad, iets waarvan ik had gezworen dat ik het nooit, nooit meer zou doen, en steek mijn voeten in het water. Ik voel hoe de warme vloeistof mijn enkels streelt. Ik schreeuw niet meer tegen mijn moeder en hou in plaats daarvan een dagboek bij. Het is vooral veel gevloek. Ik blijf bij Deb langsgaan. Ze lacht om de grapjes die ik wonder boven wonder nog kan maken en we praten over rouw en de levenslange epische teringzooi waar we ons samen in bevinden. Ik vertel haar over mijn kinderen, alle vijftig, en ze luistert. Het wekkertje piept voor de soep die ze op een dag voor me maakt en ik herinner me dat ik een moeder ben.

Die avond belt Tope me via FaceTime. Het enige wat ik zie als het scherm aangaat is Bishals enorme, stomende mond.

'Mama Maggie! Mama Maggie! Kijk!'

Hij beweegt een kleine, wazige tand zo groot als een sesamzaadje naar de camera toe.

'Ik ben mijn tand verloren!'

De kinderen beginnen te gillen. Het scherm wiebelt en het

geluid valt weg. Het is Mardi Gras en Dashain tegelijk. Allemaal vanwege Bishals tand. Ze springen en klappen en giechelen totdat ze er windjes van moeten laten. De tantes trekken ze van de meubels en uit elkaar en vertellen ze om hun schoolboeken in te pakken! Hun ontbijt op te eten! Hun tanden te poetsen! Bishal ontwijkt de boze blik van tante Kusum, steekt zijn wijsvingers in de lucht en doet een discodansje.

Mijn ogen worden nat. Mijn lichaam schudt. Ik lach. Spieren in mijn buik waarvan ik dacht dat ze dood waren, komen weer tot leven met korte, pijnlijke weeën. Mijn wangen branden. Mijn lippen breken open terwijl ze zich uitstrekken over mijn gezicht en ik jank als een hond. Ik steek mijn vinger in de lucht en doe Bishal na. Als ze mij zien dansen, hoor ik een uitbarsting van muziek en gejoel en geschreeuw. Maya springt voor de camera en gooit hem om met haar paardenstaart die is vastgebonden met een groot, limoenkleurig lint.

Mijn groene vlekje.

De volgende ochtend word ik wakker. Voor het eerst in een maand heb ik dorst.

13

IETS MOEDIGS

Lieve kleine B,
Ik mis je. Het gat waar je kleine babytandje zou moeten zitten, doet mijn hart op hol slaan. Je bent altijd zo dapper.
– M

Slechts een week lang verzacht een valse lente het kille, grijze weer van New Jersey. Grassprietjes groeien voorzichtig door de stukken ijs die de bloembedden bedekken en een aantal vogeltjes met rode borstjes weten wormen uit de keiharde aarde te trekken. De zon is vrijgevig en ik kan de wortels van de bomen weer zien. Ik heb ze gemist. Overal waar ik kijk, zie ik een groen vlekje en ik dwing mezelf om te kijken, ook al wil ik dat helemaal niet.

Ik heb mezelf opgedragen om elke dag iets moedigs te doen. Het hoeft niet iets groots te zijn, als het maar moedig is. Ik maak die belofte in de hoop dat ik mijn weg naar mezelf, en uiteindelijk naar mijn kinderen en Nepal, weer terug kan vinden. Soms is het moedig om adem te halen wanneer ademhalen voelt als verzet. Soms is het de telefoon opnemen. Wanneer de schaamte mij een verhaal vertelt:

Als jij op hem had gelet, zou hij nu nog leven.

Vertel ik mezelf een ander verhaal:

Je dacht dat hij in goede handen was.

Op een middag, als het niet druk is, ga ik naar de drogist om te oefenen met onder de mensen komen. Het voelt alsof ik van een hoge klif af moet duiken. Ik zit op de parkeerplaats naar de mensen te kijken. Iedereen ziet er gelukkig en druk uit: ze stoppen wortelloof terug in hun boodschappentassen, balanceren met kartonnen dozen vol koffie en dragen hun kwispelende honden op om netjes naast hen te blijven lopen en niet te snuffelen bij ieder kindje in een dikke jas dat langsloopt. Ik kijk en ik wacht vanachter mijn autoraam: als een vis in een kom. Ik hoor niet thuis in dit hok, maar ik kan buiten nog niet overleven.

Als ik eindelijk dapper genoeg ben om naar binnen te gaan, zie ik uiteraard overal baby's. Ze slapen in kinderwagens en spartelen in winkelkarretjes: gevangen door hun eigen mollige dijen. Ze staren zonder te knipperen naar me met grote ogen en met spuugdraden aan hun lippen. Ik kreun als ik de pakken luiers en babyshampoo zie. Ik duik het gangpad met de make-up in om op adem te komen en doe net alsof ik mascara wil kopen. Als dat niet werkt, doe ik net alsof ik ijs wil hebben. Ik zie het boek *Ben jij mijn moeder?* bij de kassa en vraag me af of Ravi ergens naar mij op zoek is, net als het kleine bruine vogeltje uit het verhaal.

De jongen bij de kassa is zo vriendelijk dat ik hem niet bij kan houden. Hij vraagt me of ik een fijne dag heb en ik geef geen antwoord. Hij lijkt dat niet erg te vinden en neuriet de melodie van 'You can't hurry love' terwijl hij mijn kauwgom scant.

Ik wil de wereld zoveel vertellen, maar het lukt me niet.

Ik beloof dat er een reden is dat ik niet glimlach.

Ik beloof dat er een reden is waarom mijn ogen opgezwollen zijn.

Ik beloof je dat ik normaal niet zo ben.

Ik beloof je dat ik op een dag goedemiddag zal zeggen, maar op dit moment weet ik niet eens hoe het kan dat ik nog op mijn benen sta.

Ravi is overal. Hij verschijnt in een pot pindakaas, de bevroren frambozenstruik en het vliegtuig in de lucht. Verdriet kan alle mogelijke vormen aannemen.

Ik vind kleine veilige plekken: de yogaruimte, de eetkamer van Ruth en Hans met hun twee tienermeiden voor wie ik wanhopig mijn best doe om sterk te blijven.

Op een dag is mijn 'iets moedigs doen' naar het huis gaan van een geliefd bestuurslid, Eileen Quick, en haar kersverse kleinkind vasthouden. Het breekt me bijna, maar ik voel geen jaloezie of zelfmedelijden. Als ik weer wegrijd, ben ik trots op mezelf. Ik voel een ander vlekje in me weer tot leven komen. Ik kan een baby vasthouden. Ik kan lange wandelingen maken met Kim Wentworth en met Megan.

In januari moet ik naar Los Angeles. Als onderdeel van het CNN Heroes-contract moet ik een verplichte training volgen. Ik gebruik het als een deadline voor mijn triomfantelijke terugkeer naar mijn werk. Ik ben er nog lang niet klaar voor: er zijn pas een paar weken verstreken sinds ik mijn kindje heb verloren. Naar de apotheek gaan voelt als topsport en mijn lichaam verdraagt niets anders dan grapefruits. De kleine koelkast in mijn appartement ziet eruit als de ballenopslag in een bowlingbaan. Dit is een bestaan, maar geen leven. Het kan niet eeuwig doorgaan. Ik denk aan Nepalese families die hun geliefden verliezen en de volgende dag wakker worden om water of brandhout te halen dat zij met verdriet op hun schouders dragen; maar het staat ze zelden in de weg.

Ik schaam me ervoor dat ik dit nodig heb: het kleine appartement met de open haard, het feit dat ik niet hoef te werken, de therapie... Maar ik heb het wel nodig. Ik schaam me dat ik vijftig kinderen heb achtergelaten in Surkhet en ik schaam me nog meer dat iedereen het er blijkbaar mee eens was dat het beter was als ik zou vertrekken. Mijn kinderen hebben me nodig, ook al voel ik me meer een leegstaand huis dan een moeder. Maar ik heb hen ook nodig. Ik moet terug.

Ik beloof Ruth dat ik het ticket zal boeken, maar naarmate de deadline nadert, kan ik nog steeds maar net uit bed komen.

'Het gaat niet,' zeg ik tegen haar. 'Ik kan niet gaan.'

Het laatste wat ik wil, is mijn warme huis verlaten: de open haard, de lavendelverdamper, de kleine geneeskrachtige plek die ik voor mezelf heb gemaakt waar niemand zich met me bemoeit. Ruth runt de stichting de afgelopen paar maanden. De tantes en ooms voeden de kinderen op.

'Maggie, je gaat dat ticket boeken en wel nu. Je kunt dit. Ik weet het zeker,' zegt ze. 'Californië zal je goed doen. Ga bij je vrienden langs! Laat de zon even op je schijnen.'

Amerika en Nepal zijn compleet andere landen, maar ze zijn het eens over de kracht van de zon. Ik weet nog hoe de lieve Nepalese mama's in de dorpen hun snotterige baby's insmeerden met olie en ze in de zon legden om ze beter te maken, als een rijtje bikinimodellen.

'Ik kan het niet,' kreun ik.

'Jawel. En het gaat fantastisch worden!'

Twee dagen later helpt ze me om mijn kledingkast in een koffer te proppen en zet ze me af op het vliegveld van Newark.

'Je kunt altijd weer terugkomen.' Ruth glimlacht, houdt mijn handen vast en knijpt er stevig in. Haar Subaru toetert vrolijk, alsof hij uit een tekenfilm komt, en ze rijdt weg. Ik ben alleen met mijn stevige koffer, de pijn in mijn buik en een miljoen angsten.

Het vliegveld was ons plekje. We moesten vaak met het vliegtuig voor operaties en medische behandelingen. De meeste mensen zien ertegen op om met een baby te reizen, maar ik vond het heerlijk om te vliegen met Ravi. Hij genoot van het gerammel van de wieltjes van de koffer op de loopband en de luide aankondigingen waar we altijd van schrokken en die altijd uit het niets leken te komen. We brachten een eeuwigheid door met rondneuzen in de souvenirwinkeltjes met hun sneeuwbollen en magneten en knuffelberen met korte truitjes met 'I Love New York' of Dubai of Helsinki erop. Hij maakte iedereen overal aan het lachen. In het begin keek iedereen me meelevend aan als ik stond te klooien met dienbladen bij de beveiliging en ik de kinderwagen door de röntgenmachine probeerde te krijgen. *Die arme moeder reist helemaal alleen met een baby.* Maar als ze even naar hem keken, begrepen ze het volkomen. Er was niet meer nodig dan dat om betoverd te worden door Ravi, om te beseffen dat hij magisch was: anders dan iedere andere baby of persoon ter wereld. De herinneringen komen allemaal tegelijk weer terug. Het voelt zo verkeerd om hier te zijn zonder hem.

Ik voer mijn paspoort in bij de kiosk van United Airlines en de automaat vraagt of ik reis met een kind. De pijn schiet door mijn buik en elke centimeter van mijn lichaam. Met alle kracht die ik op kan brengen, druk ik op de knop 'Nee'.

Voorovergebogen van de pijn loop ik naar de gate. Ik koop mijn eerste koffie in maanden en gebruik een kersvers exemplaar van *Het meisje in de trein* als oogkleppen tot de laatste oproep om te gaan boarden.

Stap in dat vliegtuig.

Stap in dat vliegtuig.

STAP IN DAT VLIEGTUIG, MAGGIE!

Eén moedige daad, zeg ik tegen mezelf. Gewoon één moedige daad per keer.

Californië kan alles zijn wat je wilt. Er is net zoveel rode wijn als dat er oceaanwater is. Je vindt er het uitzichtpunt de Lone Cypress en de Muir Woods. Je kunt jezelf hier vinden of net doen alsof je iemand anders bent. Ik doe dat laatste. Overal op de stoep en de terrassen van de restaurants vind je aspirant-acteurs die klaarstaan om te doen alsof, om te verdwijnen in een nieuw leven. Ik ben gewoon een van hen.

Ik verblijf in een simpel hotel op Sunset, in de buurt van een IHOP en het CNN-gebouw. Het is enorm, gemaakt van zwart glas en het ziet eruit alsof het elk moment een leger *stormtroopers* de wereld in kan sturen. Er staat een zilveren koffiekan in de lobby van het hotel en op de ochtend van de training ben ik een uur lang bekertjes aan het inschenken tot het zweet onder mijn oksels klotst en mijn hart als een razende tekeergaat. Ik sport in de kleine sportschool en schuif net zo lang heen en weer op de roeimachine totdat ik genoeg serotonine en cafeïne in mijn bloed heb om de dag door te kunnen komen.

Als Ravi's moeder overleef ik het niet, dus ik trek een kostuum aan van Ann Taylor LOFT en doe mijn haar in een knot die zo strak zit dat mijn wenkbrauwen bovenaan mijn schedel komen te zitten. Ik zie er niet meer uit als Maggie Doyne. Ik zie eruit als iemand die een sigarettenhouder gebruikt en die een jas van puppy's wil maken.

'Eén moedige daad per keer,' zeg ik tegen mezelf in de spiegel. Hoewel ik niet zeker weet hoe moedig het is om je te verstoppen achter een muur van kaki.

De persoon in wie ik die dag verander, hoort thuis in de chique conferentiezaal van de non-profit-training van de Annenberg Foundation met de ronddraaiende stoelen en de enorme map en de gratis bagels. Ze luistert naar mensen die praten over hamburgers en spinninglessen die je leven zullen veranderen en ze kan zelfs knikken alsof het haar wat interesseert. Ja hoor, ze wil de frietjes in *animal-style* wel proberen en nee, ze heeft nog nooit yoga gedaan op een hometrainer. Ze is gezellig en heeft geweldige ideeën. Zij heeft niet net haar zoon verloren, maar ik wel. Niemand hier weet dat Ravi is overleden, alleen Libby Delana en Patty. Ze zijn bij me tijdens de training en blijven de hele dag naast me zitten en knijpen onder tafel in mijn handen. Ze herinneren me eraan om pauzes te nemen en water te drinken. We praten over het werk dat ik doe en van een afstandje, in mijn werkkleding en make-up, verwijderd van wie ik werkelijk ben en van alles in mijn hart, kan ik zin hebben in de toekomst. Aan het einde van de dag zie ik de komende vijf jaar helder voor me, maar ik weet niet hoe ik voorbij de kinderfoto's in de gang van het kantoor moet lopen om weer op de begane grond te komen. Ik ben trots op mijn acteerprestaties, maar ze beangstigen me ook.

In de lift houden mijn knieën ermee op en schreeuw ik Ravi's naam. Libby en Patty pakken allebei een elleboog vast en lopen met me mee terug naar het hotel. Ik leef twee levens, maar eigenlijk leef ik helemaal niet.

Na de eerste dag vraagt Libby me om af te spreken met haar en wat mensen met wie ze werkt op een plek genaamd het Soho House. Libby is een genie wat marketing betreft en ze hebben net een of andere fotoshoot afgerond. De dag duurt eindeloos en uiteindelijk geef ik me gewonnen. Ik zal komen opdagen op de tijd en plaats die in de berichtjes staan die ze me sturen. Ik trek mijn volgende kostuum aan, dat verbleekt bij het vorige: oude jeans en lippenbalsem. Zelfs mijn eigen lippen doen me denken aan Ravi, aan dat ik hem overstelp met kusjes en zijn favoriete liedjes voor hem zing. De telefoon knippert naar me met een bericht: *Kom vanavond om acht uur naar het Soho House.*

De kinderen bellen me via FaceTime voordat ik vertrek. Ze worden net wakker in Surkhet en het haar van Bishal wijst alle kanten op. Eventjes ben ik weer een moeder. We praten over chungi: een spelletje dat ze graag spelen in de tuin met een bal gemaakt van repen van een oude autoband. Het is in feite een

Nepalese versie van zakdoekje leggen. Yagay is er nu erg goed in en Namraj mag net meespelen. De meeste meiden vinden er niets aan, behalve Maya die haar gezicht voor de camera steekt.

'Wanneer kom je thuis?' wil ze weten, terwijl ze ondeugend glimlacht alsof ze wil uitrekenen hoeveel tijd ze nog heeft om de boel op stelten te zetten.

'Weet ik niet, Maya.'

'Ik hou van jou, mama.'

'Ik hou ook van jou.' Ik krijg de woorden maar amper over mijn lippen. Ze zijn een zegen en een onheilspellend voorteken.

Ik hou van jou, Maya. Maar ik wil je nooit kwijtraken.

Van alle moedige dingen, het vliegveld en de vergaderingen en de tripjes naar de apotheek, is 'ik hou van jou' zeggen het moedigst.

Ik stap het hotel uit, de oranje en roze schemering in. Patty en ik gaan op weg naar Libby en haar vrienden van haar werk. Ik loop langs een winkel waar ze mobiele telefoons verkopen en een zaakje voor kinky lingerie waar de paspoppen een halsband dragen zodat ze niet uit de etalage kunnen ontsnappen. De palmbladeren rillen in een prachtig Hollywood-briesje en ik kan wel janken als de koele lucht zachtjes mijn haar streelt en dingen naar me fluistert die ik niet goed kan verstaan maar die me toch troosten. Belangrijke mensen komen uit de kantoren, gehuld in hun eigen kostuums. Ze klemmen telefoons tegen hun schouders op de plekken waar, later, mogelijk een kind zal zitten of een geliefde zal rusten. Het is een grote, eenzame menigte en ik vraag me af of een van hen ook stug door probeert te gaan, net als ik. Ik wil de pakken die langs me lopen tegenhouden om ze te vragen:

Ga je naar huis?

Wacht daar iemand op je?

Weet je zeker dat je niet al alles hebt waar je naar op zoek bent?

Ga naar huis. Ga nu, als je het in je hebt.

Een groepje modellen met eindeloze benen verzamelt zich buiten de bars als lange watervogels. Hun ogen schieten naar de mannen die langslopen. Ik kijk toe hoe ze met hun haar spelen en op hun tenen gaan staan en ik wil hen ook tegenhouden.

De liefde is geen puzzel die je op kunt lossen.

Liefde komt niet in stukjes.

Liefde is de volmaaktheid.

Liefde is wat alles met elkaar verbindt. Totdat ze weg is.

Gelach rolt als een zacht gedonder over hun lippen. Ze raken hun roze, dronken wangen aan en houden hun buik in. Ik denk aan Ravi. Ik vind hem op billboards en in korrels zand, in wc-hokjes en in kruiswoordpuzzels. Hoe kan hij weg zijn en toch nog zo aanwezig zijn? Sta ik in zijn schaduw of zijn licht? Hoe kan ik verder als ik alleen maar terug wil denken?

Ravi is overal, maar Bishal, Pabitra en Namraj beginnen ook op te dagen. In de vlieger in Venice Beach, felroze en verfrommeld als een goedkope prinsessenjurk, in de reclames voor onbeperkt spaghetti eten bij Olive Garden, in de eenzame papaja van de Jamba Juice. Anjali zit in de yogales en Goma schuilt in elk Justin Bieber-liedje. Sundar zit in USA Networks versie van *Saturday Night Fever* en Maya in Libby's versie van *I Know Why the Caged Bird Sings*. Ik zie Juntara ook, elke keer als ik een koel glas water drink. Ik denk terug aan de lente dat ze me meenam naar Odanoku, hoe ze met haar vingers door de ochtendmist kamde en het geluid van de grote, overweldigende berg die terug zong naar haar. Ze schuilt in de brief die leeft op de achterste drie pagina's van mijn dagboek. De brief waarvan ik zo graag wilde dat ze hem had kunnen lezen.

Ik heb mijn kinderen achtergelaten.

Ik moet naar ze terug, maar ik weet niet hoe.

Terwijl de laatste restjes kleur verdwijnen uit de hemel en de straatlantaarns aangaan, vinden Patty en ik Soho House. We stappen in de lift en gaan naar boven.

Het is een hippe tent. Er is veel herrie, iedereen draagt leer en hakken en rode lippenstift en ik voel me absoluut niet op mijn plek. Jasjes van de sportwinkel en Soho House vloeken bij elkaar. Ik heb de dresscode even gemist. Ik voel dat de gastvrouwen achter hun kraampje me van top tot teen bekijken. Even zou ik zweren dat ze me om het geheime codewoord gaan vragen. *Is dat hoe het gaat in een coole bar? Waarom ben ik hier gekomen? Waar ben ik mee bezig?*

Ik houd Patty vast. Ik hoop dat ze namens ons allebei kan spreken en onze aanwezigheid kan rechtvaardigen. Dan zie ik een enorme trap en een man in het zwart. Hij loopt van de trap af mijn kant op en zegt mijn naam.

Hij is het.

Jeremy is een filmmaker. Ik heb hem ontmoet tijdens de Do Lectures waar ik vorig jaar heb gesproken. Ik voelde direct een band en een vriendschap met hem toen we elkaar ontmoetten, maar een paar dagen later vertrok ik naar Nepal. We zeiden altijd dat we weer eens zouden afspreken, maar dit had ik niet verwacht. Hij is lang, heeft een baard en is Canadees en hij lijkt meer op een man die zijn eigen ahornsiroop maakt dan een man die films maakt. Hij had een documentaire willen maken over Kopila Valley en om de zoveel maanden stuurde hij me een e-mail of berichtje met zeventien nieuwe ideeën erin. Ik heb de meeste berichtjes genegeerd.

Hij zwaait alsof hij verloren is in een menigte.

'Maggie!' roept hij, terwijl hij zijn hand als een toeter om zijn mond vouwt. Hij is er nog steeds van overtuigd dat ik hem zal missen, terwijl de muziek met veel te veel bas erin om ons heen tekeergaat. Hij zegt het opnieuw:

'Maggie!'

In het Soho House in L.A., met de geur van wodka in de lucht, valt het kostuum van me af. Geen zorgen, ik heb nog steeds mijn kleren aan, maar ik ben mezelf en ik glimlach, een oprechte glimlach, naar iemand die ik amper ken om redenen die ik niet kan verklaren. De enige verklaring is onzin maar de manier waarop hij staat, hoe hij zijn spullen heeft neergelegd – telefoon, sleutel, portemonnee, netjes bij elkaar gelegd op tafel – zorgen ervoor dat ik wil lachen en huilen en dansen. Verdriet kan alle mogelijke vormen aannemen, maar liefde misschien ook.

'Hoi, Jeremy.'

Diep vanbinnen begint er iets te verschuiven, ook al wil ik dat helemaal niet. Het is een beetje zoals toen ik Hima ontmoette in de rivierbedding en een beetje alsof ik mijn oudste vriend zie. Het is alsof Ravi op mijn borst ligt en ik luister naar Juntara die zingt voor de buffels van haar familie. De man aan de andere kant van de zaal is belangrijk. Ik haat het dat ik dit zo voel, maar ik kan er niets aan doen. Er is heel lang geen ruimte geweest voor meer dan één persoon in mijn hart en ook nu is die ruimte er niet. Liefde is een feit, geen keuze.

Ik loop op hem af en hoe dichter ik bij hem kom, hoe dichter ik me bij mezelf voel komen. Eventjes verandert het bleke groene vlekje dat ik probeer te verzorgen in een overgroeide vallei: weelderig en vol plezier, met een langzaam stromende rivier en een perfect wit huisje bewaakt door een aantal in dennenbomen gehulde bergen en laaghangende wolken.

Hij glimlacht vanonder zijn donkere gezichtsbeharing, net zo bizar blij om mij te zien als ik ben om hem te zien. Hij opent zijn armen. Ik wil zoveel zeggen:

Ik ben bang.

Ik ben gebroken.

Mijn kindje is overleden.

In plaats daarvan laat ik me vasthouden. Het voelt als iets dappers, iets eerlijks. Het is meer dan een vriendelijke knuffel, het is een knuffel die me vertelt dat hij me begrijpt. Ik laat me erdoor meevoeren. Hij is warm, veilig en rustig en is als een boom geworteld in dit moment.

'Fijn je te zien,' zegt hij.

Het is fijn om gezien te worden.

14

LIEFDESBRIEVEN

Lieve Y,
Jij en ik spelen dit spelletje. Ik zeg: 'Jij bent mijn hart.' Jij zegt meteen: 'Jij bent mijn lucht.' Ik zeg: 'Jij bent mijn maan.' Jij zegt: 'Jij bent alle sterren aan de hemel.'

– M

Jeremy Power Regimbal is opgegroeid op een boerderij in Livelong, Saskatchewan. Hij heeft vijf broers en zussen en zijn ouders zijn liefhebbende hippies met witte haren die nu op een prachtig eiland in Brits-Columbia wonen. Hij is gelukkig en succesvol, altijd nieuwsgierig en nooit angstig. Overdag maakt hij reclame voor hardloopschoenen en chique auto's en 's avonds maakt hij prachtige tafels van grote blokken hout op zijn terras. Ik vind alles aan hem leuk: zijn appartement in Echo Park, hoe hij zijn koffie drinkt, zijn blije zwarte hond Bear die bijna net zo gek op hem is als ik. Hij heeft nog nooit iemand van wie hij hield verloren en ik ben bang dat hij me nooit zal begrijpen.

Op onze eerste date gaan we met de auto naar de woestijn. Hij vraagt of ik met hem mee wil gaan en twee dagen later vertrekken we in zijn Jetta met Bear de hond tussen ons in. Ik maak er een spelletje van om elke keer als ik een groen bord zie of een Joshua-boom of een hoop vuilnis mezelf te vertellen dat ik niet van Jeremy houd. Maar ik weet dat ik van hem houd. Ik kan niet uitleggen waarom, maar ik weet het absoluut zeker.

Ik hou van hem als hij geen radiozender kan vinden die hij leuk vindt en wanneer zijn jaloerse hond met zijn hete, zure adem in mijn nek zit te hijgen. Ik hou van de roze verbrande huid op zijn neus en het stevige, zwarte brillenmontuur dat hij draagt. Het is te snel en te veel en dat weet ik, maar ik ben vijftig keer van het ene op het andere moment moeder geworden. Wat de liefde betreft, heb ik het nooit bij het verkeerde eind gehad, ook al deed het soms zeer.

We beklimmen de hele dag lang witte stenen zo groot als walvissen en staan onder granieten bogen. Hij steekt zijn hand naar me uit en ik pak hem vast. Keer op keer reikt hij naar me, of ik hem nou nodig heb of niet. We kruipen op de met stof bedekte zijkanten van de enorme stenen en staren over de oneindige naaktheid van de aarde. We hebben geen woorden nodig om elkaar gerust te stellen, maar we praten toch. De lucht is hier zo droog dat hij de tranen uit mijn ogen steelt en het zweet van mijn huid, maar toch groeien er hier bloemen die als magie verschijnen in de bosjes. Roze pompons exploderen uit cactussen en lelies met zwarte ogen kijken vanuit de droge bosjes. Jeremy wijst ze allemaal aan, alsof hij wil bewijzen dat de wereld mooi kan zijn.

'Het is zo leeg,' zeg ik, terwijl ik tegen hem aan leun boven op een grote steen.

'Er is zo veel ruimte.' Hij glimlacht naar me, springt naar beneden en steekt opnieuw zijn hand naar me uit. Bear loopt voor ons om naar de cactussen te staren en te blaffen naar slangvormige struiken. We lopen urenlang terwijl we luisteren naar het metronoomachtige geschraap van onze voeten op de grond en we praten over alle prachtige kleine dingen: hoe de hemel eruitziet en onze favoriete soorten pindakaas.

Met elke cactus, elk onbegrijpelijk liedje van Tom Waits en

een voorbijsnellende renkoekoek voelt de zwaartekracht steeds wat minder als een rots die op mijn rug is gebonden. Ik kan ademhalen. Ik schaterlach diep en vol: een lach die ik in mijn hele lichaam voel. We grappen en spelen en zoenen tot we net zo gewichtloos zijn als de kleine zandstormen die omhoog reiken rond onze voeten.

Maar het is onvermijdelijk: ik denk aan hem. Ik vind Ravi in de blauwe kleur van de hemel of het woord 'aardappel'. Hij kon de p nooit uitspreken.

En dan kan ik me niet voorstellen dat ik van Jeremy kan houden zonder te rouwen om Ravi.

'Waar denk je aan?' vraag ik hem een paar keer als we verzonken zijn in onze gedachten terwijl de zon ondergaat, de lucht afkoelt en de adem van Bear kleine wolkjes vormt in het donker.

'Wat nou als er een film was over...' Hij gaat maar door over een prachtig verhaal dat hij heeft bedacht, of een uitvinding, of de huizenmarkt. Jeremy weet wat er met Ravi is gebeurd, maar hij begint er de hele dag niet over. Ik knik en luister. Ik ben als de dood dat ik hem te dichtbij laat komen, hem op afstand hou of hem überhaupt kwijtraak. Het enige verhaal dat ik mezelf kan vertellen, is het verhaal van een moeder die haar zoon heeft verloren.

Het zal nooit wat worden, zeg ik keer op keer tegen mezelf.

Onze auto krijgt een lekke band vlak bij een aantal windmolens, net als de zon ondergaat en de lucht afkoelt op onze armen. Ik sta onder de enorme turbines en kijk hoe de laatste schaduwen van de dag over zijn gezicht glijden.

Je bent er nog niet klaar voor, zegt mijn drukke hoofd continu tegen mijn hart.

Maar in het duisterste duister reikt hij opnieuw naar me.

De volgende vier weken blijf ik in Los Angeles, waar ik verliefd op Jeremy begin te worden. Ik ga bij mijn vriendin Roda wonen. Ik heb haar jaren geleden ontmoet in New York toen ik op bezoek was met Anjali. Ik wist dat we goede vriendinnen zouden worden toen ze ons midden in de nacht meenam naar Times Square om Anjali's favoriete scène uit *Enchanted* na te spelen, als de prinses uit de put kruipt. Roda had iets wat normale momenten veranderde in iets magisch.

In L.A. laat Roda alles uit haar handen vallen om mij te helpen helen. Ze helpt me 's ochtends met opstaan en stuurt me naar een les *hot yoga* in het winkelcentrum waar we negentig minuten lang doen alsof we bomen zijn en proberen om niet over onszelf heen te spugen. Ze maakt een regel dat ik maar vijf uur per dag mag huilen – ik speel vals onder de douche – en herinnert me er vriendelijk aan dat het misschien slim is om mijn haar te borstelen en wat kauwgom te kauwen voordat Jeremy me meeneemt om ergens een margarita te gaan drinken.

Met of zonder tragedie: dit alles is nieuw voor me. Ik ben een moeder van vijftig kinderen die een pauze heeft genomen. Ik ben in rouw, woon meestal op een afgelegen plek maar bevind me ineens in de beroemdste stad ter wereld. Het spannendste wat ik het afgelopen jaar in bed heb gedragen is een dik vest. En het was nog mauve van kleur ook. Het leven is niet bepaald gevuld geweest met romantiek en ik heb nooit een partner verwacht. Maar in de trage middagen, wanneer we alleen maar bij elkaar hoeven te zijn en rondjes hoeven te lopen om het meer in Echo Park met de enorme, zwaanvormige roeibootjes, weet ik dat ik er een heb gevonden.

's Avonds zitten we bij het vuur en zie ik meer prachtige dingen: de zachte textuur van de wol van de trui die ik van Roda heb geleend, het knisperende geluid van de vlammen, het perfecte gewicht van Jeremy's hand op de mijne. Ik mis Ravi zo erg dat ik amper nog adem kan halen, maar het is fijn om hem niet in mijn eentje te missen. Jeremy weet hoe hij me moet troosten. Als ik frisse lucht nodig heb of even moet liggen, praat hij met me over mijn irrationeelste angsten:

'Wat nou als ik nooit meer grappig ben?'

'Wat als ik nooit meer een nacht doorslaap?'

'Wat als de oude Maggie nooit meer terugkomt?'

'Wat nou als ik nooit meer van iemand kan houden?'

'Je houdt van mij.' Hij glimlacht en knipoogt. 'En je houdt ook van je kinderen.'

Ik hou inderdaad van ze. Intens veel. Elke nacht als ik met ze praat, lijken ze nog volwassener te zijn geworden. Nisha gaat binnenkort naar de universiteit en Dipak heeft geleerd hoe hij chocoladetaart moet maken. Madan zegt dat de gebouwen als paddenstoelen uit de grond schieten op onze nieuwe groene school en Namraj wil weten of ik op tijd terug ben voor het holifeest eind maart. Het enige wat ik kan zeggen, is wat ik de hele tijd al zeg:

'Ik weet het niet. Maar ik hou van je.'

En dat is de waarheid. Mijn angst voor liefde heeft nooit getornd aan mijn capaciteit om van mensen te houden.

Soms vraag ik me wel af of ik nog wel terug moet gaan naar Surkhet. Hij zal het nooit toegeven, maar Tope runt Kopila Valley fantastisch, ondanks zijn eigen verdriet. De kinderen gaan als een speer met oom Sachyam en Aakriti: de nieuwste leden van het ouderteam. De liefde die ik die kinderen wilde geven, hebben ze in overvloed.

Wat ben ik nu?

Weer iemand die ze in de steek heeft gelaten?

Weer een wit kind dat een land wilde fiksen en vertrok toen het moeilijk werd?

Een hypocriet?

Een mislukking?

Maar toch... Als ik 's avonds wakker lig in de armen van een man op wie ik gek ben, word ik teruggetrokken naar de groene vallei en de vliegers in de lucht. Naar de kinderen die mij tot moeder maakten en het land dat mij in een vrouw veranderde. Kopila Valley is mijn thuis. En het roept me.

Een maand na het begin van onze liefde reizen Jeremy en ik van Californië naar Canada, waar zijn familie woont. Als onze relatie twee weken in zijn kleine, naar hondenadem stinkende auto overleeft, wordt de rest een eitje. Bear trekt zich terug op de achterbank en gaat daar lekker liggen terwijl wij over de Pacific Coast Highway rijden. Het verkeer neemt af en de stad krimpt in een smogdeken achter ons terwijl wij naar het noorden rijden in de richting van Big Sur. We banen ons een weg tussen de vrachtwagens en zestig jaar oude mannen in gloednieuwe cabrio's door. Reizen is altijd al lastig geweest: dagenlang onderweg zijn, een haastige tocht van het afschuwelijke ziekenhuis in Surkhet naar het iets minder afschuwelijke ziekenhuis in Kathmandu. De lange, hobbelige busritten met hun gebroken ruiten en de kippen die door de bus scharrelen. Met Jeremy is reizen bijna iets wat me overkomt. Ik trek mijn benen op tegen mijn borst, net als Bear, en kijk naar de eilanden terwijl ze opduiken uit het water.

Ik praat meer dan we allebei hadden verwacht, dat weet ik zeker, maar Jeremy luistert: of ik nou lach om een van zijn vele belachelijke grapjes of kreun omdat Ravi er niet meer is. Op de meeste dagen doe ik het allebei. Hij luistert naar elk klein dingetje terwijl de auto boven de grote plakkaten van vulkanisch steen uitklimt en de oceaan naar ons staart. Ik kan het water nog steeds niet uitstaan, zelfs niet als het turquoise en schuimend en perfect is. Een druppel regen kan Ravi's dood in alle hevigheid weer tot leven wekken. Als ik het zwaar heb, stelt Jeremy me vragen.

'Vertel me hoe jij was als klein meisje,' zegt hij, terwijl we over het door klaprozen omringde pad van Point Lobos lopen.

'Ik zat op voetbal en hield van mijn zussen.'

'Vertel me over je ouders,' zegt hij, terwijl hij tussen rijen donkere druiven duikt in Mendocino.

'Ze zijn gescheiden. Mogelijk is dat mijn schuld.'

Dan, als de sequoia's uit de grond steken en alles, absoluut alles, van het mos op de stenen tot de geelkaakweidespreeuwen, lijkt te stoppen om te luisteren, vraagt hij me om hem te vertellen over de kinderen.

Ik deel alles met hem. Ik vertel dat ik naar huis liep met Nisha toen ze zes jaar oud was en haar de Engelse woorden leerde voor 'boom' en 'hek'. Ik vertel over die keer dat Madan zijn arm brak en Yagay zijn eerste tandje verloor. Ik vertel hem dat Shanti de eerste zes maanden niet wilde praten en dat Sagar zijn haar niet wilde laten knippen. Ik heb het heel lang over Ravi en ik huil niet zoveel als normaal.

'Herinner je je hem?' vraag ik, bijna verlegen. Ze hebben elkaar kort ontmoet, maanden geleden, niet ver van de olijfboomgaarden en zandweggetjes waar we nu op rijden.

'Natuurlijk.' Hij glimlacht en pakt mijn hand.

Het voelt fijn om samen met iemand aan Ravi te denken, dat iemand het met me eens is dat zijn neusje perfect was en dat hij zo heerlijk mollig was. Als ik hem vertel dat ik Ravi's dood soms tien of vijftien keer per dag voor me zie, dat ik het water haat, en dat hij net zo bang moet zijn voor de liefde als ik, reikt hij weer naar me.

'Vertel me over Shova,' zegt hij. Samen lopen we door de diepgroene schaduw van het woud. Er zijn duizenden prachtige dingen die ik hem kan vertellen en hij wil alles voor zich zien. Ik ook.

Als we weer in de auto zitten, pak ik mijn dagboek en begin ik met het schrijven van een liefdesbrief. Ik heb geen brieven meer geschreven sinds Juntara is overleden.

Lieve kleine B,
Ik mis je. Het gat waar je kleine babytandje zou moeten zitten, laat mijn hart op hol slaan. Ik herinner me de nacht dat ik dat tandje eruit trok. Je bent altijd zo dapper.
Ik vind het zo heerlijk dat je haar nog zo fijntjes en zacht is. Ik kijk zo graag naar hoe je fietst en speelt en meedoet met al je grote broers. Ik hou van je lieve en gevoelige kant en bovenal hou ik van jou jou jou.
Kusjes,
Mama

Ik schrijf er nog een:

Lieve Bhatka,
Je hebt zo'n mooie, sterke, veerkrachtige ziel.
Je bent ook het koppigste wezen dat ik ooit heb ontmoet.
Kus,
Mam

En nog eentje...

Lieve Sagar,
Het spijt me dat ik je dwong om je haar te knippen. Het spijt me echt heel erg. Jij hield van je haar en ik dwong je om het af te knippen en dat was niet netjes van me. 'Ik hou meer van mijn haar dan van meisjes,' zei je tegen me. En jij bent echt GEK op meisjes. Je bent een sterke, vriendelijke, prachtige jongeman aan het worden en ik vind het een zegen dat ik daar getuige van mag zijn.
Kus,
Mam

De volgende twee dagen verlies ik mezelf in het bewonderen van Sundars sociale vaardigheden, Asmita's haar als ze net wakker is en hoe Ganga danst in de regen. Jeremy rijdt naar het noorden, voorbij de scherpe kliffen, naar waar het zand donkerder wordt en Californië overgaat in de Pacific Northwest. Ik vertel hem steeds meer over de kinderen en wordt steeds verliefder: op hem, op hen, en op de pijn van het leven. Thuis roept me en ik begin iets terug te zeggen.

Na vier dagen onderweg te zijn geweest, komen we aan in Cannon Beach. Iets in mij is veranderd. Ik kijk naar het zilver van de oceaan en ik zie de Bulbule. Ik denk terug aan hoe onze kleren over de rotsen schraapten toen ik ze waste met een stuk zeep en alle beetjes spierkracht die ik had. De zon spuit haast vanuit de lucht op het zwarte natte zand en bedekt alles, mijzelf incluis, in het bleke ochtendlicht. In een plotselinge vlaag van extase voel ik Ravi bij me. Ik open de autodeur en laat Jeremy achter die nog koffie zit te drinken en druk bezig is met Google Maps.

Wandelend over een vervaarlijk pad naar een paar gladde rotsen zo groot en heilig als de stoepa's in Nepal kom ik tot leven. Ik word niet langer verslonden door liefde en verdriet, ik bewonder ze. Bear loopt naast me en blaft streng, maar ik vertraag niet voor hem. De wind waait hard en ik laat me meevoeren naar een kleine baai. Ik leun met mijn lichaam tegen de wind en laat de lucht alles meevoeren wat te zwaar voor me is geworden: het schuldgevoel, de schaamte, de herinneringen. Bear haalt me in en samen dansen we, rondjes draaiend terwijl ik schater van het lachen. De zandkorrels nestelen zich tussen onze tanden en wimpers. Jeremy kijkt vanaf het begin van het pad op een afstandje en moet zo hard lachen dat hij zijn buik moet vasthouden.

Mijn haar slaat tegen mijn gezicht. De lucht smaakt zout, maar zelfs zo'n 13.000 kilometer ver weg voelt het alsof thuis zo dichtbij is. Ik zie het strand bij de rivier, de tempel, de regengordijnen tijdens de moesson. Ver in het water ligt een donkere steen. Het is een keitje vergeleken met de groene bergen waar ik de afgelopen tien jaar naast heb geslapen, maar als ik zing en lach kaatst hij mijn stem naar me terug, net als zij dat doen. Het water, zo koud als de winter, is een vlakte die zich eeuwig uitstrekt: het kruipt de kust op en trekt zich dan weer terug.

Het leven snelt naar binnen en het snelt weer weg: het neemt delen van de rots voor altijd met zich mee en boetseert de aarde alsof het klei is. Je kunt er niet aan ontsnappen, je kunt je alleen laten meevoeren door de stroming.

Langzaam, met al het vertrouwen en geloof dat ik kan opbrengen, loop ik het ijzige water in waar ik zo'n hekel aan heb en probeer ik ervan te houden. Ik laat het om mijn enkels heen stromen. Ik schreeuw om mijn kindje omdat hij er niet meer is. Bear hapt naar de golven die aanspoelen om ze achterna te zitten en Jeremy slaat zijn armen om me heen. Het leven snelt naar binnen en het snelt weer weg. Alleen de liefde blijft nog over.

We gaan naar Portland om mijn zus Kate en mijn vriendinnen Cheryl en Lauren te bezoeken. Ze zijn zo blij om me verliefd te zien dat ze blozen en te veel wijn inschenken. Het is bijna gênant hoe erg ze me steunen. Ergens verbaast het me dat ze geen manier vinden om Jeremy en mij met elkaar te laten trouwen voordat we vertrekken. We gaan verder naar het noorden, naar de grens. We stoppen om gladde, inktkleurige zeehonden door het water te zien dartelen en gaan op zoek naar nog meer hoge bossen om onze geheimen in te bewaren. Ik blijf schrijven naar mijn kinderen, elke dag wat meer. Jeremy besluit dat hij met me mee teruggaat naar Nepal om ze te ontmoeten.

Lieve Anjali,
Jouw liefde is groot en intens. Je gegiechel is aanstekelijk en hoe dol ik ook ben op jouw serieuze en gedreven artistieke kant, ik vind het heerlijk als je gek doet. Ik vind het heerlijk als je voorover buigt van het lachen en je naar adem moet happen. Ik hoop dat ik je altijd zo kan zien lachen en dat je altijd onthoudt welke redenen je hebt om te glimlachen. Jouw glimlach is fantastisch, zelfs met de beugel die je dit jaar hebt gekregen. Hij staat je ontzettend goed.

Liefs,
Mama Maggie

Lieve Manisha,
Als ik 's nachts niet kan slapen, denk ik aan je glimlach en probeer ik jouw gegiechel keer op keer af te spelen in mijn hoofd. Jouw lach is het beste geluid ter wereld en je vult ons huis er elke dag mee, als onderdeel van de soundtrack van Kopila. Jij bent magisch. Vergeet nooit hoeveel er van je wordt gehouden. En zorg dat je die glinstering in je ogen nooit kwijtraakt.

Ik hou van je, van hier tot op de maan.
Mama

Lieve Yagay,
Je hebt de mooiste glimlach die me keer op keer weer weet te raken. Het duurt even voordat je je openstelt, tot je enorme grijns met kuiltjes in je wangen je verraadt. Er zijn geen woorden voor hoe trots ik ben dat ik jouw moeder mag zijn. Het is beter dan de loterij of de grootste prijs ter wereld winnen. En elke dag dat je ouder wordt, word je nog een beetje geweldiger. Ik bewonder je en ik hou van je en ik kijk naar je op. Stiekem wil ik jou zijn.

Dank je wel dat ik jouw mama mag zijn.
Kusjes

Net voor de lunch komen we met een slaperige veerboot aan in Canada, na een hele week onderweg te zijn geweest. Terwijl we uitkijken over de oceaan en in de richting van Vancouvereiland wijst Jeremy's broer Jesse naar de duikvogels en vertelt hij me waar en wanneer ze de orka's hebben gezien. De scheepshoorn gaat, wat de toeristen aan boord geweldig vinden, en Jeremy's ouders verschijnen als piepkleine zwaaiende stipjes op de haven.

'Ben je er klaar voor?' vraagt hij, terwijl hij me op laat gaan in de vrede van zijn omhelzing.

Ik glimlach en zwaai naar ze terug.

Ze staan klaar met nog drie van de vijf Regimbal-broers en -zussen om ons op te halen in hun oude rode Durango op Vancouvereiland. Ze zien eruit als de beste folkband ooit en ze houden onmiddellijk van me. Samen gaan we op weg om naar de voetbalwedstrijd van Jeremy's drie kleine nichtjes te gaan kijken. Ik weet niet waarom, maar het voelt alsof ik weer dicht bij huis ben. Jeremy's familie is lief en teder en grappig: precies zoals ik me had voorgesteld. Alle mooie dingen die hij me heeft verteld, zijn waar.

15

HET NIEUWE LAND

Lieve K,
Vanaf het moment dat ik je zag, wist ik dat je bij onze familie hoorde. Het was meteen duidelijk.

– M

De hemel verandert als we in Nepal zijn. Twee witte bergtoppen splijten de wolken uiteen: scherp en glanzend als ruwe stenen. Ik zie ze uit het raampje van het vliegtuig, diezelfde twee, bijna elke keer als ik kom of vertrek. Ik kan me niet herinneren dat ik ze heb gezien toen ik vertrok met Kate en mijn moeder. Ik kan me amper herinneren dat ik toen ben vertrokken: ik herinner me alleen het gevoel dat ik weg was.

Jeremy leunt voorover in zijn stoel, richt zijn camera op de twee bergen en legt de grens tussen mijn wereld en de rest ervan vast op de gevoelige plaat. Ik ben thuis. Wij zijn thuis. Ik voel de druk in mijn oren als we afdalen. Ik open mijn dagboek en schrijf een brief aan mijn dochter.

Lieve Maya,
Op de dag dat jij kwam, keek ik in je ogen en werd ik overmand door liefde. Je had een naam nodig en die tuimelde zo over mijn lippen. 'Ik ga haar Maya noemen!' zei ik trots tegen iedereen. Het was de eerste keer dat ik zelf een

naam mocht kiezen en deze leek zo goed bij je te passen. Maya betekent 'liefde' in het Nepalees en jij bent een van de grootste liefdes van mijn leven.

Kus, Mam

De wielen strekken kreunend uit de stalen buik van het vliegtuig en ineens besef ik dat ik het gered heb.

Tope haalt ons op in een kleine onoverdekte ontvangsthal op het vliegveld die ruikt naar kerosine en stof. We houden elkaar lang vast, zonder iets te zeggen, en ademen omstebeurt diep in met ons hele lichaam. In de stilte schrijf ik ook een brief voor hem.

Lieve Tope ji,
Ik hoop dat de kinderen net zo worden als jij.
Dank je wel dat jij de leiding nam toen ik amper kon ademhalen.
Dank je wel dat je mij al deze jaren hebt opgeleid en begeleid.
Ik hou van je.
– Maggie

Een koekoek roept naar ons vanuit de hibiscusboom in de binnentuin. Ik veeg de tranen uit mijn ogen en giechel van extase en opluchting dat ik weer thuis ben. Tope en Jeremy geven elkaar een lieve, ongemakkelijke knuffel en samen lopen we naar de gloeiend hete parkeerplaats waar we in de wagen klimmen.

De hemel is donker als we langs de droge velden van Surkhet rijden, door de poort van Kopila Valley. De kinderen zouden in bed moeten liggen, maar ze zijn wakker en ze zijn overal: ze springen en huilen en juichen, zingen zes verschillende liedjes in vier verschillende toonsoorten en ruziën over wie waar mag staan. Kleine Bishal steekt zijn tong uit naar Yagay en Maya kijkt met een pruillip naar Sabita. Pabitra en Khajuri slaken zulke schelle kleine-meisjes-kreten dat de honden uit de buurt het op een janken zetten en ik hou zoveel van hen allemaal dat mijn buik er pijn van doet. Ik voel een opluchting die ik heel erg lang niet meer heb gevoeld.

De grote jongens tillen me op en draaien me in het rond en de kleintjes springen op mijn rug alsof ze een sport spelen die niemand begrijpt. Na drie maanden weg te zijn geweest is hun adem de zoetste, meest frisse lucht en klinkt 'Mama! Mama! Mama!' me als muziek in de oren.

Jeremy staat bij de wagen te glimlachen en neemt de chaos en het plezier in zich op. Hij is bijna twee koppen groter dan alle anderen en begint al door zijn shirt heen te zweten.

'Jongens, dit is Jeremy,' sputter ik.

'Hooiiiiii!' zingen ze naar hem.

Ik zak door mijn knieën en streel met mijn vingers door de droge, hopeloze aarde waarvan ik had gedacht dat er nooit iets op zou groeien. Ik kijk om me heen, naar links en naar rechts, naar alles en iedereen: kinderen, tantes, ooms, hoop, plezier, familie, liefde, vrede. Vijftig perfecte gezichtjes, verlicht door de liefde, stralen naar mij.

Lieve Namraj,
Als je naast me in slaap valt, vouw je jezelf tot een balletje en vind je een manier om je armen en benen om me heen te slaan en begraaf je je hoofd in mijn nek en zorg je ervoor dat we helemaal met elkaar verstrengeld zijn...

Lieve Jhagat,
Je bent zo lief dat ik het amper aankan. Als ik je zie, wil ik alleen maar op je af rennen en je plat knuffelen.

Lieve Manisha...

Lieve Sundar...

Ik vouw mijn handen samen om te bidden. Bauju maakt een tilak op mijn voorhoofd en hangt een ketting van gele goudsbloemen om mijn nek. Ik zet een stap naar achteren en zie hoe Jeremy voorover leunt om hetzelfde te doen. Hij glimlacht naar me, zijn gezicht vol strepen rood rijstpoeder en zijn nek versierd met roze blaadjes. Ik ben zo verliefd op hem, zo oprecht en hopeloos verliefd. Hij gaat staan en er wordt gejuicht in de tuin. Het is tot de groene bergen te horen. Vaag hoor ik ze terug zingen naar ons. Ik voel mezelf rustig worden. Dit is niet waar ik ben geboren, maar het is wel waar ik tot leven kom.

Een paar dagen lang noem ik Jeremy 'een vriend'.

'Hij komt foto's van jullie maken!' zeg ik tegen de kinderen. 'En dronebeelden van de nieuwe school!'

Zelfs de kleinsten rollen met hun ogen.

Ik zou Jeremy 'een neushoorn' kunnen noemen en dan nog zouden ze weten wat er speelt. Mijn wangen worden warm en rood als ik hem 's ochtends naar beneden zie lopen om te ontbijten. Onze knieën leunen aangenaam tegen elkaar onder tafel, tijdens voetbalwedstrijden, tijdens satsung. Goma blijft grijnzen en zegt keer op keer hoe gelukkig ik eruitzie. Ze weet het, ze weten het allemaal. Als ze het niet weten, komen ze er wel achter als de Nepalese politie hem naar het bureau brengt omdat hij zonder vergunning met zijn drone aan het vliegen was. Ik spring bij hem in de politieauto en tolk voor hem terwijl ze de drone en al zijn beelden in beslag nemen en een foto van hem maken voor hun dossier. We gaan viral en komen op het Nepalese nieuws. (Maak je geen zorgen, na achtenveertig uur en een reisje naar Kathmandu om een boete te betalen op een gemeentekantoor kregen we hem weer terug.)

Wat de kinderen niet weten, is dat Jeremy verliefd op hen wordt. Ik zie het aan de gekke bekken die hij trekt voor Namraj en aan de manier waarop hij kleine Bishal nog een laatste keer op zijn schouders zet voordat we naar bed gaan. Ik zie het aan de duizenden foto's die hij lijkt te maken: van Shanti die zich klaarmaakt om naar school te gaan en Padam op de motor, van de geiten en de zonnebloemen en de mist, alsof hij zich elke bloem en sproet en varen wil herinneren. Ik zie het aan hoe graag hij de tijd wil laten stilstaan, net als ik.

Het jaar daarop reist Jeremy heen en weer tussen Surkhet en de Verenigde Staten, waar hij reclames opneemt voor auto's en shampoo en make-up waarmee je kunt sporten. Ik mis hem ontzettend, maar ik werk verder aan mijn herstel en schrijf mijn brieven. Ik bevries de tijd op de enige manier die ik ken.

Lieve Khajuri,
Jij bent al het goede en pure in levenden lijve. Jij bent veerkracht en kracht. Je bent een diamant die opdook uit de onverwachtste plek...

Lieve Bindu,
Jij bent zo bijzonder. Ik heb nog nooit iemand zoals jij ontmoet. Ik weet dat je hier op aarde bent om magie te creëren. Ik kan niet wachten om dat te mogen zien...

Lieve Kalpana,
Een van mijn grootste zegeningen is dat ik je moeder mocht leren kennen. Je doet me zo erg aan haar denken dat het me soms de adem beneemt...

Langzaam, hoewel dankbaarheid verdriet nooit kleiner kan maken, beginnen de twee hun eigen plek in te nemen. Ik kan weer naar de rivier toe. Ik kan de trap aflopen zonder dat ik Ravi in de armen van de tante zie liggen. Ik kan zijn lievelingsliedjes zingen met satsung. Ik kan mijn hevige gesnik bewaren tot het donker is en de kinderen allang slapen. We zitten met de familie bij elkaar en ik praat over ons verlies en ik zeg tegen de kinderen dat ze zijn naam best mogen noemen. Ik beloof ze keer op keer dat het niet hun schuld is dat hij is overleden. Ik kan weer dromen in het bed waar we samen in lagen.

Overdag, als de kinderen op school zijn en het huis te leeg voelt, stort ik me op de nieuwe bouwlocatie van de school. Ik laat me onderdompelen in alles wat het ons kan brengen en inspecteer elk steentje, onthoud de vorm van elk blaadje en proef de zoete smaak van het fruit dat de takken in de boomgaard verzwaart. Ik ga naar vergaderingen met de slimste mensen ter wereld en voel me lichtelijk misplaatst als ze het over de technische en architecturale aspecten hebben. In plaats daarvan wijs ik naar mijn Pinterest-bord, vertel ik waarom we doen wat we doen en hoe ik wil dat de kinderen zich voelen als ze het terrein oplopen. Op zaterdag gaan de kinderen met me mee en samen verwonderen we ons over wat we bouwen: gebouwen op aangestampte aarde die als koperen titanen in de binnentuin staan, takjes die we met onze eigen handen hebben geplant die zullen uitgroeien tot bomen, grote groene tuinen. We stappen de lokalen in om de koele vloeren onder onze voeten te voelen en we steken onze hoofden, die bijna verdwijnen onder de gele helmen, uit de met liefde gehouwen plekken waar de ramen zullen komen. We zien dat de zonnepanelen worden gebracht, rechtstreeks uit de toekomst, glinsterend en verblindend. We roepen 'ooo' en 'aah' als ze op de juiste plaatsen worden gezet. Ik ga maar door over *aquaponics*, permacultuur, het opvangen van regenwater, biogassen, boslandbouw en Prabal, onze architect. Samen zien we hoe nieuwe seizoenen de weides veroveren en ze van bruin naar grijs naar groen veranderen.

'Het wordt de beste school van Nepal!' schreeuwen we. We horen hoe het geluid van onze stemmen over het land vliegt, knabbelen op frisse sla en strelen de vochtige, roze neuzen van de koeien. Het wordt de beste school. Ik geloof het echt.

Jeremy komt terug in de lente, als alles groen is en de bladeren fel zijn, en stug als koeienleer. Met zonsondergang gaan we stiekem naar de campus om de zon te zien ondergaan boven de weide waar de nieuwe dieren grazen terwijl we naar de heuvels staren. De enige reden dat we de afstand tussen ons konden verdragen is dat we gek op elkaar zijn, dat we continu dromen van wanneer ons leven samen werkelijk zal beginnen en hoe het eruit zal zien als het zover is. Op een nacht, terwijl hij smoorverliefd in mijn ogen staart, zegt Jeremy dat hij een kindje met mij wil. Met meer oprechtheid in zijn ogen dan ik ooit heb gezien, zegt hij dat hij niet wil dat ons biologische kind dit alles moet missen.

Is hij klaar om in Nepal te blijven?

Zijn wij er klaar voor om te gaan trouwen?

Jeremy wil een kind en een deel van mij wil dat ook. Weet ik zeker dat ik er klaar voor ben?

Het idee van het krijgen van een kind, het dragen van een kind, maakt me zweterig en nerveus. Ravi was mijn kindje. Hij is er niet meer. De heilige voorraad toewijding die ik voor hem had, die alle moeders voor hun kinderen hebben, is samen met hem gestorven. Maar ik heb eerder gezien hoe liefde uit niets kan ontstaan. Terwijl Jeremy naast me zit op het heuveltje, terwijl het licht perfect op zijn gezicht valt en een gouden glans werpt over de ogen die me rustig hielden en de lippen die me in slaap zongen, wil ik onze baby leren kennen. Ook al kan ik het amper aan.

De nacht voor Ravi's derde verjaardag zit ik in mijn kamer. Ik staar naar de sterrenhemel die ons vroeger verlichtte. Jeremy slaapt en snurkt zachtjes terwijl hij uitgespreid onder de klamboe ligt.

Het is tijd om Ravi een brief te schrijven.

Lieve Ravi,

Lief kindje van mijn hart. Ik kan dit niet aan. Dit is het laatste wat ik ooit heb gewild. Ik wil dat je hier bent en op mijn borst ligt, zoals altijd. Ik wil je door je haren strelen en je wangetjes zoenen of samen spetteren in het bad. Ik wil jou in onze BabyBjörn terwijl we samen op avontuur gaan en ik wil je in het winkelwagentje zetten terwijl we boodschappen doen voor het avondeten en dat je kunt spelen met je negenenveertig broers en zussen. Ik heb nog nooit zoveel van iets of iemand gehouden als dat ik van jou hield. Jij leerde me de meest intense liefde die ik ooit heb gekend. Ik mis je zo. Het woord 'missen' zal de lading nooit genoeg dekken. En hoe hard ik ook wens, hoop en bid: je komt nooit meer terug.

Als ik niet kan slapen en de pijn te zwaar is, probeer ik terug te gaan in de tijd naar die dag dat ik vrij nam van het werk en we naar de boerderij reden om naar de pony's en de geiten te kijken. Je giechelde zo hard elke keer dat de geitjes over het hek sprongen en uit onze handen aten. Toen liepen we door de doolhof van zonnebloemen, met duizenden van de grootste zonnebloemen die ik ooit heb gezien. We plukten framboos na framboos na framboos. Jouw bolle wangetjes zaten helemaal onder. Je at ze sneller dan ik ze kon plukken en ik dacht dat we ons in de nesten hadden gewerkt omdat je het fruit pas op mag eten als je ervoor hebt betaald. Toen gingen we spelen in de perzikboomgaard waar we de ene na de andere perzik aten. We zaten onder de perzikboom terwijl jij leerde kruipen en staan en nog wat meer giechelde. Ik ga in mijn gedachten terug naar ons plekje onder die perzikboom. Ik herinner me hoe gelukkig we waren. Ik weet nog dat ik toen, op dat moment, dacht dat ik nog nooit zo gelukkig was geweest.

Ik weet nog hoe jij en ik die scène uit Lady en de Vagebond naspeelden... Jij met het ene uiteinde van een noedel en ik met het andere en ik weet nog hoe je maar bleef lachen. Ik weet nog dat ik elke dag met je ging dansen. Dat je gek was op muziek en hoe je met je billen schudde.

Je was de beste baby van de wereld. Jij was plezier in zijn puurste vorm. Jij maakte iedereen om je heen blij. Je maakte onze familie blij. Je maakte de wereld blij en gaf iedereen hoop. De hele dag door was je aan het dansen en *giechelen en in je handen aan het klappen. Je keek naar me en hield mijn gezicht vast en zei: 'Mama, mama, mama.' Het is zo moeilijk om zonder jou te leven. Ik wil niets weten van een leven zonder jou. Ik mis je nu, want zaterdag zou je drie zijn geworden. Maar ik mis je ook als vijfjarige en als tiener en ik vind het verdrietig dat ik nooit kan zien wat voor man je was geworden. Je zou alles zijn wat goed en waarachtig is in deze wereld.*

Ik weet niet waar je bent. Ik wil je terug. Jij bent mijn hart en elke dag en elk moment zal ik aan jou denken en leef ik met mijn Ravi-hart en zorg ik voor je broertjes en zusjes. Dank je wel dat je mij de beste liefde hebt laten zien die bestaat. Dank je wel dat je meer van me hield dan er ooit van me is gehouden. Dank je wel dat je mij hebt begeleid en me als een beschermengel de afgelopen paar maanden hebt bijgestaan. Het enige wat erger was dan jou kwijtraken, is als ik nooit van jou had kunnen houden.

Liefs,
Mama

Voordat hij vertrekt roept Jeremy de hele familie bij elkaar en vraagt hij aan de kinderen of hij met me mag trouwen. Ik zit beneden chai te drinken terwijl deze mysterieuze vergadering plaatsvindt en hoor de kinderen vrolijk juichen. Het hele huis trilt.

Op een ochtend ga ik naar kantoor, waar Tope bezorgd kijkt terwijl hij aan de telefoon zit.

'Hoe oud zijn de meisjes?' vraagt hij op vlakke toon in de hoorn. 'Oké. We gaan het bespreken en maken een plan om daarheen te gaan.'

'Wat is er gebeurd?' vraag ik, terwijl ik in de stoel aan de andere kant van het bureau ga zitten.

'Er is een moord gepleegd een paar huizen ten oosten van hier.' Hij slaakt een zucht. 'De vader heeft de moeder gedood met een kapmes. Ze hebben twee jonge dochters. Ze geven de casus aan ons.'

Ik krijg een vieze smaak in mijn mond. Na jarenlang te zijn geconfronteerd met geweld, kan ik het nog steeds niet aan.

'Hoe oud zijn ze?' vraag ik.

'Jong. Negen maanden en twee jaar. Ze horen bij een van de stammen in het bos.' Tope laat zijn hoofd in zijn handen vallen. 'We kunnen er morgen naartoe om poolshoogte te nemen.'

Ondanks het feit dat hij een burgeroorlog heeft overleefd en elke dag voor weeskinderen en vluchtelingen zorgt, kan ook Tope nog steeds niet tegen geweld.

De volgende dag, om twaalf uur 's middags na een ochtend vol vergaderingen met de aannemers, gaan we op pad in Tope's wagen. Urenlang rijden we over het bochtige weggetje langs de rivier: we duiken greppels in en klimmen er weer uit over steile, met stof bedekte heuvels. De hemel wordt donkerder als we het dorpje naderen: een aantal krotten en huisjes gemaakt van leem en golfplaten. Het dorpshoofd wacht op ons.

'Namasté,' zegt hij tegen me. Zijn adem ruikt naar alcohol en zijn ogen zien geel.

'Namasté.' Ik maak een buiging.

Ik begin te dralen, zoals ik altijd doe op dit soort plekken. Tope, die veel rustiger is dan ik, verzamelt informatie en papierwerk. Hij is beter op locatie dan ik: minder impulsief, empathischer en Nepalees. Vooral dat laatste is heel belangrijk. We willen deze gemeenschappen niet redden, we willen ze zelfvoorzienend maken. En hoeveel passie ik ook heb, Tope is daar de meest geschikte persoon voor.

Geiten met lange haren en rommelige sikken kauwen op hun voedsel en voeden hun kroost terwijl ik langsloop. Ik zie meisjes met tilaks, veel te jong getrouwd, en dunne, kleine jochies met zanderige, oranje haren: misschien door ondervoeding. Een paar mannen strompelen rond en staren nietszeggend naar me, zonder angst of nieuwsgierigheid, terwijl ze hun vrouwen naar binnen sturen.

Het kleine regionale politiegebouw is een paar kilometer verderop en ziet er bijna net zo uit als alle andere lemen hutjes. Buiten wacht een agent met een stapel papieren en hij gebaart dat we naar binnen moeten lopen. Als ouders in Nepal naar de gevangenis gaan, gaan de kinderen vaak met hen mee. Jeugdzorg bestaat hier niet. Ik ga naar binnen en zie de kindjes in een cel zitten.

Twee paar enorme bruine ogen kijken naar me op.

'Zusjes,' zegt de agent tegen me. Ik glimlach en denk even aan Kate en Libby.

Het kleinste meisje is zo mollig als een koalabeertje en heeft duidelijk borstvoeding gehad. Fronsend schudt ze naar me met een smerig flesje buffelmelk: ze weet niet zeker hoe ze eruit moet drinken. Het meisje van twee glimlacht verlegen, alsof ze haar excuses wil aanbieden voor haar zusje. Tope komt achter me staan en zwaait naar ze. Niemand is beter met baby's dan hij.

'Zijn er familieleden?' vraag ik.

'Geen grootouders,' zegt Tope. 'De moeder had een zus maar zij is jong en heeft zelf veel kinderen. Als er al andere familieleden zijn, zijn het migrantenarbeiders in India. Het kan maanden duren voordat we ze hebben gevonden en als ze uit deze gemeenschap komen, kunnen ze onmogelijk nog twee kinderen in huis nemen.'

'Welke straf krijgt de vader?' vraag ik, ook al wil ik het antwoord niet weten.

'Vijfentwintig jaar. De politie betrapte hem toen hij probeerde te ontsnappen. De meisjes hebben alles gezien.' Hij schraapt zijn keel die hees en ziek klinkt door de woorden die hij ermee moet uitspreken.

Hij kijkt naar zijn papieren en wijst naar de baby.

'Dit is Khushi. Dat betekent "blij".' Hij grijnst en Khushi knippert naar hem.

'Dit is Khushbu.' Hij wijst naar het oudere meisje.
'Wat betekent dat?' vraag ik.
'"Ruikt lekker."' Tope glimlacht.
Khushbu giechelt ook om het geluid van haar eigen naam.
Ravi betekent 'zonlicht'. Ik zeg het bijna hardop.
Khushi strekt haar armpjes naar me uit. Haar tong glipt tussen haar lippen door als ze glimlacht, net zoals Ravi altijd deed. Mijn handen voelen als hete lijm, maar ze reikt weer met haar vingers naar me en kreunt. Ik wikkel een doek om haar heen en til haar op, ook al is er een groot deel van mij dat dat helemaal niet wil. Ik voel het bekende gewicht op mijn borst. Het beneemt me de adem. Ze legt haar hoofd tegen mijn nek en langzaam wiegen we heen en weer. Ik weet niet of het huis op dit moment klaar is voor nog een baby en een peuter, maar ze kunnen nergens anders heen.
Tope en ik rijden terug naar het dorp door mosterdvelden en langs lege maïsomhulsels om de laatste papieren te halen. Ik duik in de eenkamerhut van de meiden om foto's of informatie te halen, speelgoed of dekentjes om ze gerust te stellen. Het bloed van hun moeder ligt nog op de grond en zit op de muren. Ik rouw voor ze, voor al mijn moederloze kinderen.
De leiders van het dorp en de politie dragen ter plekke de voogdij aan ons over. We rijden urenlang in het pikkedonker naar Surkhet en de meiden slapen diep in mijn armen met hun warme lichaampjes en prevelende lippen. Ook ik begin weg te zakken. Terwijl het donker begint te worden voor mijn ogen, komt er terloops een gedachte mijn hoofd binnen wandelen.
Ik ben vijf dagen over tijd.
Het leven snelt naar binnen en het snelt weer weg.

16

EEN LANGE SCHADUW

Lieve Grote N,
Ik geloof in wonderen. Wij waren voorbestemd om elkaar te vinden en samen deze familie te stichten.

– M

Het water van het meer is koud in september, maar het omhelst mijn lichaam zachtjes. Het tilt het gewicht van mijn buik op en wiegt me voorzichtig wat heen en weer. Alles is stil. Neongekleurde kano's glijden geruisloos vanaf de kust over het wateroppervlak en veranderen in kleurloze bladvormen aan de horizon. De wind is een ademhaling na de diepste slaap. Zoals meestal vind ik het moeilijk om van het water te houden. Het meer tilt mijn middenrif op met zijn vreemde, vloeibare lef tot alleen mijn grote tenen nog de zachte onderkant van het bassin kunnen voelen. Karma, de oudste thuis, ligt naast me: vredig en rustig als altijd.

'Mama Maggie!'

De andere meiden spelen in het ondiepe deel. Ze roepen mijn naam en zwaaien vanaf het kakikleurige strand: felgekleurde plastic emmertjes en badpakjes met ruches vol zand. Ik adem diep in, zwaai terug en leg een hand op mijn buik. Ik denk aan de kleine lippen, vingertjes en tenen. Ik ben vier maanden zwanger en de baby lijkt waarschijnlijk meer op een inktvis dan op een mensje.

Karma pakt mijn hand vast. 'Maak je geen zorgen. Het komt allemaal goed,' stelt ze me gerust.

Het is nog vroeg, maar ik zou zweren dat ik de baby vanbinnen voel bewegen, alsof ze wil zeggen: '*Ze heeft gelijk, hoor. Ik zweef alleen maar. Ik ben hier veilig, net als jij.*'

In het begin was ik bang dat ik niet zoveel van de baby zou kunnen houden zoals ik van Ravi hield. Wat me nu het meest beangstigt, is dat dat wel gebeurt.

Morgen gaan Jeremy en ik trouwen op de top van een berg. We besloten het simpel te houden en de viering om de kinderen te laten draaien. We zijn met alle spullen naar Pokhara gereden: een gletsjermeer met een blauwe kleur die ik normaal alleen zie bij sportdrankjes en vogeleieren. Een paar familieleden van Jeremy zijn ingevlogen vanuit Canada om bij ons te zijn. Die van mij gaan naar een ceremonie die we uiteindelijk zullen organiseren in de Verenigde Staten, maar die we nog moeten plannen. Zijn blonde nichtjes zijn niet te missen op het strand, tussen al het groen dat is achtergelaten door het regenseizoen. Ze achtervolgen Pabitra over het strand en ik hoor hun gelach alsof het een windgong is. Mijn spieren ontspannen zich en alles is goed.

Dank je, dank je, dank je. Ik stuur mijn dankbaarheid naar de berg en de hemel.

De meiden brengen de nacht door in mijn hotelkamer: we gaan aan de slag met henna en pastelkleurige maskers die je van je gezicht af moet trekken en die vast komen te zitten in onze haren. De jongens zijn bij Jeremy en zullen ongetwijfeld heerlijk slapen na een dag vol avonturen op het meer. Maya lakt haar nagels in een glanzende roze kleur en houdt haar met henna bedekte handen naast de mijne. Ze vergelijkt de krullen en bloemblaadjes die over mijn pols kruipen met de hare. De kamer ruikt naar verse kruidnagel en aceton terwijl we onze kleren en schoenen klaarleggen. We genieten van de laatste momenten van onze familie zoals ze nu is en bereiden ons voor op wat komen gaat.

Voordat we welterusten zeggen, moeten we van Jeremy's moeder en de tantes in een cirkel zitten. Alle meiden, van vier tot achttien jaar, willen hun vrouwelijke wijsheid met me delen.

'Leer hoe je dal bhat moet maken.'

'Wees lief.'

'Ga nooit met ruzie slapen.'

'Krijg veel kindjes.'

Ze geven me slaperige zoenen en gaan naar hun eigen hotelkamers. Omdat ik er niets aan kan doen, glip ik een verdieping naar beneden om de jongens in te stoppen.

'Weet je, we hebben best mazzel. De meeste kinderen kunnen niet naar de bruiloft van hun moeder!' Krishna glimlacht als ik het licht uitdoe.

'Dit is je laatste avond als vrijgezelle vrouw.' Narendra lacht. Hij wiebelt veelzeggend met zijn veertien jaar oude wenkbrauwen.

'Ik hou van jou,' zeg ik tegen hem.

'Ik meer van jou!' roept hij terug.

'Maar ik hou het meest van jou.'

Het is een gevecht dat hij me laat winnen sinds hij vijf jaar oud is, maar ik weet niet zo zeker of ik de winnaar ben. Hij houdt genoeg van me om een nieuw iemand toe te laten. Hij vertrouwt me genoeg om te weten dat wanneer alles in het leven verandert, liefde onveranderd blijft.

De volgende dag komen de bussen ons rond twaalf uur 's middags ophalen, net als de zon vanachter een pluizige Himalayawolk vandaan komt. De jonge meiden dragen de bij elkaar passende jurken die ze hebben uitgezocht: gouden pailletten op de borst, een glanzend paars lint in het midden en daaronder enorme witte rokken tot de knieën. De oudere meiden dragen sari's die glinsteren als ze in het licht stappen. De jongens zijn uitgedost in traditionele *daura saruwal*, lange shirts met een hoge nek, blauwe jasjes en *dhaka topi*: een rechthoekige hoed met een patroon erop. Behalve sneeuwmannen en de Mount Everest lijkt Nepal in het westen vooral bekend te staan om de dhaka topi. Jeremy draagt ook een daura saruwal, maar die van hem is goudkleurig en versierd met bodhibomen in de vorm van schoppen van een set speelkaarten. In de meeste Hindoestaanse ceremonies draagt de bruid rood, het symbool van, onder andere, reinheid. De klaprooskleurige stof kreunt om mijn zwangere buik als ik de bus in klim. Iedereen behalve de priester vindt het hilarisch. Goma schraapt haar keel en zingt: 'We gaan naar de stoepa en we gaan trouwen,' terwijl we steeds hoger rijden naar de bergtop. Uit het open raam staren we naar de inhammen van de Annapurna-berg. Annapurna is de godin van de voeding en ik voel me zeker gevoed: ik voel me vol, compleet en beschermd door oneindige liefde.

De bussen stoppen en onze familie van zeventig man volgt een smal onverhard weggetje naar een ivoren stoepa op de bergtop. Van een afstandje ziet het kleine reliek eruit als een slapende witte walvis in een oceaan van gesteente. Als we hoger klimmen, begint het pad op een gangpad te lijken, geflankeerd door goudsbloemen en fonkelende lichtjes die ons begeleiden naar het altaar bovenaan. Jeremy en ik zitten naast elkaar onder de *mandap*, die is gemaakt van vier stevige bananenbomen en een rode deken. Onze kinderen en vrienden verzamelen zich om ons heen en de priester bidt op een geruststellende, strelende, monotone manier.

We wilden een ceremonie die de kinderen en hun cultuur zou eren. De meesten van hen zijn nog nooit naar een bruiloft geweest en als ik even opkijk, zie ik op hun gezichtjes een mengeling van blijdschap, nuchterheid en een verlangen om ervandoor te gaan om achter de dikke landvogels aan te rennen die rond de locatie waggelen.

Ik vraag me af hoe ik eruitzie. Ik voel me niet zenuwachtig, maar mijn met henna bedekte handen en roodgelakte nagels trillen. Ik ben bijna 13.000 kilometer verwijderd van Mendham, New Jersey en van hoe ik altijd had gedacht dat deze dag zou zijn.

De rituelen zijn een waas van licht, kleuren en heiligheid. Sommige kan ik in me opnemen en onthouden. Andere vliegen voorbij als liedjes uit de ramen van een voorbijsnellende auto en weten amper mijn bewustzijn te raken. De priester voert een pooja uit en leidt ons als een paar makke lammetjes door het ritueel heen: we lopen zeven keer om de vier bananenbomen heen, delen een appel, praten over onze toewijding aan elkaar en leggen onze handen op elkaars hart. Als het afgelopen is, heb ik zo'n vijfenzeventig kettingen om mijn nek: sommige zijn gemaakt van glazen kralen, andere van bloemen. Ook heb ik een *dubo ko malla*, een krans van speciaal gras dat zonder wortels kan groeien. Mijn haar en gezicht zijn bedekt met een vermiljoen poeder dat Jeremy op mij heeft gesmeerd om aan te geven dat ik een getrouwde vrouw ben en ik ben zo gelukkig dat de vermiljoenkleurige tranen over mijn wangen stromen. We geven elkaar de ringen en de kinderen gaan helemaal uit hun dak. Iedereen joelt en brult en steekt oranje lantaarns aan die de lucht in stijgen, in de richting van de grijze bergen. Tope gaat ook los op een manier die ik nog nooit heb gezien en ik moet erom glimlachen.

Na een pauze om momos te eten, foto's te maken en spelletjes te spelen is er een korte westerse ceremonie. Die doen we alleen maar zodat we de geloftes die we hebben geschreven kunnen lezen en de jonge meiden met gele bloemblaadjes kunnen strooien zoals ze op tv hebben gezien. Met Karma op de ene arm en Keshav op de andere, acht bloemenmeisjes voor ons en de rest achter ons, lopen alle drieënvijftig kinderen met me naar het altaar. Ik neem alles in me op als ze wegrennen om hun stoeltjes te zoeken.

Lieve Madan,
Jij bent mijn dromer.

Lieve Rupa,
Jij zorgt ervoor dat iedereen om jou heen zich geliefd voelt.

Lieve Man Kumari,
Jij bent onstuitbaar.

Het licht verandert als ik alleen verder loop. De prachtige Annapurna werpt een lange schaduw over alles onder zich: een duisternis die groter en ontwapenender is dan de hoogte zelf. Ik heb altijd geloofd dat mijn kinderen duisternis en verdriet met zich meedroegen toen ze voor het eerst de nacht doorbrachten in Kopila Valley. Nu begrijp ik dat het liefde was. Verdriet komt niet omdat liefde weg is. Verdriet komt omdat liefde overal is, omdat het buitengewoon is: een mammoet die de hemel aan kan raken. Verdriet is niet het tegenovergestelde van liefde, maar een logisch gevolg. Verdriet is de schaduw van het grootste wereldwonder. Als het toeslaat en we het zwaar hebben, kunnen we alleen maar kijken tot het licht weer verandert, tot het wonder zich weer laat zien. Net als ik naast Jeremy sta, gebeurt dat.

We zeggen stamelend onze geloftes en de kinderen blazen bellen die uiteen barsten tegen onze wangen. De ondergaande zon kleurt de hemel achter Annapurna oranje en we dansen tot het tijd is om als familie weer naar huis te gaan.

De daaropvolgende maand is gevuld met de bouw van de school, genieten van het huwelijk en afgrijselijk maagzuur. Door de zwangerschap is mijn lichaam in een vreemde veranderd. Jeremy vindt me prachtig, maar volgens de kinderen zie ik eruit als een sneeuwpop. Ik raak buiten adem als ik spreek tijdens vergaderingen. Ik heb een stekende pijn in mijn borsten en mijn tenen zwellen op tot ze eruitzien als cocktailworstjes. Alles wat normaal gesproken zo lekker smaakte, smaakt nu naar azijn en ik haat zalm zo erg dat ik op een bijzonder gênante middag begin te huilen en te kokhalzen als ik er alleen al aan denk. Voor de duidelijkheid: de kans dat ik ergens zalm ga vinden in het middenwesten van Nepal is nihil.

Elke ochtend, meer door discipline dan door honger, eet ik groente en granaatappel en neem ik een ijzersupplement zo groot als een ijsblokje. Het enige wat ik echt wil, is Ben & Jerry's *Half-Baked* en een beker nacho-kaas uit het Yankee Stadium, maar ik hou me druk bezig met de kleinste details van mijn zwangerschap alsof het nog een belangrijk project is dat ik perfect moet uitvoeren. Ik voeg een verloskundige in Surkhet toe aan mijn noodnummers, en nog twee gynaecologen uit de Verenigde Staten voor als degene die mij moet helpen met een potentiële gezondheidscrisis een second opinion wil, en dan nog een derde.

Als de kinderen naar school gaan, steek ik een kaarsje aan in mijn kamer en doe ik bevallingsmeditaties waar ik rustig van zou moeten worden.

Ik ben veilig. Mijn kindje is veilig.
Mijn bekken opent zich zodat mijn baby erdoorheen kan.
Ik zet alle angst opzij. Ik zet alle twijfels opzij.

Maar ik kan alle angst niet opzijzetten. De angst is een kletsgraag vogeltje dat op mijn schouder zit.

In Surkhet bevallen vrouwen zonder poespas. Ze bevallen in de lemen hutjes die ze eigenhandig hebben gebouwd, in de rijstvelden waar ze werken en de bossen waar ze haardhout verzamelen. Geboorte is al net zo natuurlijk en onvermijdelijk als de dood en trekt zich niets aan van onze plannen en wensen. De meeste vrouwen hier hebben niet eens een dokter. Ik heb een app op mijn telefoon die me vertelt wanneer mijn baby is gegroeid van een maïskorrel tot een koolraap. Nadat ik ben bevallen, zal ik bouillon drinken en mijn lichaam laten uitrusten. Nadat mijn buurvrouw is bevallen, moet ze alleen in een hutje zitten voor chhaupadi totdat haar lichaam niet meer bloedt. Ik blijf mezelf maar met hen vergelijken. Ik zie continu mijn eigen privileges en schaam me kapot. Zeker als Jeremy voorstelt om in Amerika te bevallen. Tot 2000 had Nepal het hoogste sterfteaantal onder moeders en pasgeborenen. Het beangstigt hem om hier te bevallen en hoewel ik het nooit zal toegeven, beangstigt het mij ook. Ik weet niet wat het over mij zegt als ik mijn kinderen weer in de steek laat, als ik kies voor zorg waar andere vrouwen in mijn gemeenschap, mijn eigen dochters incluis, geen gebruik van kunnen maken.

Jeremy en ik zijn allebei in New York aan het werk als het tijd is voor mijn vijf-maanden-controle. Het voelt alsof mijn slokdarm gevuld is met hete saus, maar verder lijkt alles goed te gaan. Maar dat is schijn. Volgens de dokter doet mijn schildklier het niet meer. Een van mijn benen is dikker dan de andere. Ik kom te snel te veel aan, ook al eet ik alleen maar linzen en rijst. Ze nemen me op in het ziekenhuis voor eindeloze echo's en bloedsuikertests. We zijn allebei doodsbang, maar alleen Jeremy is dapper genoeg om dat uit te spreken.

'Wat nou als we gewoon hier blijven?' vraagt hij voorzichtig.

'Misschien,' fluister ik, terwijl ik doe alsof ik in slaap val zodat we het er niet meer over hoeven te hebben.

Maandenlang droomde ik ervan dat alle andere kinderen bij me waren om hun kleine broertje of zusje te verwelkomen. Ik zou thuis bevallen met de ramen open en Karma, die verpleegkundige wil worden, zou de weeën bijhouden en ijs onder mijn tong leggen. De kleintjes zouden klagen dat het te lang duurt en hun interesse verliezen. De middelste kinderen zouden Jeremy bestoken met vragen over hoe de baby daar überhaupt is gekomen en hij zou het nog benauwder krijgen dan ik. Rillend, roze en krijsend zou de baby ter wereld komen: een meisje, vermoed ik. De vroedvrouw zou haar lijfje op dat van mij leggen om haar op te warmen. Ze zou dagenlang op mijn borst liggen, alsof ze nooit ergens anders was geweest. Ze zou heerlijk doorslapen terwijl wij continu haar vingertjes en teentjes tellen, terwijl haar broers en zusjes buiten spelen, tijdens satsung in de avond en de chaos van de ochtend. Ik zou thuis herstellen met Bauju's chai en geitenstoofpot en de liefde van mijn leven.

Na twee dagen in het ziekenhuis laten ze me weer gaan en tegen ieders wensen in gaan we terug naar Nepal.

Als ik zo'n zes maanden zwanger ben, komen de herinneringen aan Ravi terug. Ik waggel door het huis en haal herinneringen op aan hem: zijn eerste stapjes, de dag dat hij noedels probeerde, het eerste tandje, een wit steentje dat door zijn tandvlees stak, de dag dat hij stierf. Die middag is een film die zich keer op keer blijft afspelen.

Ik ren naar beneden.

Ik pak het beademingsmasker.

Ravi is nat en slap.

Padam trilt.

Ik schreeuw, een geluid dat ik nooit opnieuw kan maken maar altijd in mijn keel zal voelen.

Na een terugval ben ik mezelf niet. Ik ben niemand. Het zweet breekt me uit als ik mijn tanden poets en slapen kan ik wel vergeten. Mensen moeten me dingen vier of vijf keer vertellen voordat de woorden door het verdriet heen kunnen dringen. De baby die in me zit, blijft de meeste nachten samen met mij op tot twee uur 's nachts, bespeelt mijn ribbenkast als een harp en herinnert me eraan dat hij of zij heel snel hier zal zijn. Ik dacht dat ik er klaar voor was, maar dat ben ik niet.

'We moeten naar huis. Het is tijd om onze vluchten te boeken,' zegt Jeremy tegen me, terwijl we allebei klaarwakker in bed liggen. Het bed is nat en stinkt door mijn opvliegers.

'We zijn thuis.' Ik probeer in zijn hand te knijpen, maar mijn vingers trillen. 'Ik kan hier hartstikke veilig bevallen. Het stikt in Kathmandu van de geweldige artsen. Vrouwen doen dit al duizenden jaren.'

'Maggie, wat als er iets misgaat? Denk aan het kindje.'

Hij legt zijn hand op mijn ribben. Een voetje verschuift en drukt tegen zijn hand.

Denk aan het kindje.

Als ik aan het kindje denk, denk ik nog steeds aan Ravi.

'Alles komt goed, dat beloof ik.' Mijn stem trilt, net als mijn lijf. We weten allebei dat ik maar op één manier overtuigd kan worden om te gaan.

'Hoe kan ik nou weggaan? Willen jullie de baby niet zien?'

Ik ben dertig weken zwanger wanneer de kinderen me in een hinderlaag lokken met satsung voor een onverwachte interventie.

'Er zijn hier te veel virussen, mam.'

'Er is altijd wel iemand ziek.'

'Je kunt hier niet uitrusten.'

'Baby's zijn saai.'

'Je mag naar Californië!'

Ze hebben allemaal zo hun redenen die ze me helder uitleggen. Ze willen dat ik veilig ben en dicht bij mijn ouders, ze willen dat Jeremy zijn hond Bear kan zien en volgens Yagay is 'Californië' alleen al reden genoeg. Aan hun smekende ogen en onrustige, zenuwachtige lichamen te zien, zijn er nog meer redenen, die ze voor zich houden.

Wat nou als je ziek wordt?

Wat nou als de baby sterft net als Ravi?

Wat als we jou weer kwijtraken, net als de vorige keer?

Het is nooit in me opgekomen dat zij net zo bang zouden kunnen zijn als ik.

Ik denk na over de afgelopen tien jaar van mijn leven terwijl ik naar de hoeken van de groene kamer staar waar we elke dag samenkomen om te zingen en te dansen. Hun gezichtjes staan somber, gevuld met bezorgdheid en liefde. Ze willen met dezelfde wanhoop voor mij zorgen als ik al die jaren geleden en elke dag daarna voor hen heb willen doen. Ik heb veel fouten gemaakt tijdens hun opvoeding en toen ik hier een leven wilde opbouwen. Ik weet dat ik nog heel veel meer fouten zal maken. Het enige wat ik zeker weet, is dat het altijd goed is om naar mijn kinderen te luisteren.

'Weten jullie het zeker?'

Drieënvijftig hoofdjes knikken. Die nacht boek ik mijn vliegticket. Voor het eerst in maanden, slaap ik de hele nacht door.

Precies met vierendertig weken, als mijn baby volgens de app zo groot is als een kool, ook al voelt het alsof hij zo groot is als een jackfruit, trek ik mijn dikste, warmste trui aan. Ik verzamel mijn papieren en bereid me voor op een afscheid van Kopila Valley, zonder zeker te weten wanneer ik weer terugkom.

De kinderen komen naar me toe in de tuin. Ze kussen omstebeurt mijn wangen en aaien over mijn buik voor geluk. Maya legt haar handen op de plekken waar mijn huid is uitgerekt en fluistert iets naar de baby wat ze mij niet wil vertellen. Verlegen schudt ze haar hoofd en grijnst als een vos wanneer ik haar ernaar vraag. Ik houd mijn kinderen vast, zo lang als ze toelaten. Ik houd alles vast: de bergen, het huis dat we samen hebben opgebouwd, de geur uit de keuken, van mosterdolie en bittere groentes, die ik normaal gesproken haat. Vandaag houd ik ervan, alsof het een goede vriendin is.

'Het komt allemaal goed.' Tope glimlacht en stuurt me op een speelse manier weg.

En ik weet dat hij gelijk heeft. Kopila en BlinkNow zijn omringd en omhelsd door een aantal van de beste mensen op aarde. Sachyam, Aakriti en de tantes zijn de beste verzorgers die ik me had kunnen wensen. Sachyams grote ronde ogen, omringd door zijn dikke wimpers, lijken bijna licht te geven. Hij praat op de kalme, rustgevende toon van een goeroe en giechelt nog als een kind. Zijn lichaam is gemaakt voor knuffels en hij is de beste grote broer die een kind zich kan wensen. Hij zingt spontaan religieuze Hindoe-liederen. Hij is overal tegelijkertijd: het ene moment brengt hij een kind naar de dokter en het volgende moment maakt hij de beste kip masala voor zestig man. Het lukt hem op de een of andere manier om honderden dingen per dag te doen en de boel draaiende te houden.

Aakriti heeft onlangs haar haren afgeschoren en lijkt op een boeddhistische non uit het klooster. Ze heeft een van de mooiste gezichten die ik ooit heb gezien, maar is absoluut niet ijdel. Ze draagt altijd een warme, comfortabele trui of sjaal en lijkt altijd lief te glimlachen. Ze is aardig, rustig en valt vaak niet op omdat ze achter de schermen werkt waar ze de tijd neemt om aanwezig te zijn voor ieder kind. Ze is een goede luisteraar die alles hoort wat er wordt gezegd én wat er niet wordt gezegd. Ze is een geboren verzorger die verhaaltjes leest voor het slapengaan, kinderen instopt, perfecte haarvlechten maakt, geruststelt, eten regelt en yoga geeft op het dak. Aakriti is altijd te porren voor een spontaan dansfeestje op het dak in de regen of een stil leesmomentje in de zon. Ze zit naast de bedjes met soep en citroenthee voor zieke dagen en slapeloze nachten. Ik ben elke dag dankbaar voor haar.

Naim en Jaddon leiden de school. Samen hebben ze zo'n vijftig jaar ervaring in het onderwijs en ze zijn vastberaden om de beste school ter wereld neer te zetten: met alles van lerarentraining tot het opbouwen van een lesprogramma tot lokale en experimentele leertechnieken. Cal regelt het dagelijkse reilen en zeilen. Hij heeft een perfect Engels accent, alsof hij de meditatie-app Headspace heeft ingesproken. In het begin lijkt hij heel serieus, maar als je hem beter leert kennen ontdek je dat hij houdt van diepe gesprekken, graag debatteert over complottheorieën en dat hij heel treffende observaties maakt. Hij kan ook volslagen gekke grappen uithalen en gaat op vrijdag graag op pad met het team om koude biertjes te drinken in de Gokhul-hut verderop in de straat.

Luke heeft de leiding over de bouw van de nieuwe campus. Hij is een jonge, bizar aantrekkelijke technicus met lange haren uit Vermont. Ik heb nog nooit iemand ontmoet met zo'n passie voor milieubewuste bouw. Luke is gepassioneerd over alles in het leven en als hij niet werkt plant hij passievruchten op de campus. Luke is al vijf jaar bij ons en werkt elk uur dat het licht is aan de school. Vaak is hij tot diep in de nacht bezig met bouwtekeningen, het budget en software om de bouw bij te houden. Hij is als een broer voor me geworden, een anker, en het aanspreekpunt voor ons Nepalese bouwteam, de technici en de architecten.

Kelly en Rosna hebben de leiding over het vrouwencentrum. Ze gaan naar het politiebureau voor aangiftes van aanranding en geweld tegen vrouwen in de gemeenschap. Ze geven lessen in lezen en schrijven, bedrijfsvoering, organiseren demonstraties, delen leningen uit en vragen een plaatselijke vrouwenrechtenadvocate om de vrouwen van Kopila hun rechten uit te leggen. Het centrum heeft meer dan 250 vrouwen geleerd om prachtige sjaals, schooluniformen, tafelkleden, lakens, warme pyjama's voor de kinderen en nog veel meer te maken. De vrouwen van het centrum geven allemaal heel veel om elkaar en hebben hun eigen netwerken gevormd voor vriendschappen en steun. Ze zorgen voor elkaars kinderen en steunen elkaars zakelijke ideeën. Rosna staat elke dag op om acht kilometer hard te lopen voor haar lange dag in het vrouwencentrum, waar ze onze vrouwen kracht geeft en inspireert. Ze is oprecht, sterk en vriendelijk. Ik weet dat Rosna uiteindelijk zal afstuderen en de wereld zal veranderen en het was geweldig om haar hier tot bloei te zien komen.

Meelan leidt de gezondheids- en wellnessprogramma's en het opvanghuis. Ze heeft lang, glanzend donker haar dat achter haar aan wappert als ze op de motor zit. Haar grote bruine ogen zijn een spiegel voor haar emoties. Ze is een feminist uit Kathmandu die de ene dag een stoere spijkerbroek draagt en dan weer een chique geborduurde kurta. De kinderen zijn allemaal dol op haar en zijn altijd in haar kantoor te vinden. Meelan houdt van de kinderen alsof ze van haarzelf zijn en is een moederfiguur voor ze geworden. Ze slaapt met haar telefoon naast haar kussen en ligt 's nachts wakker omdat ze ligt te denken aan onze studenten, ons opvanghuis voor meiden en alle noodgevallen die we die week onder ogen hebben gekregen. Meelan is een geweldige leider van het begeleidingscentrum, de gezondheidskliniek, voedingsprogramma's, gezinsontwikkelings- en kinderveiligheid- en crisisinterventieteams.

Jamie en zijn team hebben de leiding over de duurzaamheid.

Hij heeft de slimste mensen geregeld voor allerlei zaken zoals het beheer van afvalwater, het opvangen van regenwater, koken op zonne-energie, duurzame landbouw en permacultuur. Hij koos kokosschillen voor ons voetbalveld en probeert ervoor te zorgen dat elke centimeter van de campus duurzaam is opgezet. Ik zie hem amper want hij zit of in een jackfruitboom, of werkt aan de compoststapel, of hij zit in de modder met de kinderen om onze aarde te verrijken met koolstof. Niemand heeft meer principes dan Jamie, zeker niet als het om duurzaamheid gaat. Hij draagt elke dag hetzelfde groene shirt, fietst naar de locatie op zijn mountainbike en heeft zijn leven op pauze gezet totdat dit project is voltooid. Hij is mijn geweten dat me afkeurend aankijkt als ik pakjes sap koop voor de kinderen. Hij is ons geliefde rolmodel en iedereen is verliefd op hem. Hij en Luke zijn al vijf jaar bij ons, spreken bijna foutloos Nepalees, schrijven in Devanagari en houden altijd vol, ongeacht welke uitdagingen we voor onze kiezen krijgen en het erop lijkt dat we deze school nooit kunnen afmaken.

Anjali en een comité van andere internationale experts hebben ons geholpen met het opzetten van Futures: een programma om onze jongvolwassenen en afgestudeerden te steunen tijdens hun overgang naar het volwassen leven. Niemand had dit programma beter kunnen maken dan Anjali. Ze heeft over elk detail nagedacht en heeft overlegd met organisaties van over de hele wereld en binnen Nepal die een gelijke groei hebben meegemaakt. Ze heeft een curriculum en een checklist met levensvaardigheden en workshops opgezet die onze studenten en kinderen nodig zullen hebben om succesvolle volwassenen te worden. Ze vond samenwerkingen met en studiebeurzen voor hogescholen en universiteiten en heeft een brug gebouwd tussen Kopila en verschillende beroepsvaardigheden en stageprogramma's. Ze nam Manjula en een team begeleiders aan om de kinderen alles te leren: van het schrijven van je cv tot het oefenen van sollicitatiegesprekken en het kiezen van een carrière. Alles wat zij en het team van Futures doen, werkt!

We hebben zowel een sterk Nepalees bestuur als een fantastisch internationaal bestuur. En dan hebben we Tope nog, de geboren leider van ons allemaal: onze familie van 120 mensen.

Alles waar ik voor gebeden heb toen we dit land zegenden en onze schep erin staken, is tot ons gekomen. We zijn niet alleen gegroeid: we zijn tot bloei gekomen.

Ik huil de hele weg naar het vliegveld en voordat ik mijn tranen kan stelpen, huil ik opnieuw als ik twee glinsterende bergtoppen uit het raampje van het vliegtuig zie.

Als we in New Jersey aankomen, ligt er sneeuw op de grond. Ik heb de meest zwangere buik die de wereld ooit heeft gezien: ik moet mensen zelfs ervan overtuigen dat ik niet in verwachting ben van een tweeling. Er hangt een feeststemming in de lucht. Er worden kerstliedjes gedraaid in de supermarkt en overal hangen groene kransen. Ik geef nog een paar laatste presentaties om het jaar af te sluiten. Het is ook het tienjarige jubileum van BlinkNow en ons team, onder leiding van de enige echte Kim Wentworth, de geliefde Eileen Quick en de betrouwbare Ruth, heeft ons eerste benefietgala georganiseerd, al noemen wij het een viering. Ze zijn al maanden bezig met het plannen van dit feestje, tot het laatste, perfecte detail. Ze kennen me goed en in plaats van een normaal, chic evenement is het thema Nepal: met kleuren en decors en dans en muziek. Ze huren een ruimte af die uit zijn voegen barst door alle kleuren en bijna 650 mensen. Iedereen komt gekleed in Nepalese kledij. We vinden zelfs een beroemde gastheer en de band van Billy Joel speelt voor ons. Onze BlinkNow-donateurs, ons fantastische bestuur, mijn geliefde jeugdvrienden, onze specialisten en de mensen die mij en Blink-

Now door de jaren heen hebben gevormd, zijn allemaal aanwezig.

Misschien komt het doordat ik zevenendertig weken zwanger ben en op het punt sta om te bevallen, maar als ik op het podium sta en neerkijk op een zee aan donateurs en mensen die voor mij en de kinderen zijn opgekomen tijdens elke fase van onze groei, tijdens alle zware en mooie gebeurtenissen, barst ik in tranen uit. Ik zie Tope vooraan zitten, aan een tafel met ons hele internationale team en een paar van de universitaire leerlingen van Kopila. Mijn moeder slikt haar tranen weg. Ik zie in haar ogen hoe trots ze is. Ik zie Megan die haar hand op haar hart legt en ik hoor bijna hoe haar lage, schorre stem fluistert: 'Je kunt dit, Mags.' Haar vriendschap, haar urenlange coaching en therapie en de kilometerslange wandelingen waarbij ze simpelweg luisterde en me een spiegel voorhield, hebben me door al deze jaren gesleept. Ik zie Jim Duff, die we eren als 'donateur van het jaar', stralen in zijn Nepalese topi. Hij heeft zijn hart en spaargeld in ons werk gestopt: van de aankoop van grond tot hele vleugels van de nieuwe campus. Na de dood van zijn vrouw Beth zocht hij een reden om door te gaan en op de een of andere manier vond hij ons en vonden wij hem. Hier is hij dan, stralend van trots. Ik weet niet waar ik zonder hem zou zijn. Ik zie mijn oom Ed die zes keer naar Nepal is gereisd. Inmiddels is hij de oom Ed van mijn kinderen en van heel Nepal. Ik zie al onze bestuursleden van de afgelopen jaren. Het is een perfecte avond. We halen genoeg geld op om de nieuwe groene campus uit onze dromen te realiseren en om de kinderen en onze programma's in 2019 in de lucht te houden. Ik geloof het bijna niet als ik het donatiebedrag door het dak zie gaan op de grote schermen.

Als ik aan de beurt ben om een toespraak te houden, verzin ik een grapje om de tranen tegen te houden. Ik hoop dat mijn vliezen niet ter plekke zullen breken. Ik sta op en lees een liefdesbrief voor. Deze is aan mezelf gericht. Alles wat ik tegen de negentienjarige Maggie zou hebben gezegd, alles wat ik haar zou willen vertellen wat ze nooit had kunnen weten.

We dansen tijdens deze perfecte avond en eindigen in de bar van de lobby. Ik knuffel Kim en Eileen en Ruth die er ongekend goed uitzien in hun sari's. Ik ben moe en omvergeblazen door deze succesvolle avond.

'Zonder jullie was ik hier niet,' zeg ik tegen ze. En het is waar.

Tijdens elke onverwachte wending, bij elke tegenslag, waren er zoveel ongelooflijke mensen die in actie kwamen en naast mij stonden.

'Bedankt. Bedankt. Bedankt.'

Jeremy vindt een oud huis in Spaanse stijl in Altadena. We huren het zodra het op de markt komt. Hij is in L.A. op de set een tv-programma aan het afronden tot de uitgerekende datum. De kraamkliniek is vlakbij en ik kan naar de supermarkt wandelen. De buren zijn vriendelijk en de stoep is gemaakt van beton in dezelfde felle witte kleur als de stoepa waar we zijn getrouwd. De eigenaars van het huis zijn professors op Caltech die tijdelijk op een andere universiteit werken. Ze vertrekken haastig en bieden bijna hun excuses aan dat het huis volledig en prachtig is ingericht, inclusief glazen, verschillende apparaten en een half pak wasmiddel. Bear de hond komt bij ons wonen en patrouilleert in de omheinde tuin, bedelt om eten in de zonverlichte keuken en legt zijn hoofd op mijn buik totdat de baby begint te trappen en hij doodsbang weer vertrekt.

Terwijl we op de baby wachten, werkt Jeremy in de kleine studio achter. Roda komt langs om de kinderkamer in te richten terwijl ik klaag over de druk in mijn baarmoeder en enthousiast vertel over de ijsmachine in de koelkast. Al wachtend doe ik alle Amerikaanse dingen, alsof ik een of andere fanatieke toerist ben.

Ik bestel eten, meld me aan voor Amazon Prime, maak foto's van het Hollywood-bord en maak een testrit in een Tesla waar ik amper in pas in de hoop dat het mijn bevalling op gang zal brengen.

Mijn uitgerekende datum komt en gaat weer voorbij.

Na exact tweeënveertig weken, na lekker Mexicaans eten en mijn eerste glas wijn in tien maanden, beginnen de weeën.

17

RUBY SUNSHINE

Lieve H,
Alles wat je ooit nodig zal hebben, zit al diep vanbinnen.
– M

Ik voel me kalm.
Ik voel me veilig.
Ik voel me geborgen.
Ik ontspan volledig en laat de geboorte over aan mijn kind.
Mijn bloedvaten sluiten zich precies zo ver als hoort.

De weeën komen op de Nepalese tijd, op een avond begin februari, twee weken later dan de bedoeling was. Ze beginnen ergens in het midden van mijn lichaam en verspreiden zich als de zon over mijn lichaam tot ik ze voel als gestotter op mijn lippen en krampen in de onderkant van mijn voeten. De meditaties op Jeremy's telefoon gonzen maar door terwijl we in de badkamer zitten te wachten tot het tijd is om naar de kraamkliniek te gaan. Ze hebben ons verteld dat we dat moment wel zullen herkennen, maar we hebben het natuurlijk nog nooit ervaren. Het licht schijnt steeds feller op de muur van de badkamer en ik kijk naar mijn schaduw: ik ben meer een grijze landmassa dan een naakte vrouw.

Jeremy heeft letterlijk al onze kaarsen aangestoken. Ze staan op hoekjes en in nisjes in de muur, bij de kraan en op de achterkant van het toilet, totdat mijn haar bijna in de fik vliegt. Hij zet ze om het met water gevulde bad heen als een stralende uitnodiging. Ik probeer al een uur om van het toilet naar het warme water te bewegen. Als de baby plots komt, willen we niet dat een ontstopper het eerste is wat ze ziet. Ik ga staan, begin te trillen en stop. Staan, trillen en stoppen.

Ik zet al mijn angst opzij en verwelkom mijn baby met blijdschap.
Ik laat de geboorte over aan mijn lichaam.

De baby zakt naar beneden en mijn longen vechten om zuurstof. Ik adem zo veel mogelijk zuurstof in als ik kan, zolang dat nog kan. Ik knik naar Jeremy en hij loopt met me mee, langzaam schuifelend, over de tegels naar het water.

Ik haat het water nog steeds, maar mijn lichaam wordt ernaartoe getrokken. De vleugels van een vogel laten hem naar het zuiden vliegen in oktober, een koe gaat plat op de grond liggen voordat het gaat stormen en mijn baby wil in het water geboren worden. Tussen de weeën door, tijdens de weeën, reikt alles in me naar het zacht klotsende water in de badkuip. De tato pokari, zoals Juntara het zo graag noemde. Het hete meer.

In dit moment, waarop ik verder niets meer helder zie, zie ik haar glashelder voor me. Ze glimlacht, schatert, speelt. Ze vertelt me hoe sterk ze is. Ze had niet mogen sterven. Niemand niet. Pampa niet en Manisha van school ook niet, die zichzelf van het leven beroofde. Niet de baby's in Jumla die straatarm ter wereld kwamen of oude mensen die alles hadden in Los Angeles. Niet Ravi. Hoe kunnen we zo blijven leven? We lopen over deze wereld, altijd maar één stap verwijderd van de verwoesting. Waarom is onze liefde zo sterk en zijn onze levens zo kwetsbaar?

Ik laat de geboorte over aan mijn baby en aan mijn lichaam.

Ik maak mijn rug hol. Een laag gekreun gonst over mijn lippen. De geboorte voelt al net zo buiten mijn macht als de dood.

Jeremy helpt me om één been in het bad te zetten en dan de andere. De vloeistof krult om me heen en neemt me als een gast van hem over. Ik kan Ravi zien: zijn perfecte, dikke buikje. Zijn handen uitgestoken naar schuimend badzeep, zijn gegiechel dat naar de hemel reikt. Hij was ook dol op het water.

Hoe kan het leven van mijn baby beginnen waar dat van hem eindigde?

Ik stel me voor dat ik haar uit het water trek, dat ik haar ribben groot zie worden als ze gevuld raken met het leven. Dat ik luister naar haar eerste geluidjes. Ik zie Ravi weer: nat en leeg, weggerukt uit deze wereld.

Ik krijg weer een wee.

Ik ben voorbereid op alle mogelijke wendingen van de geboorte.

Maar je kunt je niet voorbereiden. Nergens op.

Na dertig uur thuis puffen, rijden we rond tien uur 's avonds naar het Good Samaritan Hospital en niet 'GraceFull Birthing'. Het is tijd om te kijken hoe het met de baby gaat, zeiden ze. Ik kan niet uitleggen waarom, maar ik trek een mooie roestkleurige jurk met stippen aan: het soort jurk dat je aantrekt voor een bruiloft of een polowedstrijd. Jeremy draagt zijn joggingbroek. Als we aankomen, leun ik over een stoel in de wachtkamer en wieg ik heen en weer met mijn heupen onder de hete, witte tl-lampen. Ik luister naar de kakofonie van piepende medische apparaten en belletjes. Jeremy meldt ons aan en houdt mijn hand stevig vast als ik weer een wee krijg.

'We zouden hier niet moeten zijn,' huil ik.

Hij kijkt in mijn ogen. Diepe liefde. De diepe, onwrikbare liefde van een zielsverwant. Machtige, eeuwige liefde: het enige wat we elkaar in dit leven kunnen beloven. We wilden het anders doen. Dit is niet de set, met het bad en de essentiële oliën en de mooie verlichting, die we hebben ontworpen, maar hier zijn we dan toch: in de door tl-balken verlichte lobby van een ziekenhuis midden in de nacht, samen. Misschien is dit precies waar we horen te zijn.

De naam Ruby komt op de operatietafel onder zware verdoving tot me. Toen ik twaalf of dertien was, gingen mijn ouders met ons kamperen. We verbleven in een primitief huisje en een klein meisje genaamd Ruby logeerde in het huisje naast ons. Ik hoorde hoe haar moeder haar riep: 'Ruby! Ruby!' Ze was altijd buiten aan het spelen. Ik wende eraan, zoals je went aan geluiden in het bos. Een vogel tsjilpt, de wind waait, 'Ruby! Ruby!'.

Dat is een mooie naam, dacht ik toen. *Als ik ooit een dochter krijg, noem ik haar Ruby.*

Ik had het ergens diep in mijn hart bewaard en weggestopt. Tot nu.

Ik ben rustig door de medicatie en staar naar de maanvormige lampen in de operatiekamer. Mogelijk glimlach ik. Een lieve vrouw wast mijn lichaam en bereidt me voor op de operatie. Ze veegt mijn buik schoon met iets wat ruikt naar alcohol en scheert een plek vlak bij mijn heupen waar de incisie zal worden gemaakt. Jeremy komt naar binnen: een enorme blauwe reus. In het begin herken ik hem niet. Hij draagt dezelfde kleding, operatiemuts en mondkapje als alle verpleegkundigen. Ik weet pas dat hij het is als hij me in de ogen kijkt en tegen me praat.

'Ik ben er. We kunnen ons kindje bijna ontmoeten. Het komt

allemaal goed. Ik glimlach onder dit mondkapje, geloof mij nou maar.'

De anesthesisten controleren alles nog een keer en er wordt een groot, gaasachtig gordijn onder mijn borstbeen gelegd.

Ik denk aan mijn bevallingsmeditaties:

Ik voel me kalm.
Ik voel me veilig.
Ik voel me geborgen.

Dan, door een mist van uitputting, verdoving, geluk en verdriet, komt de liefde aan.

Lieve Ganga,
Ik hoop dat je nooit stopt met spelen, nooit stopt met lachen. Blijf bazig, blijf sterk.

Lieve Krishna Shahi,
Ik wil dat je precies blijft zoals je bent, voor eeuwig en altijd.

'Maak je geen zorgen als de baby niet meteen begint te huilen als ze eruit komt,' zegt iemand tegen me.

Lieve Krishna Bogati,
Ik hou meer van je dan ik ooit zal kunnen zeggen.

Lieve Sundar,
Je bent een geschenk. Je bent mijn trots. Je bent klein, maar je bent oersterk.

Ze behandelen mijn lichaam als een pakketje. 'Nog maar een paar minuten!'

Lieve Santosh,
Tot het einde der tijden zal ik van je houden.

'O, we zien het gezichtje van de baby! Het is een meisje! Ze is een mollig snoepje! Wat een koppie!'

Mijn ingewanden trillen door de druk.

Lieve Janak,
Je kunt alles doen en alles worden.

Ik hoor een boze oerkreet zodra haar huid de lucht raakt. De arts tilt haar op zodat ik haar kan zien. Mijn dochter is lang, schokkend roze met bruine haren. Ze is ook enorm. De weegschaal in de hoek zegt dat ze 4311 gram weegt als ze haar erop leggen. Ze schreeuwt en schreeuwt, tot ik mijn lippen op haar wangetjes leg en ze, nog steeds nat, op mijn borst rust. Precies waar ze hoort. Jeremy neemt onze nieuwe kleine meid mee uit de operatiekamer en houdt haar tegen zijn huid aan en belooft me dat hij bij haar zal blijven. Zodra ik gehecht ben en op de verkoeverkamer lig, drinkt ze aan de borst en onderzoeken we elk teentje en elke vinger. Ze lijkt opvallend veel op Jeremy en ik hap naar adem als ik een hartvormige moedervlek zie op de zijkant van haar dij. Ik vind mijn telefoon en maak een foto. We sturen een berichtje naar de kinderen: 'Ze is er! Jullie hebben een zusje!'

Ruby rust met een borst in haar mond wanneer een neonatoloog met een optocht aan NICU-verpleegkundigen die ik nooit eerder heb gezien haar komt halen. Haar lippen zijn een perfecte roze accordeon, opgevouwen tussen haar wangetjes, en ze heeft een klein plasje borstmelk op haar kin. Ik snap niet wat er aan de hand is. Ze is nog geen dag bij ons.

'Uw baby heeft een infectie,' zegt de arts zonder een greintje emotie. 'Haar witte bloedcellen hebben niet de juiste waarde. We moeten haar behandelen in de NICU en ze heeft direct een lumbale punctie nodig.'

Jeremy schiet omhoog uit een diepe slaap alsof de kamer in de fik staat en ik druk Ruby dichter tegen me aan, ervan overtuigd dat ze de verkeerde baby voor zich hebben.

'Nee, het gaat prima met haar! Kijk dan! Ze is zo roze. Ze heeft geen koorts. De gehoortesten waren ook goed, dat hebben we vanochtend gehoord. Er is niets met haar aan de hand!'

Een rustige verpleegkundige met bruin haar plukt haar van mijn blote borst en legt haar in een doorzichtige, plastic wieg. Ze rollen haar de kamer uit, in de richting van de lift. Voordat ik ook maar een kik kan geven, is ze al weg. Ik heb mijn dochter laten gaan.

'Jeremy!'

Ik ga rechtop zitten en sta op het punt om haar te volgen. Ik vergeet even dat ik nog niet kan lopen. Ik voel voor het eerst een hevige druk op mijn hechtingen en ik slaak een afschuwelijke kreet. Ik kan niets doen om mijn kindje te redden. Ik lig open, zowel fysiek als emotioneel. Mijn benen zijn zware, dode dingen en ik kan alleen maar mijn handen uitstrekken naar de deur.

'Ga met haar mee,' zeg ik tegen Jeremy: mijn anker, mijn rots, mijn huilende hoopje echtgenoot op de rand van het bed. 'Blijf bij haar, wat er ook gebeurt.'

Hij veegt zijn tranen weg, zoent me en rent naar de lift. Dan ben ik alleen.

Wat als ik haar kwijtraak?

Wat als ze nooit meer uit die NICU komt?

Wat als deze infectie haar fataal wordt?

Wat als ze haar niet kunnen behandelen?

Wat als ze koorts krijgt en dan epileptische aanvallen krijgt en ze dan een hersenbloeding krijgt en ze een shunt moeten plaatsen en dat mislukt?

Wat als ik haar moet begraven?

Wat als ik weer een dood, slap, koud babylichaampje in mijn armen moet houden?

Wat als ze stopt met ademhalen?

Wat als haar hart ermee ophoudt?

Dat overleef ik niet. Dan sterf ik weer.

Mijn gedachten blijven maar gaan, mede door de hydrocodon die ze me hebben gegeven tegen de pijn en de vermoeidheid. Mijn hoofd loopt over: niet alleen van herinneringen aan de afgelopen tweeënzeventig uur, maar aan de afgelopen tien jaar. Ik rouw om Ravi, Juntara en Manisha, alle vrouwen en kinderen die ik wilde helpen, maar niet kon helpen. Ik rouw om Ruby, die ik nu al in de steek heb gelaten. De zwaarte van het moederschap raakt me ineens in alle volledigheid, net als de schaamte, de angst en het berouw.

Ik krijg geen lucht meer.

Ik sla met mijn vuist op de noodknop.

'Help me, alsjeblieft!'

Er komt een verpleegkundige aan. Haar ogen zijn zo blauw als kristallen en net zo groot en gevuld met paniek als de mijne. We kijken allebei geschrokken hoe mijn borstkas hevig op en neer beweegt en hoe mijn lichaam de leegte die in mijn maag zit eruit probeert te werken.

Ze brengt me naar het toilet en houdt me daar lange tijd vast terwijl ik huil en plas zonder iets te voelen. Ze veegt mijn ogen droog, mijn wangen, en de rest. Ze blijft een naamloze engel: mijn zus, mijn moeder en Bauju tegelijk. Ze wrijft over mijn rug, geeft me een schone luier en toont me de wonderlijke, buitenaardse liefde van verpleegkundigen waar andere moeders me over hebben verteld. Ze stopt me weer in bed en voor het eerst in meer dan tien jaar laat ik mezelf weer als een kind voelen. Als Jeremy belt, neemt ze op en houdt ze de telefoon tegen mijn oor zodat ik met hem kan praten.

'Ik wil dat je rustig blijft,' zegt Jeremy. 'Ruby is hier en het gaat goed met haar. Je kunt haar komen bezoeken. Ze hebben net een infuus geplaatst. Als je hier komt, moet je rustig blijven. Er staan hier machines en er liggen een paar heel zieke baby's. Als je wilt, kan ik je komen halen.'

'Nee, blijf bij haar. Ik kom eraan. Ik kom er snel aan. Ik moet haar zien.'

Maar een deel van mij, een groot deel, kan dat idee niet aan.

We hebben Surkhet verlaten zodat er niets naars zou gebeuren, maar dat is toch gebeurd. Mijn dochter is ziek. Ze heeft het zwaar, net als de baby's van vreemden die in doeken gewikkeld opdoken buiten Kopila Valley. Ik ben in L.A., ik heb privileges. Zelfs met een wond in mijn buik en een ziek kind, heb ik meer geluk dan ik verdien. Niemand van ons, of we nu in een dorpje in de bergen wonen of in de Hollywood Hills, heeft controle over het leven. Niemand dirigeert het ritme van leven en verlies. Het enige wat we kunnen doen is meebewegen, verbonden door onze kwetsbaarheid, zo gracieus mogelijk. Of we het nu weten of niet, dan zijn we op ons sterkst.

Ik kijk uit het raam en zie de gladde, witte bergtoppen. Volgens mij de San Gabriels. Even is het mijn berg: de liefhebbende, groene heuvels aan de voet van de Himalaya.

Onze doula komt langs om mijn gezicht te wassen met zeep en me te helpen met tandenpoetsen. Ze haalt de klitten uit mijn haar en stopt mijn borsten weer in het ziekenhuisgewaad. Ze lekken op haar mooie spijkerbroek, maar dat lijkt haar niet uit te maken. Zonder iets te zeggen, lopen we samen, langzamer dan langzaam, naar de lift. Ik ril als ik het woord 'NICU' op de knop voor de achtste verdieping zie staan en we gaan omhoog.

De deuren gaan open en er klinkt een belletje. We slaan links af en beginnen te lopen. Ik houd krampachtig de leuning aan de muur vast zoals ik de zijkant van de Maha Bua vasthield toen ik achttien was. Ik voel me zwak, angstig en alsof ik weer een kind ben. Al klimmend baan ik me een weg naar Ruby.

De kamer is precies zoals ik vreesde: een orkestbak gevuld met luide machines die worden aangeslagen door kleine slapende lichaampjes met allemaal dezelfde gestreepte mutsjes op. De geluiden van leven en dood gaan in elkaar over en het licht is grijs. Het lijkt niet dag en niet nacht. Ravi heeft maanden op de NICU gelegen. Dat ziekenhuis leek totaal niet op dit ziekenhuis, maar de gevoelens op de NICU zijn hetzelfde. De duisternis. De angst. De blik in de ogen van de andere ouders. Piepende machines en in elkaar verstrengelde kabels. De wetenschap dat, op elk moment, een van onze kinderen kan komen te overlijden.

Ruby is gemakkelijk te vinden: een klein varkentje dat vier keer zo groot is als de andere baby's. Jeremy heeft haar couveuse versierd met Nepalese gebedsvlaggetjes en hij staat bij haar en kijkt hoe haar kleine armpjes en beentjes door de lucht vliegen. We omringen elkaar met zoveel liefde en kracht als we kunnen vinden in een ruimte waar zelfs de lucht benauwd en muf voelt.

'Ze mag bijna weer wat eten.' Een verpleegkundige glimlacht en knikt naar een zachte blauwe stoel in de hoek. Ik wist niet of ik Ruby aan zou mogen raken. Ik wist niet of ik het zou willen. Onze doula helpt me in de stoel en laat ons met rust. De verpleegkundige legt Ruby, die net wakker begint te worden, op mijn borst. Haar perfecte roze lippen zoeken en smakken. Ze heeft mijn ogen, Jeremy's wenkbrauwen, mijn kin, zijn neus en op de een of andere manier een deel van al mijn kinderen. Ik voel ze in haar kleine konijnenhartje en ik voel ze in het mijne. Ik haal een grote, opgezwollen borst van onder mijn gewaad en ze begint te drinken.

'Ze drinkt!' Ik huil. Niemand had gezegd dat ze dat niet zou doen. Het is het enige wat ze kan, maar op de een of andere manier voelt het als een wonder. Haar kaak beweegt op en neer en haar wimpers vliegen open en weer dicht in een heerlijke, dronken wolk. Ze hangt aan zoveel draadjes dat het net is alsof ik borstvoeding geef aan een PlayStation, maar dat boeit me niet. En haar ook niet. We zijn samen, precies waar we horen.

Als Jeremy onze ouders gaat bellen en het stil wordt in de kamer, vertel ik mijn kleine meid over haar thuis, haar drieënvijftig broertjes en zusjes, de trage rivier en de bergen die over haar zullen waken, net zoals ze over mij gewaakt hebben.

'Je hebt een grote broer die Ravi heet,' fluister ik tegen haar als ze in slaap begint te vallen. 'Zijn naam betekent "zonneschijn".'

Ze kreunt en leunt tegen me aan: het ene kwetsbare leventje steunt op het andere. Het enige wat we kunnen doen, terwijl het leven naar binnen en weer weg snelt, is elkaar vasthouden en ons laten vormen door de liefde. Net zoals we de wereld laten vormen door liefde.

De artsen komen er nooit achter wat de infectie precies is. Ze zeggen dat het een aantal dingen had kunnen zijn. Misschien was het de koorts die ik had tijdens de bevalling of het meconium. Ze hadden een infectie van de witte bloedcellen gevonden, maar konden niet precies identificeren wat er aan de hand was. Het doet er ook niet echt toe. De medicijnen werken en Ruby wordt steeds sterker. We brengen negen dagen door op de NICU, leggen haar op onze ontblote borst en badderen met haar in de gootsteen. Ze is dol op het water. Als het over haar huid stroomt, mauwt ze als een kitten. Op bijna 13.000 kilometer afstand van Surkhet vinden we een thuis in de blauwe stoel, de mechanische geluiden en de grijze lichten waardoor je geen idee hebt hoe laat het is. Ik droom van chai in de ochtend en verse papaja, de geluiden van de rivier en satsung. Ik mis de kinderen, maar op een bepaalde manier heb ik me nooit meer met hen verbonden gevoeld dan in dit moment. Hun liefde is bij mij, in mij: een moeder die zorgvuldig is uitgehouwen uit steen door het plezier en het verdriet van vierenvijftig wonderlijke levens. Het is het beste wat ik ooit zou kunnen zijn.

In de donkere kamer, tussen leven en dood, staan we onszelf toe om verliefd te worden: smoorverliefd, grenzeloos verliefd. We zoeken naar het licht en we vinden het. We zien onze Ruby: stralend, mollig en helder.

'Wat als we haar "Ruby Sunshine" noemen?' vraagt Jeremy de avond voor we vertrekken.

'Dat is perfect,' fluister ik, terwijl ik mijn best doe om haar niet wakker te maken.

Lieve Ruby Sunshine,

Je hebt een enorm hoofd, lange wimpers en volle wenkbrauwen.

Je hebt vreemd elegante handen en wat papa 'pianovingers' noemt. Ik hou zoveel van je, dat ik er geen lucht van krijg. Ik kan niet wachten om je mee naar huis te nemen.

Kusjes,

Mam

18

LIEVE KINDEREN

Lieve K,
Wanneer jij vertraagt en naast me stil komt te staan, zie ik je liefde en onschuld, je warmte en verwondering.

– M

Ruby's spiegelbeeld is amper zichtbaar in het raampje van het vliegtuig. Haar zachte wangetjes gaan over in de dikke wolkenweides. Haar mond heeft de vorm van een verfomfaaid vogeltje. Ze slaapt terwijl de gezagvoerder aankondigingen mompelt via de speaker en ik reik onder haar warme lichaampje dat pas drie maanden oud is om mijn riem vast te maken. Ze slaapt heerlijk verder terwijl het vliegtuig naar beneden duikt en wiebelt en slaapt nog steeds als alles weer rustig is. Als ze wakker wordt, verschijnen er twee bergtoppen boven de mist: bedekt met sneeuw en oplichtend als maansteen. Nepal.

'We zijn thuis, Ruby.' Ik duw mijn vinger tegen het koude, doorzichtige plastic. Haar gezicht wordt geprojecteerd op het uitzicht: een perfect klein bergje vol bezieling, en ze valt weer in een diepe slaap.

Jeremy zit naast ons met zijn camera. Hij filmt me al vanaf onze eerste date en werkt aan een documentaire over Kopila Valley. Hij maakt een shot van Ruby en de bergen en draait zich om naar

Nisha, mijn eerste dochter, die in de stoel achter ons slaapt. We hebben haar opgehaald van de universiteit in Amsterdam, op weg naar Nepal. Binnenkort neemt ze een tussenjaar in Senegal, net als ik heb gedaan.

'Kijk maar uit,' zeg ik tegen haar. 'Voor je het weet, word je verliefd op die plek en kom je nooit meer thuis.' Het is maar deels een grapje.

Misschien vindt ze juist haar thuis wel.

Ik kijk nog een keer naar haar terwijl ze ligt te slapen in haar stoel. Even is het net alsof ze weer zeven jaar oud is: in een oogwenk is ze een vrouw en dan een kind. De gezagvoerder mompelt en Ruby trappelt met haar voetjes terwijl ze langzaam weer ontwaakt.

De eerste drie maanden van haar leven waren simpel en vol genot. In L.A. waren onze voornaamste taken haar voeden, verschonen en haar kennis laten maken met goede muziek. We wandelden door de bergen en gingen een blokje om. We aten ontbijtgranen, diepvriespizza's, tonijn, lasagne en soep. Heel veel soep. We maakten zelfs wat vrienden in onze buurt waar het stikte van de honden en baby's. Op het veel betere weer na, verschilde het niet heel erg van de straat waar ik ben opgegroeid. Een lieflijk plekje voor lieflijke gezinnetjes.

Onvermijdelijk, tijdens een barbecue of op de markt, met Ruby slapend in haar wandelwagen, stelde iemand de vraag:

'Is dit je eerste baby?'

Ik wist nooit hoe ik daar antwoord op moest geven. Soms zei ik: 'Ze is mijn eerste biologische kindje, maar ik heb er nog meer.' Soms zei ik gewoon nee. De meeste mensen stopten dan met vragen, maar sommigen hielden vol.

'Waar gaan ze naar school? Pasadena? Altadena?'

'Nepal.' Ik glimlach.

Zo af en toe, zelfs na dat antwoord, vroegen ze: 'O, waar ligt dat?'

Niet lang geleden wist ik ook niet waar Nepal lag.

Californië gaf ons ruimte en zonneschijn en verse citroenen van onze boom, maar de bergen waren meer grijs dan groen. Het meer was niet de Bulbule.

Toen Ruby haar inentingen had gehad, gingen we langs bij onze vrienden en familie om afscheid te nemen.

Het vliegtuig begint te dalen. Ruby spartelt in mijn armen en ze fronst door de druk. Ik laat haar drinken zoals de kinderarts had aangeraden en Jeremy wrijft over haar voetje dat nog steeds zo klein is als een sinaasappelpartje. De wielen zakken naar beneden, we zien het bruine doek van de akkers en met een dreun zijn we weer thuis.

Net als we bij Kopila Valley arriveren, rijdt de schoolbus langs. Onze familie wacht op ons. De kleintjes dragen hun groene, blauwe, rode en gele uniformen en de oudere kinderen hun normale kleding. Sommigen zijn al uit huis. Bishal heeft een snor en Keshav en Krishna zijn bijna net zo lang als Jeremy. Baby Khushi is twee keer zo groot en vrolijk als dat ik me haar herinner. Ik zie haar op Aakriti's heup zitten terwijl ze in haar handjes klapt. Tope en Sachyam praten met een zakelijke blik en de handen op de heupen en kijken half toe hoe Himal met een voetbal over de droge, dorre aarde dribbelt terwijl hij in opperste concentratie zijn tong uit zijn mond laat hangen.

Ik zie hen voordat ze mij zien en daar ben ik blij om. Ik heb even nodig om het allemaal in me op te nemen. Ik heb echt alles gemist: het gegiechel van de kinderen en de losse tanden, de mollige wangen, talloze knuffels en de geluiden van minstens acht kinderen die hardop lezen buiten mijn raam. Ik heb mijn koffie en ontbijt met de andere directeurs gemist, onze satsung 's avonds, gesprekken rondom het vuur en de filmavond op vrijdag. Ik heb zelfs het tienerdrama gemist dat vooral draait om het verven of knippen van haar. Ik heb het gemist om over het nieuwe land te lopen en te dagdromen met Tope. De tijd van dagdromen ligt nu definitief achter ons.

Ik kijk even naar ze in de laatste minuten stilte voordat ze de baby vast zullen houden en mij zullen bedelven met kusjes. Voordat de tantes een tilak op mijn voorhoofd wrijven en bloemenkransen om mijn nek hangen. Voordat we samen zingen en dansen en eten. Ik ben maanden weg geweest: de jongsten zullen zich mij niet herinneren. Ik ben niet langer de hoofdverzorger. Dit huis voelt nu vooral van hen en niet van mij. Ik wist dat dit zou gebeuren, het moest gebeuren, maar het voelt als een plotselinge en zware klap te midden van alle luchtigheid en plezier.

De volgende generatie Nepalese kinderen die tot ons zal komen in Kopila Valley zal worden opgevoed door Nepalese opvoeders. Ze zal opgroeien in een versterkte Nepalese gemeenschap en les krijgen op een buitengewone Nepalese school. Ik word waarschijnlijk meer 'tante Maggie' dan 'mama Maggie'. Dit is mijn thuis, maar ik ben hier ook te gast.

Ik besef nu dat ik zoveel jaar het gezicht van de organisatie ben geweest. Ik heb de golven van aandacht van de pers en goedkeuring en taal als 'heldin' en 'redder' over me heen laten komen en nu is het tijd om stilletjes een stapje terug te zetten. Ik besef dat door mijn uiterlijk en plaats van herkomst mijn verhaal de afgelopen tien jaar is gedeeld in de pers, terwijl dat bij de verhalen van de Nepalezen naast mij en van de mensen die voor verandering hebben gezorgd en van mensen van kleur die in hun eigen gemeenschappen werken vaak niet gebeurt. Tope en ik besteedden er nooit aandacht aan omdat we het verhaal konden vertellen en konden omzetten naar verandering en directe actie ter plaatse, maar daar is steeds minder van nodig. De wereld verandert. We zijn geëvolueerd. Zoals Maya Angelou voorstelt: 'We weten beter en proberen beter te handelen' als het gaat over de manier waarop we ons verhaal vertellen. Ons team ter plaatse, onze alumni en leden van onze gemeenschap kunnen voor zichzelf spreken.

We zijn zoveel meer geworden dan het verhaal van het meisje met de rugtas en haar oppasgeld en de vlooienmarkt in New Jersey. We zijn meer dan die eerste foto van mij waar ik in het gat van de fundering van ons toekomstige huis sta. Geen heldentaal meer, niet meer knokken tegen andere fantastische goede doelen en non-profitorganisaties door online de meeste stemmen te willen halen. Geen make-overs meer van Maybelline of mijn foto op zakken Doritos. We stellen strengere grenzen zodat nieuws- en mediabedrijven niet meer alleen *mijn* foto en *mijn* verhaal publiceren, en we zijn zorgvuldiger met de taal die we gebruiken in onze communicatie. Als mensen met privileges en macht is het onze verantwoordelijkheid om te helpen en niet om continu in het middelpunt van de belangstelling te staan met prijzen en medailles.

Ik zal mijn wit-zijn blijven inzetten als bondgenoot, de stemmen en verhalen van de mensen om mij heen versterken en de extreme ongelijkheid verstoren die we blijven zien in onze wereld, die in stand wordt gehouden door iedereen met macht. Ik zie het als mijn verantwoordelijkheid om het stokje door te geven aan de volgende generatie wereldreizigers, studenten met een tussenjaar en mensen die iets willen veranderen door dit werk op een ethische manier uit te voeren en samen te werken met de gemeenschap. Sterker nog, dat is de enige reden dat ons werk succesvol is geweest en zichzelf door de jaren heen kon bedruipen. We weten nu meer dan ooit tevoren. Er zijn goede en verkeerde manieren om te reizen. Er is een manier om dit werk op ethische en bewuste wijze en samen met de bevolking uit te voeren en er zijn manieren die schade kunnen berokkenen. We hebben nu blauwdrukken om van te leren en modellen voor succes en ik zie het als een voorrecht dat we onze fouten en lessen hebben kunnen omzetten in een betere en sterkere blauwdruk waar anderen op kunnen voortborduren.

Als ik terugkijk op mijn eigen reis, is het feit dat ik zo jong was een van de grootste geschenken geweest. Ik wist dat ik de waarheid niet in pacht had en had het geluk omringd te worden door een team met mensen zoals Tope, die wisten waar ze het over hadden en over veel oplossingen beschikten. Mijn jeugd en het feit dat we vanaf nul begonnen, gaven ons ook de mogelijkheid om niet te streven naar perfectie maar om klein te beginnen met wat we hadden: onze handen, een open hart en een verwelkomende gemeenschap die naast ons wilde staan. We hebben ook uitvoerig gekeken naar waar de ontwikkeling mislukte en ons best gedaan om veelvoorkomende fouten niet te herhalen. Soms, als we in actie willen komen of een verschil willen maken, maken we de fout om alles perfect te willen doen en blijven we daarom wachten. We wachten tot we meer tijd, de juiste carrière of financiële stabiliteit hebben om iets terug te kunnen doen. Maar er is geen tijd om te wachten.

Door mijn jarenlange ervaring weet ik dat dit werk effectief is en dat educatie de manier is om langdurige verandering te bewerkstelligen. Het gaat om kleine stapjes die we samen kunnen zetten en om beslissingen die we nemen als collectieve familie van mensen die samenwerken. Kopila en BlinkNow zijn zo geworden omdat ik nederig verwelkomd en warm omhelsd werd door een ongelooflijke Nepalese gemeenschap. Ik was een buitenstaander en absoluut geen expert, en dat wilden ze mij vergeven. Ik kon helpen door hulp van buitenaf in te roepen voor het werk dat de gemeenschap gedaan wilde hebben en ik deed mijn best om te luisteren en te leren. Ik hoop hier de rest van mijn leven een bijdrage aan te kunnen blijven leveren en zal nooit stoppen met leren. Het is het enige wat mij en ons als organisatie zo ver heeft gebracht.

Nisha snelt voor ons uit. De broers en zussen zien haar en komen in een stormloop op ons af. Ze veroorzaken zoveel geluid en reuring dat de straathonden zich verstoppen en de vogels uit de takken van onze dunne oude boom vliegen. Vanuit alle richtingen worden armen om ons heen geslagen en horen we gelach. Himal schreeuwt zo hard als hij kan en Karma praat zachtjes. Ze kietelt Ruby op haar buikje en houdt ons stevig vast.

'Welkom thuis,' zegt Tope. Hij geeft me een knuffel en tilt Ruby op om haar te laten zien waar de grote groene bergen zijn. Jeremy glimlacht naar me terwijl de kinderen aan zijn armen, benen en nek hangen. Liefde is buitengewoon en ze is echt overal.

In het daaropvolgende jaar worden Ruby en Khushi vriendinnetjes. Ruby kijkt hoe Khushi waggelt en kruipt en in een oogwenk doet ze haar na. Ze praat met het zware Nepalese accent dat Jeremy en ik nooit onder de knie zullen krijgen en eet bergen dal bhat. Ze kijkt dagenlang naar haar broertjes en zusjes terwijl ze vliegeren op het dak en boeken lezen onder de papajaboom. Ze stuitert op en neer op Tope's knie tijdens onze vergaderingen en steelt flinterdunne plakjes mango van de tantes. Ze luistert naar de liedjes die ze zingen en kijkt met grote ogen toe hoe ze kippen en geiten slachten. Ze speelt graag kiekeboe met me vanachter de glinsterende groene klamboe boven ons bed, net als Ravi altijd zo graag deed, en ze vindt Jeremy de beste gitarist ter wereld.

Haar lievelingsbezigheid is naar zichzelf kijken. Ze pakt de rare lachspiegel boven op haar babygym tot ze precies de juiste hoek heeft en ze zit geduldig te wachten tot de plassen die zijn achtergelaten door de moesson roerloos en zilver worden. We verwonderen ons er allemaal over hoeveel uur ze naar zichzelf kan zitten staren: glimlachend, brabbelend en kletsend. Ik vraag me vaak af wat ze ziet in haar eigen spiegelbeeld: of ze weet dat zij het is of denkt dat het een ongelooflijk vriendelijke witte vriendin is die af en toe langskomt. Ze ziet er anders uit dan haar broertjes en zusjes. We weten niet zeker of ze dat al doorheeft, maar dat moment gaat een keer komen. In deze eerste jaren van onschuld zijn mensen allemaal hetzelfde en heeft kleur geen betekenis: niemand heeft meer of minder dan een ander. Honger is een probleem dat met een enkele kreet wordt opgelost en wanhoop is slechts een gekke bek verwijderd van ultiem plezier.

Met haar grote, blauwgrijze ogen, blonde haren en Amerikaanse paspoort zal Ruby's leven er anders uitzien dan de levens van de kinderen met wie ze opgroeit: ook al gaan ze naar dezelfde school, slapen ze in hetzelfde bed en eten ze hetzelfde voedsel. Onze wereld zal aan Ruby een andere waarde toedichten en zal haar, net zoals mij, meer privileges geven. Dezelfde nalatenschap van kolonialisme en ongelijkheid die haar broers en zussen achtervolgt, zal haar beschermen. Ze zal alle kansen krijgen om een verschil te maken. Of niet. Ik weet niet zeker hoe ze daarmee om zal gaan. Ik hoop alleen maar dat ze, als ze haar eerste stappen zet in Surkhet, haar eerste woordjes zegt in het Nepalees en haar eerste vriendschappen en herinneringen hier opbouwt, hetzelfde gevoel van thuis, familie en verbintenis zal ervaren als ik en dat ze dat altijd met zich mee zal dragen. Ik hoop dat ze haar privileges zal gaan gebruiken. Ik begon daarmee toen ik achttien was en dat vind ik nu te laat.

Na zes jaar hard werken, plannen, bouwen en het ene onmogelijke obstakel na het andere, is onze nieuwe groene campus voltooid in februari 2019. Vrienden en families en stichtingen met grote harten van over de hele wereld hebben daarvoor gezorgd. Het regent dagenlang voor onze openingsceremonie. We organiseren een groot feest vol magie en betekenis en kleur, dansjes, ontroerende toespraken en ongelooflijke liefde. Onze Surkhet-gemeenschap komt opdagen om ons te eren en vult de binnentuin tot het zachte, jadekleurige gras niet meer zichtbaar is. De school zal toebehoren aan deze kleine stad, ook lang nadat Tope en ik er niet meer zijn. Het zegenen van dit land, deze school, zou zonder hen onmogelijk zijn. Dit is waar hun kinderen en hun achter-achter-achter-kleinkinderen naar school zullen gaan.

Ons team van BlinkNow, bestuursleden en beste vrienden en achterban uit Nepal en van over de hele wereld komen aan: behalve mijn vader, die in de zomer onverwacht is overleden. Net als Ravi voel ik hem vaak bij me, maar zeker hier, zeker vandaag. Dit is waarom hij vijfduizend dollar overmaakte naar zijn achttienjarige dochter om helemaal alleen een leven op te bouwen in Nepal. Ik had toen nooit bedacht hoe mooi het zou kunnen worden, maar hij misschien wel. Misschien kon hij alles voor zich zien. Ik weet nog dat ik dacht dat er niets zou kunnen groeien uit de bleke, waterloze aarde hier: en toch is alles tot bloei gekomen.

De campus is adembenemend. Alle gebouwen zijn gemaakt van aangestampte aarde, alles werkt op zonne-energie en is door en door duurzaam. De regen die we opvangen van de moesson wordt door een reinigingssysteem geleid zodat we genoeg water hebben voor het hele jaar. Ons afvalwater wordt gerecycled en keer op keer opnieuw gebruikt. We hebben een boerderij met koeien, kippen en geiten, rijen vol verse, biologische groentes en boomgaarden vol fruit. We hebben een plek om paddenstoelen en aardappels te kweken. Na jarenlang leren, en talloze plagerijtjes, kan ik mezelf nu een aardappelexpert noemen. Kinderen spelen in elk hoekje in klaslokalen in de buitenlucht, groene omgevingen en prachtig verlichte binnenruimtes met grote, heldere ramen die uitkijken op het plaatselijke bos, de oude tempel, de prachtige bodhiboom, de bergen en de hemel. Er is ruimte om uit te breiden en te groeien en ruimte te maken voor de kinderen die ongetwijfeld nog zullen komen. We zien een toekomst waarin we ons model kunnen exporteren, en waarin we onze programma's en alles wat we de komende jaren nog gaan leren beschikbaar maken voor anderen. Ruim vierhonderd studenten zijn ingeschreven en we hebben meer dan honderd Nepalese medewerkers in dienst voor onze vele programma's, die sterk en robuust zijn en draaien om het ontwikkelen van de gemeenschap en duurzame verandering. Kopila Valley is de groenste school van Nepal en overal waar ik kijk, zie ik een groen waas, herinneringen aan groei, plezier en genezen. Ik hoop dat onze leerlingen, of ze nu dochters van de bergen zijn of zoons van de Brahmin, het ook kunnen zien.

Jeremy en Ruby zwaaien naar me vanaf de eerste rij en ik bereid me voor op mijn toespraak. De zon schijnt op onze school zodat hij baadt in het licht: een edelsteen zo kostbaar als Odanoku. Ik loop naar het podium, ontzettend nerveus hoewel ik dit al jaren doe, en kijk naar alle mensen. Ik zie mijn echtgenoot: mijn zielsverwant, de beste man ter wereld, de man die mijn hart nooit heeft gestolen maar juist heeft hersteld met zachtheid en onwrikbare liefde. Ik zie mijn kleine dochter die hier op een dag zal voetballen, zal leren in de lokalen en schaduw op zal zoeken onder de prieeltjes. Ik zie Tope: mijn broeder, mijn mentor, mijn leider. De weesjongen die op elfjarige leeftijd van school ging om voor zijn familie te zorgen, die op zijn dertiende naar India reisde om kruier te worden, die een opleiding en een baan wist te vinden, die toen hij succesvol en gelukkig was, besloot om terug te gaan naar Nepal om anderen te helpen en die mij zodanig vertrouwde dat ik dat met hem mocht doen. Ik zie mijn Kopila's, meer dan vijftig: sommigen zijn net uit de luiers, anderen gaan naar de universiteit. Onze oud-leerlingen komen allemaal terug voor de ceremonie en ik zie ze trots naar de nieuwe campus kijken terwijl ze de jongere generatie studenten vertellen hoeveel mazzel ze hebben. Ze gaan naar universiteiten, beroepsopleidingen, stages en banen over de hele wereld. Ze worden docenten, medici, technici, wetenschappers, boeren en ondernemers.

En ik zie Hima: het kleine meisje in oranje kleding van de rivierbedding. Het was mijn eerste ware kijk op de wereld, met al het verdriet en alle hoop: het kind dat alles heeft veranderd. Ze grijnst naar me en haar ogen stralen net zoals op de dag dat we elkaar leerden kennen. Ze is bezig met haar laatste jaar van de middelbare school op Kopila en zal dit jaar nog de nieuwe campus zien voor ze haar diploma haalt.

Ik vertel Tope's verhaal, dat lang niet genoeg wordt verteld, en ik vertel ons verhaal waar iedereen in het publiek deel van uitmaakt. Ik probeer ze te bedanken, maar er zijn geen woorden mooi, betekenisvol of vrolijk genoeg. Ons schoollied 'Wij zijn de Kopila's die elke dag bloeien' klinkt en we huilen, juichen en klappen samen. De bergen lijken ons steviger vast te houden terwijl de zon achter hen gaat schuilen. Ik stap van het podium af en de kinderen die mij gevormd hebben verzamelen zich om me heen om te dansen. Terwijl onze lichamen samen bewegen, schrijf ik een laatste brief. Niet aan mijn kinderen, maar aan ónze kinderen.

Lieve kinderen,
Ik droom van een wereld waar jullie kindertijd beschermd wordt, waar jullie niet gedwongen worden om te snel op te groeien, waar jullie de hele dag door kunnen lachen en huppelen. Ik zie vliegers en schommels en knikkers en eindeloze potjes verstoppertje.
Ik droom van gezond eten dat jullie kunnen kweken, groentes die jullie kunnen oogsten en fruit dat aan bomen groeit zodat jullie het kunnen plukken en naar beneden kunnen gooien.

Ik droom van een wereld zonder geweld, zonder het leger dat elke dag met wapens over de straten marcheert. Waarin jullie stem ertoe doet en jullie die gebruiken om te stemmen voor een president die gelooft in de vrede. Ik droom van een wereld waarin jullie die president kunnen zijn.

Ik droom van een wereld waarin jullie kunnen trouwen met wie jullie willen, wanneer jullie dat willen.

Ik droom van een wereld waarin jullie fouten kunnen maken. Zolang je leert, leef je. Blijf altijd leren.

Ik droom van een wereld die zorgt voor de zwakkeren, de zieken, de gehandicapten, de weduwes, de weeskinderen, de kwetsbaren. En een wereld waarin de liefde regeert. Liefde in alle vormen en maten.

Alle liefs,
Maggie

Liefde kan de wereld in een oogwenk veranderen.

Epiloog
SATSUNG

Aan het einde van de dag gaat de hemel in Surkhet helemaal los. De mist vervaagt halverwege de ochtend en de hele middag wacht een deel van mij op het moment dat de lucht afkoelt: wanneer de eerste krekels en de laatste vogels hetzelfde lied zingen. De schreeuwende stemmen in de tuin beginnen af te zwakken en verlangen ernaar om naar binnen te worden geroepen om uit te rusten. Vliegers tuimelen naar beneden om nog een laatste keer tegen het dak te botsen en springtouwen worden opgerold achtergelaten, als slangen op het gras. Er verschijnt een ster in het diepe blauw. En dan nog een.

De avonden zijn, net als de ochtenden, druk in Kopila Valley. Tieners komen met spierpijn en stinkende schoenen terug van de voetbaltraining. De middelste kinderen worstelen met de laatste restjes huiswerk en de kleintjes zijn chagrijnig en moe. We eten ons avondeten, normaal gesproken rijst en linzen, maar soms kip of geit. Daarna, midden in de drukte van zestig levens in één huis, leggen we onze goede boeken en spelletjes weg om rust te vinden en maken we tijd vrij voor satsung.

Satsung is mijn lievelingsmoment. Het betekent 'het gezelschap van oprechte mensen' in het Sanskriet en wanneer we boven samenkomen in de groene kamer, voel ik een enkele waarheid in mezelf tot leven komen: ik ben thuis. Ik doe precies wat ik zou moeten doen met mijn leven, op exact de juiste plek met exact de juiste mensen. Onze satsung is meestal deels een meditatie, deels een familiegesprek en deels een danswedstrijd. We zingen liedjes als 'Resham Firiri', een populair volkslied waar iedereen van houdt, maar dat niemand lijkt te begrijpen. Of we zingen iets geks uit mijn kindertijd, zoals 'Four Green and Speckled Frogs'. De tieners zijn op de een of andere manier nog steeds dol op satsung en moedigen ons allemaal aan met hun wilde geklap, gezang, te gekke dansmoves en incidentele salto's. We zitten allemaal op de grond, omhelsd door dekentjes en elkaar. Ik zal het nooit zat worden en het zal altijd het favoriete familiemoment van de dag zijn.

Meestal begin ik onze tijd samen met 'verzoekjes' die allemaal met simpele huisregels te maken hebben:

'Onthoud dat we altijd water in het toilet gieten als we het gebruikt hebben.'

'Als je een boek hebt, onthoud dan dat je er voorzichtig mee moet doen en dat je er geen pagina's uit mag scheuren.'

Dan is het tijd voor complimentjes, waarbij iemand een ander in het zonnetje kan zetten. Pabitra had een ongelooflijk goed rapport. Deepak heeft ontzettend lekker gekookt vanavond. Die kip was heerlijk. Daarna praten we over de volgende dag en of er iets speciaals of anders op het programma staat. Net als alle kinderen vinden die van ons het fijn om te weten waar ze aan toe zijn en floreren ze op een schema. De laatste tijd kan geen van ons voorspellen hoe morgen eruit zal zien.

In januari 2020 werd de eerste patiënt met het coronavirus gemeld in Nepal. De lockdowns begonnen in India, waardoor veel Nepalese arbeiders gedwongen waren terug te keren naar Nepal. Het is een migratie die nu, meer dan een jaar later, nog steeds gaande is. Sommigen liepen honderden kilometers van de bouwplaatsen of graanvelden waarop ze werkten naar een van de twintig oversteekplaatsen aan de grens. En daarna reisden ze nog honderden kilometers verder naar de afgelegen dorpjes die ze hadden achtergelaten. Migrantenkampen schieten als paddenstoelen uit de grond bij de grens en langs de hoofdwegen. Duizenden mannen, vrouwen en kinderen reizen zonder eten of water en moeten gedwongen met zijn allen naast de weg slapen tijdens een pandemie. We zijn vroeg in actie gekomen en regelden eten en water, testkits en persoonlijke beschermingsmiddelen (PPE). Net als de rest van de mensheid wisten we niet hoe erg het zou worden, maar de wereld verandert, zoals altijd, in een oogwenk. We blijven ons best doen om mee te bewegen.

Nu ik dit schrijf is het zomer en zitten we al weken thuis in quarantaine. Al onze programma's waarvoor mensen bij elkaar moeten komen staan op pauze. Het vrouwencentrum en de scholen van Kopila Valley werken op afstand. De jongvolwassenen gaan niet naar de hogeschool en zitten in quarantaine in een appartement verderop in de straat. Minstens twee van hen zijn al positief getest. Ruby en Jeremy zijn geëvacueerd door de Britse ambassade en zijn in Canada bij zijn ouders: een beslissing waar we normaal gesproken weken mee zouden hebben geworsteld, maar die we nu in een paar uur hebben genomen. Ik mis ze zo erg, dat mijn hart iedere keer een beetje meer breekt wanneer ik aan ze denk.

Elke dag zitten we lange periodes zonder stroom en de politie patrouilleert in jeeps door onze straten. Ze schreeuwen via de luidsprekers dat mensen binnen moeten blijven. Het gezondheidssysteem is kwetsbaar en bevond zich eigenlijk al in een crisis. Lockdowns zijn de beste hoop om een ramp te vermijden. Toch komen er elke dag vrouwen en kinderen naar onze poorten: ze hebben niets te eten en kunnen verder nergens heen. Al het werk voor arbeiders staat op pauze en families moeten het weken stellen zonder ook maar één keer uitbetaald te krijgen. We sturen ze naar onze voedselbank en doen ons best om ze zo veilig mogelijk bij te staan.

Zoals altijd maak ik me de meeste zorgen om de kinderen. Niet alleen om onze kinderen in Kopila, maar in de hele wereld. En de enige manier om alle kinderen te beschermen, is door samen te werken: door samen te komen als de menselijke familie waarvan ik diep vanbinnen weet dat we die zijn.

In ons grote gele huis in de vallei van Surkhet zijn de kinderen veilig en gelukkig. Ze rouwen niet en brengen hun dagen door met het sorteren van voedseldonaties, het organiseren van werkboeken en educatief materiaal voor hun klasgenootjes. Ze laden onze bus vol met flessen water en mondkapjes die zijn genaaid door de vrouwen van onze coöperatie. Op dit moment kiezen ze ervoor om samen in beweging te komen, samen te werken en alles te geven aan een wereld die lang geleden alles en iedereen van wie ze hielden heeft gestolen. Ze zijn overlevenden van wreedheid en onrecht: ongelooflijke rampen net als deze.

Op een dag delen ze wellicht hun verhalen met de wereld, schrijven ze hun eigen boeken of geven ze hun eigen TED Talks. Misschien zullen ze er nooit de woorden voor vinden, of willen ze het niet. Het leven snelt naar binnen en het snelt weer weg, maar wat ze achterlaten aan het einde van deze lange, vreemde dagen zegt alles over wie ze zijn en wie wij allemaal kunnen zijn, in deze onvoorstelbare realiteit. Ze zijn een eeuwige herinnering aan de keuzes die we nu allemaal kunnen maken, zeker als we privileges hebben. We kunnen kiezen voor de liefde. We kunnen ons laten vormen door liefde en de liefde laten dienen als de hoeksteen van een nieuwe wereld. We kunnen zelf een wereld maken waar we in willen leven en de eerste stap is geloven dat het mogelijk is.

Nacht na nacht, in deze onzekere wereld, komen we steeds weer samen in de satsung-ruimte en genieten we van de waarheid die we daar vinden. Er is veel om dankbaar voor te zijn en we kunnen veel geven. Sachyam, die de hele dag naar de quarantainekampen en voedselbanken is gereden, zet de muziek aan: de nieuwste Bollywood-hit. Pabitra gaat als eerste staan, direct gevolgd door Maya en een voor een staan we op en beginnen we te dansen. We bewegen het beste als we samen bewegen. We zijn een grote familie van mensen. We hebben geen seconde meer te verspillen.

Dankwoord

Aan mijn Kopila-kinderen. Wanneer jullie opgroeien en jullie eigen verhalen maken, wil ik dat jullie ook over die van mij beschikken als herinnering aan mijn liefde voor jullie en onze levens samen.

Aan Ravi. Ik hou van je. Het spijt me zo. Jouw verlies voelt nog steeds onmogelijk. Ik mis je elke seconde van elke dag. Ik draag jouw hart in het mijne.

Aan ons team en onze bestuursleden van BlinkNow en Kopila. Bedankt dat jullie deel wilden uitmaken van de visie en dat jullie elke dag opnieuw ongelooflijk hard werken om te zorgen dat ons plekje in Nepal en de wereld een plek is waar ieder kind veilig is, scholing krijgt en zich geliefd kan voelen. Ik had me geen beter team kunnen wensen. Tope, Kusum, Daju, Bauju, Sachyam, Aakriti, Basanti, Shangkar, Manju, Amrika, en Sukma: bedankt dat jullie met me mee zijn gegaan op deze reis en elke stap als ouders naast me wilden staan. Tope, bedankt dat je onze medeoprichter wilde zijn en dat je altijd met al je kennis de leiding hebt genomen. Jouw partnerschap is zonder twijfel de reden dat onze organisatie vandaag de dag is zoals ze is. Aan de leraren, maatschappelijk werkers, mentors en Nepalese gemeenschap en het leiderschapsteam dat we hebben opgebouwd op locatie in Nepal. Bedankt Naim, John, Jeanne, Allison, Bidisa, Jen, SP en Jaddon. Ik ben zo trots op ons werk en zo dankbaar dat jullie je levens aan onze missie wilden wijden.

Aan het boekenteam. Margaret, je bent een fantastische vriendin en literair agent. Bedankt dat je al die jaren naast me wilde staan en vriendelijk en zachtjes zei: 'Zeg het maar als jij er klaar voor bent.' Andrea, Amanda en de rest van het team van Harper Horizon: bedankt dat jullie in mij en de kracht van dit verhaal geloofden. Shannon, jij gaf zoveel leven en humor en schoonheid aan dit boek en laat me een veel betere schrijfster lijken dan ik ben. Jij gaf dit verhaal een geraamte en een hart en nam het van me over als dingen te heftig waren om te beschrijven. Je bent briljant en ik ben zo blij dat we elkaar hebben ontmoet en dit boek werkelijkheid konden laten worden.

Aan Jeremy: je bent de man van mijn dromen en ik moet nog steeds in mijn arm knijpen om zeker te weten dat je bestaat. Bedankt dat je naast me wilt lopen tijdens deze reis.

Aan mijn moeder, vader en zussen. Bedankt dat jullie mij een basis vol liefde hebben gegeven en een oprecht gelukkige jeugd vol fietstochtjes, kampeertripjes, sterrenkijken en avonturen.

Aan mijn Canadese Power Regimbal-familie. Wat is het heerlijk om jullie te mogen kennen, van jullie te mogen houden en liefde van jullie te mogen ontvangen. Bedankt dat jullie ons in het huisje lieten wonen tijdens de COVID-19-periode en voor de talloze maaltijden, lachbuien en oppasdagen zodat ik me kon richten op dit project.

Roda, mijn allerbeste vriendin voor altijd. Dank je wel dat je elke dag belde, dat je me eraan herinnerde om groots te dromen en dat je me leerde om van mezelf te houden. Dank je wel dat je me dwong om uit bed te stappen, naar Californië te gaan en bij jou, Tor en de kinderen te komen wonen toen ik amper op mijn benen kon staan. Ik hou van je en ik zal altijd onder de indruk zijn van wat een fantastische vrouw jij bent.

Aan Ruth en Hans Dekker. Ik weet niet wat ik zonder jullie

had gemoeten. Keer op keer ben ik weer dankbaar dat ik jullie allebei in mijn leven mag hebben.

Aan Karen en Tom Mulvaney: bedankt voor jullie vriendelijkheid, jullie hartelijkheid, voor de investeringen en dat jullie altijd in mij en onze school hebben geloofd.

Aan Leslie Shaw: bedankt dat ik je altijd mocht appen of bellen, dat je mijn klankbord wilde zijn en dat ik op je mocht bouwen. Jeremy Doppelt, je staat vanaf onze eerste ontmoeting al naast ons. Bedankt dat je zo hard hebt gewerkt en ons hebt geholpen om de school van onze dromen af te maken.

Eileen en Les Quick, ik hou met heel mijn hart van jullie en je gezin. Bedankt. Bedankt dat jullie van onze familie houden en in ons geloven en dat jullie altijd tot het uiterste zijn gegaan voor ons.

Aan Jim en Beth Duff. Jullie liefde en compassie was zo'n grote inspiratiebron voor Kopila en de nalatenschap die eeuwig door zal leven. Dank jullie wel.

Aan Kim en Finn Wentworth. Mijn ontmoeting met jullie veranderde mijn leven en de BlinkNow Foundation. Jullie hebben me vanaf het begin op het juiste pad geholpen en herinnerden me er altijd aan om mijn hart te volgen.

Autumn, Nena, Luke, Jamie, Anjali, Cal, Kelly S., Chris, Kelly D., Jeff D., Lexi, Anna, Kathleen, Patty, Franny, Julia, Meg, Caroline, Safira, Ben, Becky, John, en alle Kopila-medewerkers door de jaren heen. Ik wilde dat ik nog zes hoofdstukken had om over jullie fratsen en onze tijd samen te praten. Bedankt dat jullie jaren van jullie leven aan ons werk wilden wijden. Jullie hielpen me om rustig te blijven en om te lachen en om met beide benen op de grond te blijven staan en ik hou ontzettend veel van jullie allemaal.

Aan iedereen die BlinkNow vroeger of in de toekomst heeft gesteund. Alles wat we ooit hebben gedaan, gebouwd en gemaakt: ieder kind dat we ooit hebben geholpen en elke baksteen, elk stapelbed, elk schooluniform, elke warme pyjama, elke voedzame maaltijd en elke medische ingreep bestaat dankzij jullie hart, vrijgevigheid en geloof in onze missie. Margaret Mead zei: 'Twijfel er nooit aan dat een kleine groep bedachtzame, toegewijde burgers de wereld kan veranderen. Sterker nog, dat is het enige wat ooit voor verandering heeft gezorgd.' En nu weet ik in mijn hart dat dat klopt.

Aan onze dromers, maandelijkse donateurs, de mensen die er vanaf het eerste moment bij waren en de Bodhi Tree Society: bedankt dat jullie door dik en dun naast ons stonden, dat jullie investeerden in ons werk, alles draaiende hielden en nog zoveel meer.

Joke Aerts en Anuj Mittal
Roda Ahmed en Tor Hermansen
Dana Almatrook
Anna en Dean Backer
Mohamad en Nada Ballout
De families Barer en Maisano
Linda en Bill Bartzak
De Bella Charitable Foundation
Anna Beuselinck en Gary Breen
Amund en Sunniva Bjorklund
Amiee Bloom
Debra en Andrew Breech
Laurie en Charlie Briggs
Dokter Melissa en dokter David Brown
Susie en Robert Buckley
Steve Buffone
Joseph en Erika Campbell
Sara Carapezzi
Chip Carver en Anne DeLaney
Krishna Prasanth Chitta en Naga Venkata Sowmya
De familie Christmann
Leah en Chris Collier
Jeanne en Edwin Cooper
Libby DeLana
Alma DeMetropolis
Nancy en Bob Devine
Jeff DiLollo
Celeste Messina en Eric Dominioni
Mijn oom Ed Doyne en tante Lorraine
Larry Duff
Mark en Katie Duplass
Marie en David Dzanis
De familie Fairbairn
Mary Farrell

Ed en Amy Foye
De familie Furlong
Todd en Treacy Gaffney
Anita en Juan Galeana
Gretl Galgon
Rob en Laura Gawley
Elizabeth Gilbert
Matt Goldman en Renee Rolleri
Corinne Guerrette en Daniel Siehl
Prem en Juni Gurung
Ken Guthrie en Judy Reinsdorf
Margaret en dokter Robert Hariri
Laurie Hay
Austin en Gabriela Hearst
Lauren Holden en Tom Kilbane
John Hollway en Jami McKeon
Beth Holly
Meredith Hostetter en Anthony Newman
Jolie Hughes
Kristen, John en Kelsey Hyland
Brion en Sandy Johnson
Nico de Jong en gezin
Kristine Kadela
Marjorie en Michael Keith
Kathryn Kimber
Adrienne en Dillard Kirby
Rob Vogel en Carrie Kitze
Monique Kovaks en Ari Nathan
Tirza Kramer en Ari Skromne
Nicholas Kristof
Heidi Krump
Steven en Chani Laufer
Salli LeVan en Michael Steck
Brian Lindstrom en Cheryl Strayed
Chris en Jim MacDonald
Lowell McAdam
Sean McLaughlin
Rachel Miner
Amy en Vincent Molinaro
Claudia Mott
Christopher Nordloh en Kate Ortner
Donn en Vicky Norton
Regina Pauly
Ronald Penl
Michael en Jane Pharr
Random Acts
Dave en Megan Sager
Nancy en Nelson Schaenen
Stephen en Sheila Schlageter
Joel Seaman
Michael en Kathleen Seergy
Dokter Sanjib en mevrouw Soni Shrestha
Bill en Cindy Simon
J. Peter en Janet Simon
Iris en Michael Smith
Margaret Smith
Tara Smith en Brian Swibel
Barbara en Lance Sullivan
Jagdish Upadhyay
Dieuwke Van Putten
Jeffrey Walker
Christopher en Lorraine Wilson

Doon en Nancy Wintz
The Aviv Foundation
Bucketlist Bombshells
Community Foundation of Tampa Bay
Compassionate Service Society
CVC Advisors
Emily C. Specchio Foundation
February Foundation
The Fine and Greenwald Foundation
Galesi Family Foundation
Grant Me the Wisdom Foundation
Kathryn B. McQuade Foundation
Mara W Breech Foundation
MCJ Amelior Foundation
The Peck School
She's the First
Together Women Rise
The Wilson Sheehan Foundation

Over BlinkNow

Ons verhaal begint in een droge rivierbedding aan de voet van de Himalaya waar een jong meisje hulp nodig had om naar school te gaan. Die ene simpele handeling, een jong meisje inschrijven op een school, groeide uit tot hoop voor een gemeenschap van mensen die een kans verdienden op een beter leven. Al snel volgden anderen en onze diensten ontpopten zich tot de BlinkNow Foundation: een non-profitorganisatie die een groeiende, altijd inspirerende gemeenschap helpt in Surkhet, Nepal. De afgelopen veertien jaar hebben we programma's ontworpen om onze missie te realiseren door middel van educatie, het ondersteunen van families en een holistische kijk op gemeenschapsontwikkeling.

BlinkNow heeft flink wat complimenten gehad en zo af en toe wat kritiek. Wat ons betreft zijn beide onmisbaar voor succes. Sommige feedback is ongelooflijk constructief geweest en heeft onze organisatie beter gemaakt. Soms was het commentaar ongefundeerd en schadelijk voor onze missie. We blijven continu kijken naar onze rol in het in stand houden van het complex van de witte redder en blijven toegewijd aan het bekrachtigen van de Nepalese gemeenschap die wij dienen. Deze toewijding wordt zichtbaar in ons grote team van Nepalese medewerkers en leiders op elk niveau van de organisatie en in de representatie in ons Nepalese bestuur.

Voor meer informatie over ons team, onze geschiedenis, ons strategische plan en de financiën kun je terecht op BlinkNow.org.

ONZE PROGRAMMA'S

Sinds 2007 zorgt het unieke model van BlinkNow ervoor dat geen enkel kind meer tussen wal en schip belandt. Onze kinderen zijn uitgegroeid tot technici, schooldirecteurs, medici en zoveel meer. Zij vormen de toekomst van Nepal. Al ons werk is verrijkt met onze kernwaarden: **gendergelijkheid, economische zelfbeschikking en duurzaamheid voor mens en milieu.**

De **Kopila Valley School** geeft les aan een generatie bedachtzame, geïnspireerde kinderen die voor verandering kunnen zorgen. Dit doen wij door het hele kind te voeden: het hoofd, het hart en de hand. We weten dat scholing kinderen de macht geeft om hun eigen toekomst vorm te geven. De Kopila Valley School van BlinkNow biedt gratis scholing van hoge kwaliteit aan meer dan vijfhonderd studenten. Scholing begint in de vroege jeugd en studenten leren de vaardigheden, de kennis, het zelfvertrouwen en de sociale vaardigheden die ze nodig hebben om zich te ontpoppen tot succesvolle, economisch onafhankelijke volwassenen.

Toen de Kopila Valley School groter werd en een nieuwe campus nodig had, beseften we dat het een unieke kans was om onze waarden fysiek vorm te geven. We stelden een gepassioneerd team innovatieve denkers samen om een school te ontwerpen en te bouwen om onze toewijding aan duurzaamheid vorm te geven. Van koken op zonne-energie tot het opvangen van regenwater en het recyclen van water tot muren van aangestampte aarde die op natuurlijke wijze verwarmen en koelen: elk aspect van de campus toont onze toewijding aan de groei van duurzame praktijken. We hebben de groenste school van Nepal en een van de groenste scholen ter wereld gebouwd.

Ons curriculum wordt uitgebreid met ervaren onderwijsexperts die zich hebben toegelegd op een allesomvattende educatieve ervaring. Niet alleen zorgen we ervoor dat onze studenten onderwezen worden in standaardvakken zoals Engels en wiskunde, maar we geven ook les in milieuwetenschappen en duurzaamheid. Daarnaast organiseren we openluchtklassen.

Ons gezondheids- en welzijnsprogramma het **Health and Wellness Program** is geïntegreerd met ons werk. Na het openen van onze school beseften we dat kinderen gezond moeten zijn en voldoende te eten moeten hebben om naar school te kunnen gaan. Veel leerlingen moesten hun energie halen uit een enkele maaltijd! We begonnen een gezond programma voor voedsel op school om onze studenten dagelijks van groenten van goede kwaliteit en traditionele maaltijden te voorzien. We startten ook een kliniek om gezondheidszorg te promoten: we diagnosticeren symptomen, behandelen kleine verwondingen en mensen kunnen regelmatig bij ons terecht om zich te laten ontwormen, voor onderzoeken en doorverwijzingen naar specialisten. Ons team maatschappelijk werkers houdt contact met de verzorgers van onze studenten en helpt hen bij noodgevallen of conflicten. Dankzij constante begeleiding en emotionele hulp beschikken onze studenten over de ondersteuning die ze nodig hebben om een gezond leven op te bouwen.

Ons vrouwencentrum **Kopila Valley Women's Center** biedt praktijkopleidingen en educatie in een ondersteunende omgeving voor de vrouwen van onze gemeenschap. We zetten vrouwen in hun kracht met praktijktrainingen, lessen in ondernemerschap, professionele begeleiding en workshops over uiteenlopende onderwerpen zoals vrouwenrechten, gendergelijkheid, geboorteregeling en mentale gezondheid. Wij bieden vrouwen de gereedschappen, vaardigheden en kennis om sociale ongelijkheid te overwinnen en economisch onafhankelijk te worden.

In ons toekomstgerichte **Futures Center** begeleiden we onze studenten bij belangrijke academische en professionele beslissingen tijdens hun tienerjaren. Na de vierde klas kiezen studenten een specialisatie door deel te nemen aan secundaire programma's of beroepstraining. Uiteraard zorgt deze periode in hun leven bij onze studenten voor nieuwsgierigheid, introspectie en een behoefte om op ontdekkingstocht te gaan. In het Futures Center bereidt ons academisch begeleidingsteam onze studenten voor op deze beslissingen en worden zij ondersteund. Vaak zijn deze begeleiders de enige mentorfiguren voor deze jongeren. Met een combinatie van individuele begeleiding, workshops voor persoonlijke ontwikkeling, persoonlijkheidstests, gastsprekers van verschillende beroepen en het vinden van de juiste mentor willen we iedere student bewust maken van de mogelijkheden, zowel nationaal als internationaal, terwijl ze hun toekomst in perspectief brengen. Voor onze studenten is naar de universiteit gaan zonder steun van buitenaf een onwaarschijnlijke luxe. Met ons 'Higher Education Fund' kunnen sommige van onze studenten volledige studiebeurzen krijgen om naar hun gekozen universiteit te gaan. Al deze programma's samen helpen ons met het realiseren van onze droom om Nepalese kinderen nog meer kansen te geven.

Onze programma's met betrekking tot **duurzaamheid** zijn toegespitst op het creëren van een prachtige en blijvende levensomgeving en een duurzamere toekomst voor onze kinderen. We zijn overgestapt op een lesprogramma dat is gebaseerd op lokale gebruiken en werken samen met al onze programma's om zo ecologisch en duurzaam mogelijk te werk te gaan. We organiseren een milieu-ambassadeursprogramma en werken samen met de plaatselijke gemeenschap, boeren en de regering om duurzame praktijken te promoten.

Ons kindertehuis **Kopila Valley Children's Home** biedt meer dan vijftig kinderen een liefhebbend thuis. Een toegewijd team van verzorgers, tantes en ooms regelt het dagelijkse reilen en zeilen in het tehuis. Onze jongvolwassenen maken de stap naar een onafhankelijk bestaan en bereiden zich voor op hun prachtige toekomst en carrière.

Ons **Big Sisters' Home** biedt een veilige omgeving voor een kleine groep vrouwelijke studenten die een groter risico lopen om hun opleiding niet af te maken door uitdagingen zoals het kinderhuwelijk, kinderarbeid en fysiek en emotioneel geweld. Wij bieden ze een gemeenschap vol steun, vriendschap en genezing waardoor de meiden bijgeschoold kunnen worden en zich kunnen voorbereiden op herintegratie in hun gemeenschap en biologische gezinnen.

ONZE MISSIE

Het is onze missie om de wereld te veranderen door Nepalese kinderen in hun kracht te zetten. Dit doen we via kwalitatief goede scholing en door een liefhebbend thuis te bieden aan weeskinderen en kwetsbare kinderen. We steunen ook onze lokale gemeenschap om armoede terug te dringen, vrouwen in hun kracht te zetten en de gezondheid te verbeteren terwijl we tegelijkertijd aanmoedigen tot duurzaamheid en sociale rechtvaardigheid.

ONZE VISIE

Een wereld waar ieder kind veilig is, naar school kan gaan en zich geliefd voelt.

Tijdlijn BlinkNow

EEN KORTE GESCHIEDENIS

2007

Maggie Doyne en Tope Malla richten een directie op voor Kopila Valley en starten een in Nepal gebaseerde ngo (niet-gouvernementele organisatie).

In juni begint de gemeenschap aan de bouw van het Kopila Valley Children's Home.

In augustus wordt BlinkNow ingelijfd als Amerikaanse non-profitorganisatie met een Amerikaans bestuur.

Tegen het einde van het jaar is er genoeg geld ingezameld voor de begane grond van het tehuis.

2008

Kopila Valley Children's Home neemt het eerste kind onder zijn hoede.

In juli krijgt het tehuis een eerste verdieping en drie extra kamers.

Een medisch kwetsbaar kind (Juntara) wordt meegenomen voor extra zorg in het Verenigd Koninkrijk.

2009

Maggie wordt benoemd tot Cosmo Girl of the Year en gebruikt het prijzengeld om het tehuis uit te breiden. Het aantal kinderen groeit: er wonen nu dertig kinderen in het tehuis.

Maggie wint de Do Something Award en ontvangt 100.000 dollar om een nieuwe school te bouwen.

2010

Kopila Valley School opent zijn deuren.

Met het artikel '*D.I.Y. Foreign Aid Revolution*' van Nick Kristof staan Maggie en BlinkNow op de cover van de zondagseditie van de *New York Times*.

2011

De Kopila Valley-kliniek is een feit.

Het Kopila Valley Fellows Program wordt opgericht waardoor internationale vrijwilligers gedurende een langere periode kunnen komen helpen in Kopila.

2012

BlinkNow neemt de eerste betaalde medewerker aan: Maggie.

Manisha sterft na suïcide (november).

Kopila Valley School krijgt de eerste schoolbus (25 december).

2013

Het Kopila Valley Women's Empowerment Center wordt opgericht.

Het kantoor van BlinkNow wordt geopend in Morristown, New Jersey. Ruth wordt aangenomen in april, gevolgd door Jeanne, de eerste betaalde medewerker na Maggie.

Er wordt een prachtig stuk land gekocht zodat de Kopila Valley School een permanente locatie kan krijgen.

Er wordt een diepe put gegraven op het nieuwe land.

Er wordt aangevangen met het verbouwen van gewassen op het land.

2014

De bouw van de nieuwe groene campus gaat van start met een focus op duurzaamheid.

Een maatschappelijk medewerker helpt met het opzetten van een programma voor mentale gezondheid op Kopila.

Maggies artikel over zelfdoding wordt gepubliceerd in de *New York Times* (maart).

Ravi wordt zwaar ondervoed naar Kopila gebracht (juli).

Surkhet wordt getroffen door een rampzalige overstroming en het team biedt noodhulp aan de gemeenschap (augustus).

Het BlinkNow Futures Program wordt opgericht om onze kinderen in het tehuis en op school te begeleiden naar hun volgende levensfase.

Ravi moet voor medische behandeling naar de Verenigde Staten (december).

2015

Nepal wordt verwoest door een aardbeving van 7,8 op de schaal van Richter (april).

BlinkNow wordt geregistreerd als internationale ngo.

De eerste vierdeklassers van BlinkNow slagen (juni) en Blink-

Now start een studiebeursprogramma zodat alumni verder kunnen leren in hun gekozen vakgebied.
Maggie ontvangt de CNN Hero of the Year Award (december).
Ravi komt te overlijden na een vreselijk ongeluk (30 december).

2016

Een programma van Floortje Dessing wordt uitgezonden op de Nederlandse televisie en onze achterban daar groeit exponentieel.
Een oud-leerling van Kopila mag naar de kostschool in Nederland.
Kopila Valley School breidt uit en biedt nu een nieuw 'Plus Two'-managementprogramma aan.

2017

Onze eerste oud-leerlingen van Kopila gaan naar de universiteit. Eentje gaat met een volledige studiebeurs naar de Verenigde Staten.
We openen de deuren van Big Sister's Home voor kwetsbare meiden.
(Maggie en Jeremy trouwen.)
BlinkNow viert het tienjarig jubileum met het eerste BlinkNow-gala ooit.
Oud-leerlingen van het vrouwencentrum richten hun eigen coöperatie op.

2018

BlinkNow voltooit de bouw van klaslokalen op de nieuwe groene campus en studenten van de Bamboo School worden overgeplaatst.
(Ruby Sunshine wordt geboren)

2019

Kopila Valley School viert de grote opening van de groene campus.
Het Early Childhood Village is voltooid en Kopila breidt uit om goede zorg te kunnen bieden aan baby's en peuters.
BlinkNow voltooit een strategisch tienjarenplan.

2020

Het BlinkNow-team levert noodhulp tijdens een migratiecrisis en biedt hulp aan slachtoffers van de COVID-19-pandemie.
Ons eerste schenkingsfonds is een feit.
Kopila Valley School en onze programma's bieden lessen en diensten op afstand aan.

Over de auteurs

Maggie Doyne is medeoprichter van de BlinkNow Foundation en Kopila Valley Children's Home and School in Surkhet, Nepal. Toen ze negentien jaar oud was, gebruikte ze haar spaargeld om een tehuis te bouwen voor weeskinderen in het door oorlog verscheurde Nepal. In 2010 opende ze samen met haar team een school voor de vijfhonderd armste kinderen van de regio. De afgelopen tien jaar hebben BlinkNow en Kopila hard gewerkt om de organisatie uit te diepen en te laten groeien door intensief samen te werken met de gemeenschap.

Haar werk is geprezen door de met een Pulitzer Prize beloonde columnist Nicholas Kristof, de Dalai Lama en vele anderen. Het verhaal van de oprichting van BlinkNow is gedeeld in de *Huffington Post*, op VH1, MTV en DoSomething.org. Maggie werd door het tijdschrift *Glamour* uitgeroepen tot vrouw van het jaar en werd gebruikt als voorbeeld voor haar baanbrekende werk tijdens de Forbes 400 Summit over filantropie, waar ze werd uitgeroepen tot een van de dertig invloedrijkste personen onder de dertig. In 2015 werd ze door CNN uitgeroepen tot Hero of the Year.

Maggies verhaal draait om hoop, liefde en de mogelijkheid dat de kleinste daden van één individu de wereld kunnen veranderen. Ze gelooft dat armoede, hongersnood en geweld kunnen worden verlicht wanneer kinderen worden voorzien in hun basisbehoeftes en mensenrechten: een liefhebbende, fijne kindertijd, voeding en een goede opleiding. Ze gelooft dat dit nog tijdens haar leven kan worden behaald.

Shannon Lee Miller is een *bestselling* redacteur en schrijfster. Ze woont in East Nashville, Tennessee, met haar echtgenoot en drie wildebrassen van kinderen. Als ze niet met haar neus in de boeken zit, vindt ze het, meestal, leuk om marathons te rennen, groenten te verbouwen en te leren hoe ze een betere bondgenoot kan zijn voor groepen die normaal niet worden gehoord.

We mogen geen moment meer verspillen. Als je opgeleid en vrij bent, als je in je kracht staat en veilig bent, moet je je energie, je macht en je gaven gebruiken om de rest van onze menselijke familie te helpen.

– Maggie Doyne